대승기신론 이야기

대승기신론 이야기

카마타 시게오 지음 | 장휘옥 옮김

불교시대사
1% 나눔의 기쁨

제2차 세계대전에서 일본이 패망함에 따라 육군예비사관학교를 중퇴하게 된 나는, 한 때는 카마쿠라(鎌倉)의 원각사(圓覺寺)에서 아사히나소오갠(朝比奈宗源) 노스님의 선(禪)에 관한 설법을 듣기도 하고, 동경사(東慶寺) 서원에서 스즈키 다이세쯔(鈴木大拙) 박사의 선(禪)강의를 듣기도 하였다. 여태까지 믿어왔던 천황과 국가체제에 대한 신앙이 무너졌기 때문에 무엇이 진실인지를 찾으려고 필사적으로 정신적 편력과 사색을 계속해 나갔다.

패전 직후, 한 때 니시다(西田)철학이 마르크시즘과 함께 유행했던 적이 있었다. 그 영향을 받아서인지, 나는 니시다 키타로(西田幾多郎) 박사의 저서를 탐독하기도 했다. 『無の自覺的限定』이라든가 「場所的論理と宗敎的世界觀」(『哲學論文集』 第七에 수록) 등을 닥치는 대로 읽었던 기억이 있다. 당시 그 문체에 매혹되어 읽은 것이지 내용은 전혀 이해하지 못했음에 틀림없다.

또한 『起信の課題』(久松眞一 著)라는 책이 출판되어, 읽어 보았으나 전혀 이해할 수 없었다. 그리고 驅澤大學 불교학과에서 『기신론』 강의를 청강하였으나 잘 알 수 없었던 기억도 있다. 이와 같은 젊은 시절의 경험으로 『기신론』은 난해하다는 생각이 굳어지게 되었다. 독자 가운데서도 이렇게 생각하는 사람들이 있을 것이라고 여겨진다.

이윽고 화엄교학을 연구하기 시작한 나는 법장(法藏)이 지은 『기신론의기(起信論義記)』를 학문연구의 필수서적으로 삼아 읽게 되었다. 그것은 어디까지나 필자 자신의 연구도구에 불과했다.

1969년 무렵부터 필자는 한국, 동남아시아, 홍콩, 대만 등지에서 현대불교의 상황이나 의례를 조사하고, 또한 중국대륙의 불교사원이나 유적을 방문하게 되면서부터 불교연구에는 교리와 함께 의례나 역사의 연구도 중요하다고 느끼게 되어 그 방면으로 관심을 가지게 되었다.

1983년 대법륜각(大法輪閣) 편집부의 쿠보타 노부히로(久保田展弘) 씨로부터 『기신론』의 강의를 누구나 알 수 있도록 쉽게 써 달라는 요청을 받았다.

이에 여러 가지로 생각한 끝에, 여태까지 『기신론』의 강의를 법장의 『기신론의기』에 의거하여 강의하였기 때문에 난해했던 것이 아니었을까 생각하고, 종래의 강의형식과는 달리 『기신론』 그 자체의 사상을 서술해 보기로 하였다.

잘 아는 바와 같이, 『기신론』은 번역이나 원전, 찬술에 관한 문제가 완전히 해결되지 못하고 있으며, 지금도 또한 여러 가지 문제가 남아있다. 그러나 여기서는 그러한 문제들에 관해서는 일체 언급하지 않고, 현존하는 『기신론』의 의미만을 솔직하게 이해하려고 생각했다. 그렇게 하기 위해서는 『기신론』에 주석을 붙이거나, 『기신론』을 읽었던 중국이나 한국불교인들의 행동을 선명하게 묘사하면서, 그들이 『기신론』의 어떠한 사상에 근거하여 불교인으로서의 삶을 살아갔는가를 명확히 밝히고 싶었다. 또한 『기신론』이 설하고 있는 가르침을 불교인들은 어떻게 받아들였는가 하는 점에도 주의하면서 이 책을 논술하였다. 이 책에 의해 지금까지 난해하다고 생각되어 왔던 『기신론』의 가르침이 평이하게, 자신의 수준에 맞게 이해될 수 있지 않을까 생각한다. 그러므로 이 책은 불교학에 근거를 둔 『기신론』의 강의가 아니라, 어디까지나 불교인들이 『기신론』의 가르침을 어떻게 받아들이고, 어떻게 실천했는가를 설명한 『기신론』이야기이다. 이 책의 제목을 『대승기신론 이야기—중국불교의 실천자들』이라고 붙인 이유도 여기에 있다.

앞서 제시했던 『起信の課題』와 이 책을 비교해 보면 서로 다른 점들이 너무 많기 때문에 독자들은 어리둥절할 것이다. 그것은 논리적, 철학적으로 추구한 진리의 규명과 역사적으로 존재했던 인물들의 실천에 따라서 설명해 놓은 것과의 차이점 때문이다. 어느 쪽이 옳다고 하는 것은 아니지만, 구체적인 체험이나 인물에 따라서 설명하는 편이 일반 사람들에게는 이해하기 쉬울 것이라고 여겨 이런 형식을 취하였음을 양지하여 주었으면 한다.

필자가 중국과 한국불교인들의 생애나 그 종교적 실천에 강하게 이끌리게 된 것은 약 20년 전부터 중국대륙과 한국의 불교유적을 답사하면서부터이다. 그 유적들은 현대를 사는 우리들에게 무엇인가를 말해 주고 있었다. 폐허 속에서, 열렬한 신앙으로 불타서 수행하던 불교인들의 소리가 들려왔기 때문이다. 중국과 한국의 이러한 불교인들의 소리 없는 소리를 들으면서 써 내려간 것이 이 책이다.

이 책은 1983년 2월호부터 1986년 11월호까지 『대법륜(大法輪)』이란 간행물에 연재되었던 것을 다소 수정하여 펴낸 것이다. 이 책의 집필을 권해 주었던 편집부의 쿠보타 노부히로(久保田展弘)씨에게 깊은 감사를 드리고 싶다.

1987년 8월 1일
世田谷 梅岑洞에서

鎌田茂雄

불교학의 입문서로서 분량도 그렇게 많지 않고, 간결하게 체계화된 논서(論書)를 말하라고 한다면, 먼저 『대승기신론』을 들지 않을 수가 없다.

중국에서는 『기신론』에 근거하여 화엄종의 교학이 성립되고, 또한 송대(宋代)의 천태학이나 선(禪)사상에도 큰 영향을 미쳤다. 수대(隋代)에는 담연(曇延)이나 혜원(慧遠)이 주석서를 지었으며, 또한 화엄종의 현수대사 법장(法藏)도 『기신론의기(起信論義記)』를 지었다. 특히 『기신론의기』는 그 후의 『기신론』을 이해하기 위한 지침서가 되었다.

한국불교에 미친 『기신론』의 영향도 크다. 신라의 원효는 『대승기신론소』(『해동소』라고도 함) 및 『별기(別記)』를 지었으며, 『기신론』의 교리에 독특한 해석을 가하였다. 또한 태현(太賢)은 『기신론내의략탐기(記信論內義略探記)』를, 견등(見登)은 『기신론동이략집(記信論同異略集)』을 저술하였다. 한편, 신라의 진숭(珍嵩)은 『기신론』을 위론(僞論)이라 단정하고, 『점찰선악업보경(占察善惡業報經)』에 의거하여 만들어진 것이라는 의견을 발표하였다.

실은 『점찰선악업보경』은 『기신론』에 근거하여 성립된 것이며,

이 경전에 의거하여 만들어진 점찰법회는 원래는 중국의 광주(廣州) 부근에서 행해진 것이지만, 신라의 진표(眞表)가 이 법회를 한국에 전하여, 그의 제자인 영심(永深)은 속리산에서 점찰법회를 열었다.

『기신론』의 주석서 가운데 하나로서, 당대(唐代)에 성립된『석마하연론(釋摩訶衍論)』이 있다. 이 논서는 중국 동북부의 거란족이나 여진족이 창건한 요(遼)·금(金)시대에 동북아시아에서 활발히 연구되고 강의되었으며, 일본의 공해(空海)의 사상에도 크게 영향을 미쳤다. 그러나 이『석마하연론』도 신라의 월충(月忠)이 지은 것이 아닌가 하는 의문이 제기되고 있다. 이와 같이『기신론』과 관계가 깊은 논서도 한국 불교와 밀접한 관계가 있음을 알 수 있다.

이 책은 1987년 12월 대법륜각에서 간행되었다. 이 책을 펴낸 동기와 의도에 대해서는 「머리말」에서 이미 밝혔으므로 여기서는 생략하기로 한다. 이 책의 한국어판 간행을 쾌히 승낙해 준 대법륜각의 이시하라 메이타로오(石原明太郎)사장 및 이 책의 일본어판의 편집과 교정을 맡아서 해주신 쿠보타 노부히로(久保田展弘)씨에게 사의를 표한다. 마지막으로 도서출판 '불교시대사' 사장님과 어려운 한국어 번역 일을 열심히, 단기간에 완성해준 동국대학교 불교학과 강사 장휘옥 박사에게 깊은 감사를 드린다.

1991년 11월
日本 東京 世田谷 梅岑洞에서
鎌田茂雄

머리말에서 카마타(鎌田)박사님이 언급하신 바와 같이, 『기신론 이야기』는 1983년 2월부터 1986년 11월까지 월간지 『대법륜』에 기재된 원고를 재정리하여 단행본으로 만든 것이다. 박사님께서 이 원고를 쓰고 계실 때, 역자는 박사님의 제자로서, 마침 동경대학 동양문화연구소의 박사님 연구실에 연구원으로 근무하고 있었으므로 이 원고가 시작되어 마무리되는 과정을 완전히 지켜볼 수가 있었다.

박사님은 3년간 매달 20일이 되면 『대법륜』에 실을 원고를 쓰시면서 원고 속의 참다운 구도자의 모습에 감동하셨으며, 때로는 강의시간에도 인생에서 뭔가를 한 가지 이루어내려면 『기신론이야기』의 옛 고승들처럼 고독한 구도자의 길을 걷지 않으면 안 된다고 상기된 어조로 진지하게 말씀하시곤 하셨다. 그때마다 역자는 그 말씀에 감동을 받았지만 구체적으로 무엇을 의미하는 것인지는 확실히 몰랐다.

그 후 7, 8년이 지나면서 모든 것이 변하고 역자도 나이를 먹었다. 그런데 얼마 전, '불교시대사'로부터 『기신론이야기』를 번역해 달라는 요청을 받았다. 오래간만에 먼지 쌓인 책꽂이에서 『기신론이야기』를 찾아내어 번역할 수 있을지의 여부를 알아보기 위해, 차근차근 음미하면서 다시 읽어 보았다. 세월이 지난 지금에야 카마타 박사님께서 그때 왜 그렇게 상기되어 『기신론이야기』 속의 고독한 구도자의 모습을 강조하셨는지 알 것 같아 감회가 새롭다.

이 책은 유명한 『기신론』의 사상을 옛 고승들의 실천수행을 밑거름으로 하여 알기 쉽게 설명한 책이지만, 이 속에는 인간의 참다운 삶의 방식이 제시되어 있고, 카마타 박사님 자신의 삶에 대한 의지와 열정이 투영되어 있어. 이 책을 통해 독자들이 불교를 올바로 이해하게 되고, 자신의 삶을 되돌아 볼 수 있는 새로운 계기를 마련하게 되었으면 하고 바랄 뿐이다.

끝으로 이 책의 진정한 의미를 다시 음미해 볼 수 있게 번역을 맡겨주신 '불교시대사' 사장님과 편집부 여러분께 감사를 드린다.

1991년 12월 10일
역자 장휘옥

일러두기 ────────────────────────────────

1. 이 책의 원본은 카마타 시게오(鎌田茂雄) 박사의 저서 『大乘起信論物語』(1987. 大法輪閣)이다.

2. 이 책의 원본은 500페이지에 달하는 두꺼운 책이므로 편집상 도저히 1권으로 출판할 수가 없어 내용에 따라 2권으로 나누었다. 이 책은 2권 중 앞부분에 해당된다.

3. 독자들의 이해를 돕기 위해서 가능한 한 원본을 풀어서 번역하려고 애썼으며, 풀어쓰는 과정에서 꼭 필요한 한자는 괄호 속에 넣어서 제시하였다.

4. 『기신론』은 전체적으로 제1장 인연분(因緣分), 제2장 입의분(立義分), 제3장 해석분(解釋分), 제4장 수행신심분(修行信心分), 제5장 권수이익분(勸修利益分)의 5장으로 나뉘어 설명된다. 그런데 이 책에서는, 제1장 인연분은 제2화의 '명예와 이익을 구하지 말라'에서, 제2장 입의분은 제3화의 『기신론』과의 만남'에서, 제3장 해석분은 '묵화에 그려진 솔바람'에서 시작된다. 그리고 나머지 제4장 수행신심분과 제5장 권수이익분은 속편에서 제시하기로 한다.

목 차

『기신론(起信論)』을 설한 마명(馬鳴) 보살

인도 유랑승의『기신론』번역

중국 광동성을 가로질러 흐르는 북강(北江)은 삼수(三水) 부근에서 서강(西江)과 합쳐져서 주강(珠江)이 되는 하천이다. 이 강은 하천 교통이 발달함에 따라 소관(韶關)까지는 항해가 가능하며 그 다음부터는 지류를 따라 작은 배로 상류까지 갈 수 있는 중요한 동맥이다. 북강 연안의 풍경은 매우 아름답다. 마치 남종화(南宗畵)에 나오는 듯한 기암괴석이 이르는 곳마다 나타나 수량이 풍부한 강기슭과 어우러져 여행하는 사람들의 눈을 즐겁게 해준다.

북강의 물결은 광동성 북부의 소관시에서 정수(湞水)와 무수(武水)로 나누어진다. 정수와 무수의 합류점인 소관시의 다리에서 바라보면 거대한 물줄기가 남쪽으로 흐르고 있는 것이 보인다. 이 정수는 광동성과 강서성의 경계에 있는 매령(梅嶺)에서부터 시작되며, 동강(東江) 혹은 시흥수(始興水)라고도 부른다. 특히 정수를 시흥수라고 부르는 이유는 이 강의 동쪽에 시흥현이 있기 때문이다.

소관의 교외에는 선종의 유명한 육조 혜능(慧能)대사의 진신상을 모신 남화사(南華寺)가 있다. 그곳은 남종선(南宗禪)의 발생지이기도 하다. 소관과 시흥은 강서성의 남창(南昌)과 광동성의 광주(廣州)를 연결하는 대동맥의 역할을 하는 도시로서, 화북의 낙양이나 장안으로 통하는 남북을 가로지르는 길에 접해 있던 도시였다.

죽림이 많고 경치가 아름다운 시흥현에 남조(南朝)와 진대(陳代)에 걸쳐 유명했던 시인 강총(江總)이 자연의 풍물에 흥취해 시를 읊조리며 여행을 하고 있었다. 아름다운 대나무 숲으로 둘러싸인 시흥현의 광과사(廣果寺)로 온 강총은 지개법사(智愷法師)가 살고 있던 초암을 보고 감동을 받아 훌륭한 오언시를 지었다. 그 시는 지개가 살던 산 속 암자의 풍경을 "대나무는 가까이 가지들이 엇갈려 어지럽고, 산은 멀리 자취가 끊겨 깊구나!"라고 죽림으로 뒤 덮힌 정경을 묘사하고 있다. 7세기 중엽, 지개는 광동성 시흥현의 광과사에 있었다.

554년 9월, 양(梁)의 곡강후 소발(曲江侯蕭勃)이 시흥현에 왔다. 마침 그때 시흥현에 진제 삼장(眞諦三藏, 499~569)이라는 한 인도 승려가 유랑을 하던 중 체류하고 있었다. 전하는 바에 의하면, 그는 비록 분량은 적지만 대승불교의 가르침을 체계적으로 서술한 진귀한 범본(梵本)의 논서(論書)를 가지고 있었다고 한다. 곡강후 소발은 뛸 듯이 좋아했다. 소발은 겉보기에는 초라한 모습을 하고 있었지만 남다른 인품이 눈에 띄었던 이 낯선 외국승을 초대해서 그가 가지고 있던 논서의 번역을 부탁하였다. 이리하여 시흥현의 건흥사에서 554년(承聖 3年) 9월 10일에 번역된 것이 『대승기신론(大乘起信論)』(이하 『기신론(起信論)』이라 부름)이다. 현재 『기신론』의 서두에 실려 있는 지개법사의 서문은 후대에 만들어진 위서(僞書)가 분명하지만, 거짓투성이의 이 위서에서 오직 한 가지 진실한 것은 소발이 시흥현의 건흥사에 진제 삼장을 초청해서 『기신론』을 번역시켰다고 하는 사실이다. 『기신론』이 번역된 554년 9월 10일에 소발은 시흥현에 있었고, 지개도 역시 시흥현 광과사에 머물러 있었던 것이다.

한편『기신론』의 번역 연대에 대해 이설(異說)도 있다. 수(隋)의 비장방(費長房)이 편찬한『역대삼보기(歷代三寶紀)』에는 양나라 태청(太淸) 4년(550)에 진제 삼장이 부춘(富春)의 육원철(陸元哲)의 집에서 번역했다고 기록하고 있으므로 번역의 시점에 관해서는 좀 더 상세히 검토할 필요가 있다고 생각된다.

역(易)의 원리와 유사한『기신론』

554년(혹은 550년), 진제 삼장이 번역한『기신론』은 장강(長江), 황하(黃河)를 건너 하남성의 임려산(林廬山) 황화곡(黃花谷)의 정국사(淨國寺)에 은거하고 있던 담천(曇遷)에게도 전해졌다.

담천은 노장(老莊)과 역(易)의 심오한 이치를 깊이 연구했던 사람이지만 출가하여 승려가 되었다. 그는 "학문은 법(法)을 알기 위함이고, 법(法)은 행(行)을 실천하기 위함이다. 어찌 영리(榮利)를 가지고서도(道)를 말하겠는가"라는 뜻을 세워, 명성을 얻기 위해 불법을 배우는 것이 아니라 수행하기 위한 것이라는 굳은 결의 아래 임려산에 은거했던 것이다. 담천은 북주 무제가 북제를 멸망시킨 577년까지 이 산에서『화엄경』『능가경』『유마경』과 함께『기신론』을 연구했다. 역을 깊이 연구했던 담천은『기신론』의 가르침이 역의 가르침과 매우 비슷하다는 것을 깨달았다. 그는 『기신론』을 연구하고 있노라면 저절로 『주역(周易)』「계사편(繫辭篇)」의 말들이 머리에 떠올랐다.

일음일양(一陰一陽), 이것을 도(道)라 한다.

음과 양이 천지 만물의 겉과 속이 되어 몇 천 년이 지나도 순환함을 멈추지 않는다고 설하는 것이 역의 원리이다. 다시 머리에 떠오른 구절은,

이런 까닭에 태극(太極)이 있고, 이것에서 음과 양이 생겨난다.

였다. 하나의 기(氣)로 형성된 태극(太極)으로부터 음과 양의 두 가지 모습이 발생한다고 설하고 있지 않은가. 담천은 이 『주역』의 문장을 상기하면서 『기신론』을 천천히 읽어 내려갔다. 거기에는 일심(一心) 속에는 진여상(眞如相)과 생멸상(生滅相)의 두 가지가 있음을 설하고 있었다. 이는 음상(陰相)과 양상(陽相)에 의해 만상(萬象: 만물)이 생겨난다고 하는 역의 근본 원리와 너무도 비슷한 것이었다. 순간 담천은 엄청난 놀라움에 휩싸였다.

『기신론』을 번역했던 진제 삼장은 569년에 세상을 떠났지만 번역된 이 『기신론』은 불교인들의 손에서 손으로 베껴지면서 요원(燎原)의 불길처럼 전해져 갔다. 『기신론』은 불교의 가르침을 간단명료하게

설명하고 있으며, 또한 중국인들에게 익숙한 역(易)의 사유방법과 공통되는 점이 있었으므로 학자들은 다투어 연구하였다. 담천은 『기신론』의 주석서를 지었다.

오랫동안 원하던 가르침 – 『기신론』의 보급

현존하는 『기신론』의 주석서 가운데 가장 오래된 것은 담연(曇延)의 『기신론소(起信論疏)』이다. 『열반경』의 연구에 몰두하고 있던 담연은 어느 날 밤 꿈을 꾸었다. 꿈에 흰 옷을 입은 백마를 탄 사람이 나타나 『열반경』의 근본을 가르쳐 주었다. 담연은 그와 대화를 주고받는 순간 잠에서 깨었다. "이것은 분명히 마명보살이 나에게 가르침을 전수해 주신 것임에 틀림없다"고 생각한 담연은 곧바로 『열반경』의 주석을 쓰면서 "여래장(如來藏), 불가사의(不可思議)한 법 등에 귀의합니다"라고 외쳤다. 여기서 불가사의한 가르침이란 『열반경』의 가르침뿐만 아니라 『기신론』의 가르침도 해당된다. 꿈에 나타난 백마를 탄 사람은 다름 아닌 마명보살이다. 중국 불교인들은 구마라집이 번역한 『마명보살전』으로 그를 익히 알고 있었으며, 마명보살은 용수보살과 함께 깊은 존경을 받고 있었다. 마명은 『불소행찬(佛所行讚)』과 『대장엄론경(大莊嚴論經)』을 저술했던 불교시인이었다. 물론 담연도 마명에게 깊은 존경심을 품고 있었다. 그것은 중국 남쪽에서 진제 삼장이 번역한

『기신론』의 작자가 마명보살이었기 때문에 더욱 그러하였다. 담연은 저 마명보살이 이『기신론』을 저술했던 것인가 하고 크게 감격했다. 마명보살이 썼다고 한다면 이 책은 진짜로서, 그 가르침은 절대로 틀림없는 것이라고 확신했다. 그러한 생각이 결실을 맺어 꿈에 마명보살의 모습을 볼 수가 있었던 것이다.

　『열반경』은 동진(東晋)시대 말에 담무참(曇無讖)에 의해 중국에 전해졌다. 이『열반경』의 전래는 중국사상사에 큰 충격을 주었다. 누구에게나 불성(佛性)이 있다고 하는 이 가르침은 성불의 가능성과 근거를 보여주는 것이었다. 중국인들은『열반경』의 가르침에 따라 자신들도 수행하고 노력하면 성인(聖人)이 될 수 있음을 자각했다. 일반 민중이라도 성인이 될 수 있는 가능성이 불교의 가르침 속에 있다는 것을 알았다.

　이 가르침을 더 한층 조직적으로 전개한 것이『기신론』이다.『기신론』은 인간이 수행에 의해 성인도 될 수 있고, 타락하여 범부도 될 수 있다는 것을 훌륭히 설명하고 있다. 그러므로 이 가르침을 들은 사람들은 인간의 노력이나 수행의 무한한 가능성을 신뢰할 수 있었다. 절대로 될 수 없다고 여겼던 성인도 인간 의지의 자유로 선택할 수 있는 길이 열렸다. 그러한 기쁨이 남북조 말의 사람들에게『기신론』을 탐독케 했던 것이다. 그들은 오랫동안 원했던 가르침이었다고 환희했음에 틀림없다. 그 결과 많은 불교도들이『기신론』을 강성하고 주석하였다.

담연(曇延)도 역시 그 중의 한 사람이었다. 이미 진제 삼장이 『기신론』의 가르침을 널리 알리기 위해 주석을 썼고, 담천도 이 새로운 논서에 주석을 붙였으며, 담연 또한 주석을 지었다. 그 결과 6세기 후반에는 『기신론』의 가르침이 폭발적으로 유행하였다. 광동성 북부 시흥군에서 번역된 『기신론』은 남북을 가로지르는 길을 통해 번개처럼 화북에 전해졌을 뿐만 아니라 광동성 남부에도 유포되었다. 그리하여 『점찰선악업보경(占察善惡業報經)』(이하 『점찰경(占察經)』)이라는 위경(僞經)에서조차 『기신론』의 교설을 도용하게 되었던 것이다.

『점찰경』의 유행과 『기신론』의 영향

593년(開皇 13年), 탑참법(塔懺法)을 행하던 결사단체가 광주(廣州) 지방에서 탄압되어 해산 명령을 받았다. 탑참법이란 당시 중국에서 만들어진 위경 중의 하나인 『점찰경』에 설해 있는 행법이다. 『점찰경』의 역자는 보리등(菩提燈)이라고 되어 있지만 물론 잘못된 것이다. 『역대삼보기』에 따르면, 광주에 승려 한 사람이 탑참법을 행하고 있었다. 이 탑참법이란 가죽으로 두 장의 첩자(帖子: 헝겊조각)를 만들어 한 장의 첩자에 선(善)이란 글자를, 다른 한 장에 악(惡)이란 글자를 썼다. 이 헝겊을 사람들에게 던지게 한 후 선의 글자가 씌어진 첩자가 나오면 호운(好運)이 되고, 악의 글자가 씌어진 첩자가 나오면 악운(惡運)이 되었다. 극히 간단한 운세점이었다.

또한 자복법(自撲法)이라 하는 것을 행하면 죄가 없어진다고 했다. 이 자복법을 행할 때에는 남녀가 한 자리에 모였다. 이 자복법은 "오체투지(五體投地)는 태산이 무너짐과 같다"고 하는 경문에 근거한 것이라 한다. 오체투지란 예배법으로서, 예참할 때 손과 머리를 땅에 붙이고 예배하는 방식이다. 도교의 행법에도 자복법이라고 하는 것이 있으므로 이 자복법은 도교의 행법을 채용하였는지도 모른다. 오체투지의 예배를 되풀이 하면서 자신의 손으로 머리를 때리거나 몸을 엎드리면서 죄를 참회하는 것일까? 광주 지방에 널리 퍼져 있던 탑참법과 자복법의 행법에는 '남녀합잡(男女合雜)'이라는 것이 있었으므로 남녀가 여럿이 한 자리에 뒤섞여 자는 일도 행해졌는지 모른다. 남녀가 7세가 되면 자리를 같이하지 않는다는 유교 윤리의 입장에서 보면 용납하기 힘든 행위이다. 그러나 해방감을 구하고 남녀의 교분 관계를 동경하는 민중은 이 신흥종교로 달려갔음이 틀림없다. 국가에서 이 신흥종교를 금지시켰던 것은 당연한 일이었다.

이 탑참법이나 자복법은 광주뿐만 아니라 청주(靑州. 山東省 益都縣)에도 전파되었다. 산동반도와 광주(廣州)는 해로로 비교적 용이하게 연결되는 곳이었다. 광주에서 배를 타고 동지나해로 나가 해류를 타고 흘러내려 가면 산동반도에 도달하는 경우가 많았다. 해로를 통해 산동반도에 전해진 점찰행법이 산동반도로부터 한반도에 전해지는 것은 용이한 일이다.

신라 26대 진평왕(579~631) 시대에 활약했던 원광(圓光)이 점찰보(占察寶)를 설치하여 항규(恒規)로 삼았다고 하는 것과, 비구니 지혜(智惠)가 점찰법회(占察法會)를 봄·가을 2회에 걸쳐 행하였다는 기록이 있다. 점찰보란 점찰법회를 항구적으로 운영해가기 위한 사원의 경제적인 조직형태를 말하는 것이다. 더욱이 진표(眞表)는 『점찰경』에 의거하여 『점찰경』의 참회법을 그대로 실시하였다. 광주에서 시작되었던 점찰행법이 산동반도를 경유하여 곧바로 신라에 전래되었다는 것은, 이 행법의 대중성·보급성을 이야기해 주고도 남음이 있다.

점찰법회와 『기신론』과는 교리적으로 직접적인 관계가 없을지도 모른다. 그러나 당시 새롭게 번역된 간결하면서도 깊은 의미와 내용을 지닌 『기신론』이 『점찰경』의 편찬자에게 교묘하게 이용되었다고 하는 것은, 『기신론』의 교설이 당시 크게 유행했다는 것을 잘 말해 주는 것이다.

인도에서는 거의 무시되었던 『기신론』이지만 중국에 전해지게 되자 많은 사람들에게 읽혀지게 되고 너무나 유명하게 되었다. 554년에 번역된 『기신론』은 남북조 말에서 수대(隋代)에 활약했던 담천·담연·혜원 등이 주목하였고, 천태종의 천태지의(天台智顗)는 『천태소지관(天台小止觀)』에 인용하고 있으며, 삼론종(三論宗)의 길장(吉藏)도 그의 저서에 인용하였다. 그러나 이 『기신론』의 사상에 가장 주목했던 이는 뭐니뭐니해도 신라의 원효(元曉)와 화엄종의 대성자 법장(法藏)이었다. 예부터 『기신론』의 3대 주석서라고 하면 정영사 혜원의 『기신론소(起信論疏)』와 원효의『기신론소(起信論疏)』, 법장의『기신론의기(起信論義記)』의 3가지를 말한다. 원효는 신라 사람이었음에도 불구하고 『기신론』에 주목했고, 법장 역시『기신론』의 사상을 이용하면서 화엄 사상의 형성에 큰 역할을 하였던 것이다.

민중불교운동에 앞장선 원효의『기신론』

통일신라 초기에 불교계에서 눈부시게 활약했던 이는 원효(元曉, 618~686)와 의상(義湘, 625~702)이다. 특히 독창적인 사상가를 들라고 한다면 원효를 지목하지 않을 수 없다. 원효는 의상과 함께 당나라 유학길에 올랐지만 도중에 그 뜻을 포기하였다. 그때의 사정은 다음 과 같은 설화로써 전해지고 있다.

두 사람은 입당구법(入唐求法)의 여행을 떠났다. 어느 날 밤 무덤 속에서 야숙을 하게 되었을 때 원효는 갈증을 느끼고 물을 마셨는데 다음날 아침 그것이 해골 안에 고인 물이었다는 사실을 알고는 구토 를 했다고 한다. 여기서 원효는 일체의 모든 것은 오직 마음의 작용 에 의한다는 것을 깨달았다. 그것은 밤에 아무런 생각도 없었을 때는 마실 수 있었던 물도 일단 해골 속의 물이라는 사실을 안 뒤에는 마 실 수가 없다는 것은 일체의 모든 것은 마음의 작용에 의해서 생겨나 기 때문이라는 것이다. 삼계유심(三界唯心)의 도리를 깨달았던 원효는 국내에 머물면서 일체의 모든 경·론을 연구하여 마침내 중국의 불교학자에게도 뒤지지 않는 위대한 불교학자, 독창적인 사상가가 되었다. 입당의 포기야말로 원효를 불후의 불교인답게 만든 것이다.

더구나 원효는 단순한 학자만은 아니었다. 때로는 산수(山水)에서 좌선하고, 때로는 술집에 출입하고, 때로는 민중과 더불어 염불하며 춤추었다. 산림에 은거하여 자신의 해탈만을 구했던 불교인이 아니라 대중과 함께 불도를 구했던 사람이었다. 한 때는 파계하고 결혼을 했던 적도 있었다. 원효에게는 계율을 초월한 무엇인가가 있었다. 그는 계율도 초월하고, 종파도 초월하고, 온갖 대립을 지양한 화쟁(和諍)의 사상을 강조했다.

종파 의식이나, 경전의 구별, 계율까지도 모조리 초탈해 버리기를 결사적으로 추구했던 원효에게 큰 충격을 주었던 것은『기신론』이었다. 일찍이 원광에 의해 유행되었던 점찰법회는 원효에게『점찰선악업보경』에 대한 안목을 열어 주었다. 그러므로『점찰경』의 이론적 배경으로서 채용되었던『기신론』의 교설에 원효가 주목했던 것은 당연한 일이었다. 원효는 새롭게 전래된『기신론』의 교설을 탐독하면서 이 논서의 중요한 가치에 마음이 쏠렸다. 그리하여 그는『기신론』의 주석서를 지었다.

원효가 쓴『기신론소(起信論疏)』는『해동소(海東疏)』라고도 부르며, 신라에서 뿐만 아니라 중국에서도 높은 평가를 받았다. 화엄종의 대성자 법장은 원효의『기신론소』에서 강한 영향을 받아『기신론의기』

를 완성시켰는데, 어떤 부분은 거의 그대로 인용하고 있다. 예로부터 『기신론』은 법장의 『의기』와 함께 읽지 않으면 안 된다고 할 정도로 법장의 『의기』는 권위가 있다. 그런데 이『의기』가 근거로 한 것이 바로 원효의 『해동소』인 것이다.

원효가 설명하는 『기신론』에서의 대승의 의미는, 소승에 대립하는 대승이 아니라 온갖 것을 포섭하는 대승이며, 그것은 "오묘하고도 오묘하다"고 할 정도로 깊고 헤아릴 수 없이 심오한 뜻이라 한다. 『기신론』을 읽기 위해서는 우선 원효의 『해동소』나 법장의 『의기』를 읽은 후에 『기신론』의 본문을 차근차근 읽어나가는 것이 필요하다.

불교학 입문서로서의 『기신론』

『기신론』은 예부터 진제 삼장이 번역한 것이 아니라, 중국에서 찬술되었거나 혹은 남북조 시대 말에 지론학파(地論學派)의 사람이 저술해서 마명의 이름을 도용했을 것이라고 추측되고 있다. 더구나 인도에서 만들어진 것이 아니라 모두 중국에서 만들어진 책으로서, 그것이 현장 실차난타(實叉難陀)가 번역한 『신역기신론(新譯起信論)』이라고도 한다. 일찍이 『기신론』이 인도찬술이냐, 중국찬술이냐 하는 논쟁으로 학계가 떠들썩하였지만, 현재는 인도에서 찬술되어 진제 삼장이 최초로 번역하였다고 보는 것이 통설이다. 이들 논쟁에 관해서는 모찌즈키신쿄(望月信亨)박사의 『大乘起信論之硏究』(金尾文淵堂, 大正 11年) 등이 있지만, 현재 비교적 쉽게 입수할 수 있는 것으로서, 전문적인 연구사에 흥미있는 독자는 히라카와 아키라(平川彰)박사의 『大乘起信論』(大藏出版, 昭和 48年) 및 카시와기 히로오(柏木弘雄)박사의 『大乘起信論の硏究』(春秋社, 昭和 56年) 등을 읽어보면 도움이 될 것이다.

이 책에서는 이런 문제보다도 『기신론』의 교리내용을 어구해석에 구애받지 않고, 중국불교의 실천가들이 어떻게 『기신론』의 가르침을 실천했는가에 주목하면서 이야기를 진행시켜 나가고자 한다.

예로부터 응연(凝然)의 『八宗綱要』(졸저, 講談杜學術文庫)는 불교개론서로서 유명하다. 이 책은 불교 각 종파의 교리를 간단하게 정리한 것으로서 한 종파의 가르침만을 깊게 연구한 것은 아니다. 그러면 한 종파의 가르침만을 깊고 넓게 설명한 것, 예를 들면 화엄종의 역사와 교리를 서술한 응연의 『법계의경(法界義鏡)』같은 책이 좋은 것인가 하면 반드시 그렇지도 않다. 왜냐하면 이러한 책들은 어렵기 때문에 초보자로서는 이해하기가 힘들다. 그런데 이 『대승기신론』은 특정한 종파의 가르침을 정리한 것이 아니라 불교 전반을 다룬 것이다. 더구나 분량도 적고, 불교의 교리와 실천이 매우 평이하게 정리되어 있다. 그런 까닭에 『대승기신론』은 불교의 일반적 개론서로서 가장 적합한 것이라고 말할 수 있다.

이하, 『기신론』을 읽으면서 어구의 해석에만 빠지는 일이 없이 그 대강을 파악하면서, 불교학이 우리들 '삶의 모습'을 어떻게 훌륭하

게 설명하고 있는가를 이해함과 동시에 불교용어를 깊이 음미함으로
써 인생의 양식이 되었으면 한다.

제2화

고독 속에서 『기신론』을 번역한 진제(眞諦)

산사의 그윽한 분위기

중국의 선종사찰을 방문했을 때 가장 흥미로운 것은 산문(山門) · 대웅보전(大雄寶殿) · 경당(經堂) · 선실(禪室) 등 이르는 곳마다 종교적인 분위기를 잘 나타내고 있는 문자를 발견하는 일이다. 예를 들면,

깨달음을 얻으면 대도(大道), 잡다한 일들이 사라진다.
진리직관(禪機)의 실마리를 간파하면, 일체가 바로 공(空).

등과 같은 것은 선종의 '본래 한 물건도 없다(本來無一物)'라는 말을 잘 표현한 것으로서, 무심(無心)에 머무르고 무사(無事)한 곳에 인생의 지극한 경지가 있다는 것을 노래하고 있다. 또는

높은 누각의 그윽한 향기는 청정한 경지에서 나오고,
푸른 연못의 은빛 달은 선심(禪心)을 비추네.

라던가,

한 점 티끌도 물들지 않고,
만법(萬法)은 모두 공(空)이다.

등의 시구를 보고 있으면 그윽하고 우아한 선심(禪心)을 감득할 수가 있다. 그런데 이런 시구를 지면(紙面)상에서 보면 정취가 없다. 중국 여산(廬山)의 사찰이나 천태산 국청사(國淸寺), 혹은 천동사(天童寺) 등 울창한 대나무 숲으로 둘러싸인 심산유곡의 암자에서 이런 시구를 보면 문자의 의미를 굳이 되새기지 않더라도 무엇인가를 직관할 수가 있다.

중국의 사찰은 길에서 멀리 떨어진 깊은 산 속에 있는 것이 많다. 오악(五嶽) 중의 하나인 남악형산(南嶽衡山)의 산 중턱에도 운하(雲霞: 구름과 안개)로 감싸인 절이 있고, 강서성(江西省)의 북부에 있는 여산의 천지사(天池寺), 수봉사(秀峰寺), 귀종사(歸宗寺) 등도 흰 구름이 뭉게뭉게 피어오르는 구름바다로 싸여 있는가 생각하면, 어느 새 그 모습을 드러내 보이고 있다. 이러한 산사에서 연구(聯句)를 찾아내면 선(禪)의 깨달은 경지에 들어간 기분이 된다.

진제 삼장은 죽림으로 둘러싸인 광동성의 시흥현에서 『대승기신론』을 번역한 후 강서성 남부의 남강(南康. 江西省 南康縣)으로 왔다. 남강은 파양호(鄱陽湖)로 흘러드는 대하(大河)인 감강(贛江)의 지류 장수(章水)와 접하는 곳이다. 남강으로 가기 위해서는 시흥에서 남웅(南雄)을 지나 광동성과 강서성의 경계지역에 있는 대유령(大庾嶺)을 넘지 않으면 안 된다. 이 대유령은 5령 중의 하나로서, 한나라 시대부터 남북 교통의 요충지였다. 당나라의 장구령(張九齡)이 이 새로운 길을 열고 매화나무를 심었던 까닭에 매령이라 불렸으며, 예전에는 매화나무로 유명한 곳이었다. 양나라 시대 진제 삼장이 이 대유령을 지날 때 매화나무는 없었지만 하늘을 찌를 듯한 죽림은 있었음에 틀림없다. 대유령을 넘어서 배를 타고 장수를 내려가면 남강에 이른다. 진제 삼장이 어디에서 숙박했는지 전혀 알 수가 없지만, 시흥현에서 사찰에 숙박하며 『기신론』을 번역한 것으로 보아, 남강으로 가는 도중이나 남강(南康)에서 예장(豫章, 南昌)으로 가던 도중에 때로는 사찰에 숙박했는지도 모른다. 당시 사원의 건물 기둥에 명구(名句)가 씌어져 있었는지는 알 수 없지만 어쨌든 진제 삼장이 산사를 유랑했던 것만은 사실일 것이다.

아비지옥과 불국토−일심(一心)이란

진제 삼장은 불우했다. 후진(後秦)의 요흥(姚興)이 세워준 번역도량에서 수백 명의 불교학자의 도움을 받으며 번역에 종사했던 구마라집이나, 당대(唐代)에 국가의 지원을 받으며 대자은사(大慈恩寺)에서 번역사업에 종사했던 현장 삼장과 비교해 보면 그 생애는 너무나 비참했다. 귀국을 결심하고 남해에서 떠나려고 했던 일도 있었지만 실패로 돌아갔다. 어쩌면 자살을 꾀했던 적이 있었는지도 모른다.

진제는 떠돌아다니며 산사의 임시숙소에서 하늘을 찌를 듯한 죽림을 보기도 하고, 만발한 복사꽃과 기암괴석을 보기도 했다. 때로는 남강(南康)에서 예장(豫章)으로 갈 때 감강의 유유한 흐름을 보았을 것이다. 그때 진제는 『기신론』의 일심(一心)이라던가 중생심(衆生心)이라고 하는 말을 떠올렸는지도 모른다. 자신은 천애고아의 몸이지만 산수의 절경과 실제로는 한 몸이 아닌가? 자기와 같은 작은 존재도 이 웅대한 중국의 산하(山河)와 일체(一體)가 아닌가? 인간의 마음이라던가, 이 눈에 보이는 자연이라고 하는 것도 마음의 분별에서 생겨난 것으로서 본래는 그대로 하나가 아니었던가? 배를 타고 감강의 흐름을 따라 예장으로 내려오면 강 넓이는 수백 미터나 되는 대하(大河)가 되어 도도히 파양호로 흘러들고, 파양호의 물은 다시 장강으로 흘러, 장강은 흐르고 있는지 어떤지 구별조차 할 수 없을 정도로 거대한 흐름이 된다. 이것을 중국 사람들로부터 들어서 알고 있던 진제 삼장은 자신의 먼 고향 인도대륙의 혹독한 자연환경과 함께 자신의 반평생을 회고해 보았던 것이다.

콩알 같은 자신의 존재는 무한한 과거전생의 인연에 의해 현재의 존재로 있고, 또한 무한한 미래를 개척해 나갈 것이다. 진제 삼장은 이러한 인과(因果)의 도리가 『기신론』에서 설하는 일심(一心) 속에 있다는 것을 새삼스레 자각하였다. 천애고아의 처지였던 그는 『기신론』의 일심의 세계가 이 유전흥망(流轉興亡)의 무상한 현세에 무한의 광명을 비춘다는 생각이 들었다.

『기신론』은 일심(一心)·이문(二門)·삼대(三大)·사신(四信)·오행(五行)을 설한다고 한다. 여기서 一·二·三 이라는 숫자는 열거하기 편리한 까닭에 붙였을 뿐, 이것이 그대로 『기신론』의 대의를 표현하는 것은 아니며, 일심(一心)은 여하튼 하나의 마음을 설하는 것임에는 틀림없다.

이 일심(一心) 속에는 부처의 세계도 범부의 경계도 모두 들어있다. 더욱이 이 일심은 깨끗하지도 않고 더럽지도 않다. 일심 속에는 시간적으로 무한한 과거와 영원한 미래가 들어있다. 보는 자신과 보여지는 자연계도 들어있다. 인간과 자연을 둘로 구분하기 이전의 상태인 것이다. 거기에는 마음이라든가 몸이라는 것을 구별하는 것도 없다.

그러나 이 일심은 항상 움직이고 있다. 사람은 아무리 자신이 일심 가운데 있다고 생각하더라도 곧 화를 내거나 울고, 아우성치거나 웃고, 슬퍼한다. 아침부터 밤까지 일심은 작용한다. 그것은 인간이 생존해 있다는 증거이다.

사람은 살아있는 한 어리석기도 하고, 기뻐하기도 하며, 악하기도 하고, 선하기도 하다. 그것이 일심의 작용인 것이다. 이 일심 속에는 죽은 자가 아비규환의 초열지옥(焦熱地獄)의 괴로움을 받아 울부짖는 모습도 보이고, 광명으로 빛나는 비로자나불이 계시는 불국토까지도 포함되어 있다. 시간적·공간적으로 모든 것을 포함하는 것, 이것이 『기신론』에서 설하는 일심(一心)인 것이다.

구세(救世)의 대비(大悲)—불법폐멸 속에서『기신론』을 읽은 담연

574년에 북주의 무제는 도교인의 진언(進言)에 따라 불교를 폐지하고 경전을 불사르며 불상을 부수었다. 이것이 유명한 북주의 폐불 사건이다. 이때 큰 사찰은 귀족의 저택으로 이용되었다. 환속을 명령받았던 승려들은 강제 노동에 동원되었으며, 환속을 거부하는 승려는 처형당했다. 장안(長安)의 시가지로 도망한 승려들은 승복 위에 다시 속복을 입고 불교인이라는 자각을 유지하려고 애썼다. 말하자면 숨은 크리스찬과 같은 숨은 불교도들이었다. 더욱이 장안의 시가지에서 남쪽으로 멀리 떨어진 종남산(終南山)으로 도망쳐 들어가 법을 지키고자 했던 승려도 있었다. 그들은 종남산의 계곡에 숨어 나무 아래나 바위 위에서 좌선을 하면서 후세에 불법을 전하고자 하였다. 때로는 바위에 경전의 내용을 새겨 가르침이 영원히 존속되기를 바랐다.

이때,『기신론』을 손에 넣은 담연은 태행산(太行山)에 숨어서 불법이 멸해가는 것을 보고만 있을 수밖에 없었다. 이제 불법이 멸하려하고 있다. 사찰도 없고 승려도 없으며 경전도 사라질 것이다. 그의 눈은『기신론』의 서두를 응시했다. 거기에는 무엇이 씌여 있었던가?

**중생들로 하여금, 의심을 제거하고 잘못된 집착을 버리게 하여,
대승의 올바른 믿음을 일으켜 부처가 될 종자(佛種)가 끊어지지 않게**

하기 위해서이다.

불법은 이제 절멸되려 하고 있다. 신심(信心)이 얕은 승려들은 이
제 불법으로는 국가권력에 저항할 수가 없으며, 더 이상 사람이 구원
되지도 않는다는 생각으로 꽉 차있었다. 무제나 그의 신하들이 명령
하는 대로 머리를 기르고 승복을 벗고 속인의 복장을 하고 결혼하는
승려도 나타났다. 불법에 의문을 품은 승려가 배출된 것이다. 이러한
상황에서 담연은 의문을 제거하고 대승의 올바른 신심을 북돋우지
않으면 안 된다고 설한 마명보살의 가르침에 큰 충격을 받았다. 더욱
이 "부처가 될 종자가 끊어지지 않게 하기 위해서"라고 되어 있지 않
은가? 부처가 될 종자란 부처님의 가르침을 계승하여 그 가르침을
영구히 존속시키는 사람들을 말한다. 절도 없고, 경전도 없고, 승려
도 없다 할지라도 진실한 가르침을 전하는 사람이 있다면 좋지 않을
까? 라고 담연은 생각했다. 꿈속에서 마명보살과 만나는 체험을 한
담연은 이 가르침이 마명보살의 계시라고 확신했다.

담연은 평소에 읽고 있던 『기신론』의 서문을 한 번 더 읽어 보았
다. 이 문장을 마명보살의 계시로서 받아들이자고 생각했다. 그 서
문의 처음에는 삼보(三寶)에 대한 귀의가 설해져 있었다. 삼보란 불
(佛)·법(法)·승(僧)을 말한다. 삼보에 귀의하는 것은 곧 불교도라는
표명이고, 자각이며, 기쁨이다.

폐불이 한창일 때 삼보에 대한 귀의를 읽은 담연은 불법폐멸의

와중에서도 반드시 삼보를 지키고 이것을 후세에 전하지 않으면 안
된다고 결심했다.

　　온 시방(十方)에서 최상의 훌륭한 업으로 두루하는 지혜(偏知)를
갖추시고 모습이 무애자재하신 구세(救世)의 대비자(大悲者)와, 그 몸의
체상(體相)인 법성진여(法性眞如)의 바다와 무량한 공덕의 창고와, 여실
한 수행 등에 귀명합니다.

　『기신론』의 서문은 무한하고 훌륭한 지혜와 무애자재한 모습을
나타내어 구세의 대비자로 살아가는 부처님께 제일 먼저 귀의한다고
설명하고 있는 것이 아닌가. '구세의 대비자'란 다름 아닌 부처님이라
는 것을 담연은 감득했던 것이다. 세상 사람들을 구제하는 크나큰 자
비를 가진 부처님은 이 불법폐멸이 한창인 가운데도 계신 것이다.
　담연은 무의식 중에 합장하며 두 눈을 감았다. 부처님의 몸은 자
유자재로 감응하여 우리의 바람 앞에 그 모습을 나타내 주시는 것이
다. 때로는 인간의 모습이 되고, 때로는 산야를 헤매는 호랑이의 모
습이 되고, 때로는 복숭아꽃이나 소나무 가지가 되어 자유자재로 우
리 앞에 모습을 나타내 주시는 것이 부처님이다. 더구나 그 부처님은
구세의 대비를 가지신 분이다. 구세의 대비란 관음보살과 같은 분으
로서 번민으로 괴로워하는 우리 중생을 구제해 주시는 분이다.
　더구나 불신(佛身)의 본체나 그 모습은 너무나 훌륭하고 너무나

위대하다. 그 본체는 진리 그 자체이고 진실로 가득 찬 바다와 같다. 더욱이 그것은 무한한 공덕을 지닌 것으로서 우리의 어떤 작은 소원도 들어 주시는 것이다. 우리는 미혹하고 번뇌로 괴로워한다. 죽음에 직면하여 두려워하고 있다. 이런 우리도 수행을 하면 반드시 보살이나 부처가 되는 것이다.

완전한 능력을 가진 부처님과 깨달음을 끝까지 추구했던 보살에 귀의하는 것이야말로 불법을 영원히 존속시키는 힘이라는 것을 감득했던 담연은, 이윽고 북주가 멸하고 수나라가 건립되어 불법흥륭의 칙서(조서)가 내려지자 다시 한 번 불법을 위해 분골쇄신의 노력을 경주하였다. 그러므로『속고승전』「담연전」에서는 담연에 대해 "불교를 널리 퍼뜨리고, 노력과 운을 겸비한 사람, 이것이야 말로 담연의 힘이었다"고 묘사하고 있다. 이러한 그를 사람들은 담연보살이라고 추앙하였다.

『기신론』의 구조 – 불교의 이론과 실천

담연은『기신론』서문의 삼보에 대한 귀의를 읽고 불법재흥에 큰 힘을 기울이게 되었다. 그러면 도대체『기신론』은 어떤 체계로 설해져 있는가?『기신론』은 처음의 서문을 제외하면, (1)인연분(因緣分), (2)입의분(入義分), (3)해석분(解釋分), (4)수행신심분(修行信心分), (5)권수이익분(勸修利益分)의 5장으로 구성되어 있다.

(1)인연분은 서론에 해당되는 부분으로서, 어떠한 이유에서 이 『기신론』과 같은 글을 저술하게 되었는가를 밝히고 있다. (2)입의분은 『기신론』 교리의 대의와 근원을 밝힌 것이고, (3)해석분은 일심(一心)·이문(二門)·삼대(三大)를 자세하게 설명한 것이다. 그러므로 『기신론』의 교리는 (2)입의분과 (3)해석분에서 모두 설해진다. (4)수행신심분은 이론적인 교리를 어떻게 실천하고 수행해 갈 것인가를 설명한 것이다. (5)권수이익분은 결론에 해당되는 부분이다. 여기서는 『기신론』의 가르침을 실행하면 큰 이익을 얻을 수 있다는 것을 밝혀, 『기신론』을 받들고, 또한 이 가르침을 사람들에게 널리 권해야 한다는 것을 설명하고 있다.

이것을 보아도 알 수 있듯이, 이 『기신론』은 불교의 이론과 실천을 진실로 정교하게 설한 것으로서, 이와 같이 체계적으로 설한 불교 입문서는 일찍이 없었다. 많은 사람들이 이 책을 주석한 이유도 여기에 있다. 이 책이 널리 읽혀졌던 것은 대승불교의 교리와 실천이 조직적으로 잘 설명되어 있다는 것 외에는 별다른 이유가 없다. 유학(儒學)에서는 사서(四書) 중의 하나인 "대학(大學)』은 공자의 유서(遺書)로써 초학(初學), 덕(德)에 들어가는 문(門)이다"라고 말하지만, 불교에서는 "『기신론』은 초학, 대승불교에 들어가는 문이다"라고 말할 수 있다. 『기신론』이야말로 대승불교의 입문서이자 개론서로서 최적의 책이라고 할 수 있을 것이다.

그러면 『기신론』에는 어떤 것이 설해져 있는가. 예부터 간단하게 일심(一心)·이문(二門)·삼대(三大)를 설했다고 한다.

일심(一心)이란 앞서 서술했듯이 물(物)과 심(心), 자기와 세계, 일체의 모든 것을 포함하는 것으로써 중생심(衆生心)이라고도 부른다. 이 중생심이야말로 대승 그 자체라고 한다. 일심을 중생심이라고 부르는 점에 『대승기신론』의 큰 특징이 있지만 그 문제에 관해서는 본문의 해설로 미루기로 하자.

이문(二門)이란 진여문(眞如門)과 생멸문(生滅門)을 말한다. 일심 그 자체가 번뇌나 무명에 의해 조금도 더렵혀지지 않고 깊은 물처럼 고요하고 맑은 상태를 유지하는 것이 진여문이고, 번뇌나 무명에 의해 일어나 유전(流轉)해 가는 것이 생멸문이다. 일심의 두 가지 견해가 바로 이 이문(二門)인 것이다.

삼대(三大)란 체대(體大)·상대(相大)·용대(用大)를 말하며, 일심을 체(體)·상(相)·용(用)의 세 관점에서 본 것이다. 대(大)라고 하는 것은 체(體)와 상(相)과 용(用)이 너무나 큰 모습과 작용을 가지기 때문에 대(大)라고 하는 것이다. 체의 관점에서 일심을 보면 악마도 신(神)도, 부처도 인간도, 동물도 자연도, 모두 이 일심 밖에 존재하는 것이 아니므로 체는 위대하다. 그러므로 체대(體大)라 부른다. 울다가도 웃고, 기뻐하다가도 슬퍼하는 것도 이 체에서 떠나있는 것이 아니다. 더구나 이 일심에는 무량한 덕상(德相), 무수한 덕상이 구비되어 있기 때문에 상대(相大)라고 하며, 작용의 측면에서 보면 존재하는 모든 사물을 움직이고 있기 때문에 용대(用大)라고 한다. 이와 같이 체대·상대·용대를 알게 되면 인생이나 자연을 보는 눈이 완전히 달라진다. 말하자면, 자연이나 인생의 영묘한 작용이 보이기 시작하고, 영성계(靈性界)가 보이기 시작하며, 법계(法界)의 모습이 보이기 시작하는 것이다.

그러면 실천에 관해서는 무엇을 설하고 있는가? 예부터 사신(四信)과 오행(五行)을 설한다고 한다.

사신(四信)이란 진여(眞如)와 불(佛)·법(法)·승(僧) 삼보(三寶)를 믿는 것이다. 일심(一心)·이문(二門)·삼대(三大)의 가르침을 알게 되면 만유의 근원이고 우주의 생명이며 대자연의 실상인 진여에 대해 저절로 합장 경배하게 되며, 이것은 동시에 불·법·승 삼보에 귀의하는 것이 된다. 단지 아무 것도 모르면서 귀의하는 것이 아니라 일심·이문·삼대의 가르침을 이해하면 저절로 귀의하게 되고, 이에 비로소 종교심, 신앙심이 생겨나게 되는 것이다.

오행(五行)이란 보시(布施)·지계(持戒)·인욕(忍辱)·정진(精進)·지관(止觀)을 수행하는 것이다. 종교심이 생겨나게 되면 이 오행은 불도를 완성하기 위한 방법이 된다. 신앙은 실천 수행에 의해서 깊어지고, 실천 수행은 신앙에 의해 지탱된다. 더구나 『기신론』은 자력에 의한 수행을 설할 뿐만 아니라, 서방극락 세계의 아미타불을 염송하면 극락왕생할 수 있다는 것도 설한다. 좌선도 염불도 『기신론』에서 보면 완전히 동일한 실천 수행 방법인 것이다.

명예와 이익을 구하지 말라 - 담천(曇遷)과 「인연분(因緣分)」

북제의 수도 업(鄴)은 부교 도시로서 최고의 번화함을 누리고 있었다. 담존법사(曇尊法師)를 위시하여 많은 이름난 승려들이 불교학을 강론하고 있었다. 오대산에서 이 도시로 내려온 이가 담천이었다. 담천은 젊은 나이에 주역과 노장 사상의 심오한 이치를 깊이 연구하였다. 오대산의 신령스러운 자취를 돌면서 문수보살의 진신(眞身)을 친견하기 위해 고행을 거듭하였다. 오대산은 청량산(淸凉山)이라고 불리는 것처럼 여름에는 시원하고 겨울에는 눈으로 뒤덮히는 산으로서, 다섯 봉우리가 옹립하여 구름 위로 솟아 있다. 사원은 중대(中臺) 아래 위치하고 있다. 덤천은 이 오대산 골짜기에서 수행에 힘쓰다가 수도 업으로 내려온 것이다.

담천은 어느 날 『기신론』을 펼쳤다. 문장 첫머리의 글자가 그의 눈에 들어왔다.

중생들이 모든 고통을 여의고 궁극적인 즐거움을 얻게 하기 위함이지, 세속의 명예나 이익, 존경을 구하기 위해서가 아니기 때문이다.

담천은 이 문장을 응시했다. 이것은 마명보살이 『기신론』을 저술했던 최대의 이유였다. 번뇌의 화염과 무명으로 인한 업(業)의 불꽃으로 불타고 있는 중생들이 고통을 없애고 평안한 경지로 들어갈 수 있게 하기 위해『기신론』을 쓴 것이지, 저작을 세상에 출판하여 명예나 이익, 존경을 얻을 목적이 아니었다는 것을 너무나 분명히 밝히고 있지 않은가. 담천은 부끄러웠다. 자신이 오대산을 내려와 이 업도에 온 것은 불교학을 배워서 명성을 얻을 목적이었다. 나라에서 세운 큰 사원에서 경전을 강의하고 훌륭한 책을 쓸 목적이었다. 담천은 명성을 얻기 위해 불교를 배워서는 안 된다고 결심했다. 대중들은 담천에게 강의를 요청했다. 그때 담천은 다음과 같이 말했다.

학(學)은 법(法)을 알기 위함이고, 법(法)은 행(行)을 닦기 위함이다. 어찌 영리를 가지고서 도(道)를 말하겠는가.

불교를 배우는 것은 가르침을 알기 위해서이고, 가르침을 아는 것은 수행을 위한 것이지 결코 명성을 얻기 위한 것이 아니다. 담천은 수도 업에 머물면 불교인으로서 속세의 때가 묻으므로 어떻게 해서든지 심산유곡에 틀어박히지 않으면 안 된다고 결심하였다. 이리하여 임려산(林慮山) 황화곡에 있는 정국사(淨國寺)에 들어가 불도(佛道)를 위하고 중생의 고통을 구제하기 위해 엄격히 계율을 지키면서『기신론』등의 불교서 연구에 몰두했던 것이다.

담천은『기신론』의「인연분」을 탐독했다. 거기에는 마명보살이 『기신론』을 쓰게 된 결의(決意)와 기원(祈願)이 담겨져 있었다. 그 이유는 여덟 항목에 걸쳐 서술되어 있다. 첫째는 앞에서 서술했던 대로 중생을 구제하기 위해 서술했다고 하는 것이며, 둘째는 부처님 가르침의 근본을 해석하여 올바른 가르침을 우리에게 가르치기 위해서이고, 셋째는 어느 정도 수행을 쌓은 중생이 대승의 가르침을 믿고 불퇴전의 정진을 하기 위해서이며, 넷째는 아직 수행이 충분치 않은 중생에게 신심을 일으키게 하기 위해서이고, 다섯째는 악업을 없애고 무지와 오만을 버리고 그릇된 생각에서 벗어나게 하기 위해서이며, 여섯째는 지관(止觀)을 수행하여 마음의 어리석음을 퇴치하기 위해서이며, 일곱째는 아미타불을 염송하여 구원되기 위해서이고, 마지막으로 여덟째는 대승의 가르침이 얼마나 이익 되는가를 보여주어서 수행에 힘쓰도록 하게하기 위함이다.

담천은 진정한 불교인이라면 이 여덟 가지 중 어느 것도 소홀히 해서는 안 된다는 생각이 들었다. 담천은 정신이 번쩍 드는 것 같았다. 특히 첫째의 명예나 이익을 얻기 위해서 저술해서는 안 된다고 하는 것이 가슴에 와 닿았다.

북주의 폐불사건이 한창일 때 난을 피해 있었던 담천은 이윽고 수대(隋代)가 되어 불교 부흥의 칙명이 내려지자 혜원(慧遠) 등 다섯 대덕(大德)과 함께 대흥전(大興殿)에 참배했다. 그때 황태자 촉왕수(蜀王秀)의 공양을 받기도 했다. 담천은 그 명성이 올라감에 따라 권문세가와 가까워졌으며, 수십만의 승려를 출가시키기도 했다. 젊은 시절 좌선과 면학 속에서 생활했던 담천은 불교계에 군림하는 왕자가 되었다. 당시의 제왕이나 귀족에게 존경받고 권문세가의 초대를 받기도 했던 담천의 행동이 불교인의 삶의 태도로서 정당한 것인가에 대해 규탄하는 사람도 생겨났다. 어떤 사람은 담천을 일컬어 "임금의 은총에 탐닉해버린 자"라 했다. 담천은 자신의 행동을 해명하기 위해서 『망시비론(亡是非論)』을 썼다. 자신의 행동의 부득이함을 장자(莊子)의 말을 빌려 변명한 것이다.

담천은 『기신론』의 "세속의 명예와 이익, 존경을 구하지 않는다"의 문장과 권문세가를 가까이 했던 자신의 행동을 비교했다. 그 흔들리는 마음은 더한층 『기신론』의 가르침을 숙독케 하는 힘이 되었다. 깨끗한 부처의 마음과 세속의 명성 속에서 생활하는 범부의 마음을 두 가지 다 지닌 것이 중생심이라고 『기신론』은 설하고 있지 않은가. 그것은 바로 자신의 삶의 모습 그 자체라는 것을 깨달았다.

더구나 「인연분」에서는 경전이 있음에도 불구하고 왜 새삼스럽게 『기신론』과 같은 논서를 썼는지를 설명하고 있다. 그것은 가르침을 받아들이는 중생의 능력이 같지 않고 이해의 방법도 다르기 때문에 감히 논을 쓴 것이라고 마명보살은 서술하고 있다. 담천은 『화엄경』이나 『능가경』은 물론 『기신론』이나 『섭대승론』에도 비상한 관심을 쏟았다. 그것은 스스로 말세의 범부라는 것을 강렬하게 자각했기 때문이었다. 그는 경전만을 통해서는 부처님의 가르침을 알 수 없다는 것을 알고 있었던 것이다. 무슨 일이 있더라도 말세의 범부라도 부처님의 가르침을 이해할 수 있다는 『기신론』을 읽지 않으면 안 되었다.

담천은 『기신론』을 읽으면 소름끼칠 정도로 두려운 무엇을 느꼈다. 그것은 자신을 갈라놓는 것이었다. 이 담천의 『기신론』에 대한 비상한 정열은 수대(隋代)의 불교인이나 세속인들에게 『기신론』의 존재를 알려주는 원동력이 되었던 것이다.

제3화

악마의 마음을 응시했던
원효(元曉)

불 속의 연꽃

한국의 경상북도 영일만에 위치하고 있는 포항은 큰 제철소가 있는 곳으로 유명하다. 이 포항 제철소 옆을 지나 자동차로 약 1시간 정도 산길을 올라가면 댐의 제방 바로 아래에 있는 종점에 도착한다. 차에서 내려 가파른 산길을 오르다 보면 큰 제방이 있는 곳에 다다른다. 마침 여름 가뭄이 한창일 때 갔기 때문에 댐의 물은 거의 바닥에 깔려 있었지만, 관개용 댐이 우뚝 그 모습을 보이고 있는 것에는 자못 놀랐다. 이 댐은 원효(元曉)가 살았던 오어사(吾魚寺) 앞의 시냇물을 막아서 만든 것이다.

댐의 제방을 왼쪽으로 돌아서 댐 주위를 따라 산을 올라가면 댐은 점점 좁아져 이윽고 깎아지른 듯한 낭떠러지 아래의 계류(溪流)가 된다. 그 앞으로 구름 사이로 치솟은 듯한 낭떠러지가 보이는데 거기가 오어사 입구이다. 산문(山門)을 들어서니 백일홍의 검붉은 꽃이 보였다. 경내에는 대웅보전이나 산신각 등 작은 건물들이 세워져 있었으며 누군가가 오체투지의 예를 올리고 있었다.

오어사 앞의 계곡은 깊고 절벽은 허공에 우뚝 솟아 있다. 절 앞에서 건너편 절벽까지 좁은 다리가 놓여 있고 거기서부터 절벽의 산길을 오르면 초암에 이른다. 이 오어사를 옛날에는 항사사(恒沙寺)라 불렀으며, 이 항사사에는 혜공(惠空)이 살았었다. 그는 신통술을 부린 승려로서 유명하며, 술을 마시면 미친 듯이 떠들면서 삼태기를 메고

길거리에서 노래하고 춤추었기 때문에 부궤화상(負簣和尙)이라 불렀다. 절의 우물 안으로 들어가면 몇 달 동안 나오지 않았으며, 우물에서 나올 때는 푸른 옷을 입은 신동(神童)이 먼저 나오고 뒤이어 혜공이 나왔는데 그 옷은 물에 젖은 적이 없었다고 한다. 혜공은 만년에는 오어사로 옮겨와 살았다.

이 혜공을 스승으로 모셨던 분이 원효이다.『삼국유사(三國遺事)』권4에는 그 상황을,

한 때, 원효는 여러 경전의 주석을 지었고, 항상 스승에게 질문하였으며, 때론 서로 논쟁하였다.

라고 기록하고 있다. 원효는 신라의 수도 경주에서『금강삼매경(金剛三昧經)』의 주석을 썼으며, 그 외에도 많은 경·논에 주석을 붙였다. 그는 잘 모르는 곳이 있으면 경주에서 달구지를 타고 영일만의 산 속에 있는 오어사로 와서 혜공에게 질문했다. 단지 혜공에게 불교학 지도를 받기 위해 온 것만은 아니었다. 두 사람은 산이나 계곡에서 신선처럼 자유무애하게 행동하는 것을 즐기고 있었다.

어느 날, 혜공과 원효 두 사람은 항사사 앞의 계곡에서 물고기와 두꺼비를 잡아먹고는 계곡의 바위 위에서 소변을 보았다. 혜공은 원효의 소변을 가리키며 "너의 오줌은 나의 물고기다"라고 장난스럽게 말했다. 이러한 연유로 항사사는 오어사라고 불리게 되었다. 혜공이

장난으로 말한 의미는, 원효의 오줌을 먹은 물고기를 혜공이 잡아먹었기 때문에 "너의 오줌은 나의 물고기다"라고 했던 것이다. 마을 사람들은 이 계곡을 모의천(茅矣川)이라 불렀다.

이 원효의 스승 혜공은 일찍이 『조론(肇論)』을 보고 "이것은 옛날에 내가 찬술한 것이다"라고 말했다고 한다. 그는 스스로 구마라집(鳩摩羅什)의 제자인 승조(僧肇)가 환생한 것이라고 자부하고 있었다.

혜공은 술에 취하여 노래하고 춤추며 고기를 먹었던 파계승이었다. 원효도 또한 스승인 혜공과 같이 술을 마시고 물고기를 먹었을 뿐 아니라 아기까지 태어나게 했다. 혜공은 그 찬문(讚文)에서 자신을 '불 속의 연꽃'에 비유하고 있다. 파계승 구마라집이 자신을 '진흙 속의 연꽃'에 비유한 것을 보고 자신을 '불 속의 연꽃'에 비유했던 것이다.

『기신론』과의 만남-원효

이 자유분방한 혜공에게 배웠던 원효는 당나라에서 전해 온 『대승기신론(大乘起信論)』을 입수했다. 분량은 적지만 유명한 마명보살이 쓴 것이었다. 원효는 마명보살이 쓴 것이라면 신뢰할 만한 가치가 있다고 생각했다. 『기신론』을 보고 있던 원효는 이 논서의 요점을 설명한 「입의분(立義分)」에 집중하게 되었다.

「입의분」이란 『기신론』의 대의를 써 놓은 부분이다. 거기에는 대승을 설명하기 위해서는 '법(法)'과 '의(義)'가 있다고 되어 있다. 법(法)이란 어렵게 말하면 법체(法體)이고, 쉽게 말하면 사물의 됨됨이를 말하며, 의(義)란 그 의의(意義) 혹은 이유를 말하는 것이다. 대승의 가르침에서 가장 핵심이 되는 것은 무엇이며, 그것이 왜 '대(大)'라고 불리는지 그 이유를 설명하고 있다.

'대승'이라고 하면 『법화경(法華經)』 등에는 이타행(利他行)이나 보살행(菩薩行)이 가장 중요하다고 되어 있다. 그러나 이 『기신론』에는 매우 간단하게,

법(法)이라고 하는 것은 중생심(衆生心)을 말한다. 이 마음은 즉 일체의 세간법(世間法)과 출세간법(出世間法)을 포섭한다. 이 마음에 의하여 마하연(摩訶衍 : 大乘)의 뜻을 분명하게 나타낸다.

라고 설명하고 있다. 원효의 눈에 띈 세 글자는 중생심이라는 말이었다. 원효는 자기의 눈을 의심했다. 그는 아마도 불심(佛心)이나 여래장심(如來藏心), 청정심(淸淨心) 등과 같은 흔한 불교 용어가 처음에 나올 것이라고 생각했던 것이다. 그런데 어떻게 됐는지 중생심이라니. 중생심이란 중생이 가지고 있는 마음이지 부처의 마음은 아니다. 중생이란 우리들을 말한다. 그렇다면 우리가 가지고 있는 마음이 대승 그 자체를 나타내는 것이라고 하는 것이 된다.

중생의 마음은 세속에 물들어 있고 번뇌로 더럽혀져있다. 이러한 중생의 마음이야말로 대승 그 자체라고 『기신론』은 설하고 있는 것이 아닌가. 원효는 일찍이 『화엄경(華嚴經)』을 읽었다. 영변(靈弁)이라는 북위시대의 대학자가 쓴 『화엄경론』을 읽었던 적도 있다. 『화엄경』은 부처님이 정각을 이루어 깨달음을 얻은 상태에서 쓴 경전이므로 청정한 부처님의 깨달음을 근본으로 삼고 있다. 그런데 이 『기신론』에서는 번뇌의 근원인 중생의 마음을 중심에 두고 있으니 원효는 이것을 대단히 기이하게 느끼지 않을 수가 없었다.

　　그러나 마명보살이 무슨 이유로 대승 그 자체를 나타내는 것이 중생심이라고 했는지 원효는 알 수 있을 것 같은 생각이 들었다. 마명보살이 가장 문제로 삼았던 것은 고뇌하는 중생이며, 그 중생을 어리석음으로부터 눈뜨게 하여 깨달음으로 향하게 하는 것에 비상한 정열을 쏟았던 것이다. 원효는 미심쩍었던 마음이 완전히 풀렸다. 이런 우리들 중생의 마음이야말로 대승의 가르침을 만들어내는 에너지라는 것을 깨달았던 것이다.

　　원효가 이따금 가르침을 구하기 위해 찾아갔던 오어사의 혜공은 물고기를 먹고 노래를 부르며 술을 마시는 파계승이었으며, 원효 자신도 똑같은 생활을 했었다. 분명히 현실의 자신에게는 번뇌로 더럽혀진 마음 밖에 없었다. 이 더럽혀진 마음 그 자체가 대승의 법체(法體)를 나타낸다고 하는 것을 안 원효는 『기신론』의 마력에 이끌렸다. 엄청난 내용을 서두에 선언한 책이라는 것을 깨달았다. 이윽고 원효는 『기신론』을 읽으면서 메모를 했다. 그것이 『기신론별기(起信論別記)』이며, 다시금 온 정열을 기울여 주석서를 완성한 것이 『기신론소(起信論疏)』였다. 이리하여 『기신론』은 중국 대륙에서 뿐만 아니라 한반도에서도 새로운 지지자를 발견하게 되었던 것이다.

악마의 마음이란

오어사 입구에는 계곡이 흐르고 있다. 그 계곡의 건너편은 깎아지른 듯한 절벽이다. 이 절벽에는 눈보라를 견디어 온 붉은 소나무가 보기 좋게 뻗은 가지를 보여주고 있다. 절벽을 따라 뻗어나간 소나무 가지를 바라보고 있던 원효는, 문득 대승의 법체(法體)는 소나무라고 하면 안 되는 것일까 하고 생각했다. 이 지상에는 삼라만상이 저마다의 생명을 불태우면서 살아가고 있다. 소나무는 소나무 나름대로, 백일홍은 백일홍 나름대로, 잡초는 잡초 나름대로 열심히 살고 있다. 이와 같은 소나무는 대승의 법체가 안 되는 것일까. 천태교학(天台敎學)을 공부했던 적이 있는 원효는 사물도 마음도 본래 다른 것이 아니라는 것을 알고 있었다. 그러나 이 『기신론』에는 중생이 가지고 있는 마음이 근본이라고 설하고 있는 것이 아닌가.

원효의 가슴에는 문득 의상(義湘)과 함께 당나라로 불법을 배우러 떠났을 때의 기억이 되살아났다. 의상과 함께 당나라 유학의 길을 나선 어느 날 밤, 무덤 사이에서 야숙을 했을 때 갈증을 느끼고 물을 마셨는데, 다음 날 아침 그것이 해골 안에 고여 있는 물이었다는 사실을 알고는 갑자기 구역질을 했던 것이다. 거기서 원효는 일체의 모든 것은 오직 마음이 만들어내는 것임을 깨달았다. 밤에 아무 생각도 없이 마셨던 물도 일단 해골 속의 물이라는 것을 알면 마실 수 없다는 것은, 일체의 모든 것이 마음에 의해서 생겨나기 때문이라는 것을 깨달았던 것이다.

그 때의 기억이 원효의 마음을 스쳐갔다. 소나무나 백일홍을 대승의 본체라고 하기 보다는 역시 우리들의 마음 쪽이 보다 더 적절하다는 것을 확인했다.

어느 날 원효는 산 속에서 좌선을 하고 있었다. 자신의 마음도 자연도 하나로 융화되어 가는 것을 느꼈다. 마음은 자신의 작은 마음이 아니라 무한한 우주와 똑같이 광활함을 가지고 있었다. 삼라만상, 산천초목과 완전히 하나가 되어 가는 마음을 느꼈다. 원효는『기신론』이 중생의 마음을 문제로 삼은 것은, 마명보살이 틀림없이 마음의 크고 넓음을 알고 있었기 때문이라고 생각했다.『기신론』에서는 중생심이 세간법과 출세간법을 모두 포섭하고 있다고 하지 않는가. 세(世)란 시간, 간(間)이란 공간을 의미하므로, 세간법이란 시간과 공간의 제약을 받는 이 현상 세계를 말하고, 출세간법이란 시간과 공간을 초월한 불멸의 세계를 말한다. 이 중생심 안에는 눈에 보이는 현상은 물론 눈에 보이지 않는 현상도 분명히 들어 있다고 하는 것이다.

이것은 엄청난 사상이다. 이 작은 마음속에 일체의 모든 현상이 들어있다고 하는 것이다. 실천적으로 세간법을 어리석음의 세계, 출세간법을 깨달음의 세계라고 한다면, 어리석음도 깨달음도, 웃음도 울음도, 일체의 모든 것이 이 마음 안에 있다. 이 중생심을 하찮은 것이라고 생각하는 것은 잘못된 것이다. 이 중생심은 한 없이 크고 한 없이 넓다. 원효는 우주의 일체의 모든 것, 즉 삼라만상은 물론 부처의 정토(淨土)도, 중생의 지옥도, 모두 우리 마음의 현상이고 우리 마음의 투영이므로 우리 마음을 떠나서 존재하는 것은 아무 것도 없다는 것을 깨달았다.

우리의 마음이 한순간 현혹되면 여색에 빠져버리는 일도 있다. 악마의 마음이 되기도 하고 부처의 마음이 되기도 한다. 우리의 마음은 종종 악마도 만들어내고 부처도 만들어 낸다. 이 마음이란 도대체 어떠한 것인가? 원효는 좌선을 하면서 자신의 마음을 더한층 응시했다.

원효는 소나무나 백일홍이나 계곡을 대승의 법체라고 해도 상관이 없지만 역시 자신이 가지고 있는 악마의 마음을 퇴치하는 것이 깨달음의 세계에 들어가는 길이고, 부처가 설한 구원의 길이라고 생각했다. 악마의 마음이야말로 깨달음으로 통하는 문인 것이다. 『기신론』의 저자인 마명보살은 인간의 마음의 실상을 확실히 파악하고 있었다. 인간의 마음은 어떠한 미세한 작용도 놓치지 않는다. 원효는 마명보살의 뛰어난 직관력에 눈을 떼지 않았다. 자신도 역시 이 요동치는 악마의 마음을 끝까지 주시해야 된다고 생각했다.

원효, 경수(經水)를 마시지 않다

한국 강원도에 있는 낙산사에는 큰 관음상이 있다. 해안의 절벽에 있는 의상대(義湘臺)에 오르면 동해의 파도가 눈 아래 굽어보인다. 이 아름답고 고운 경치의 낙산사에는 의상과 원효에 관련된 전설이 있다(『삼국유사』권3). 깎아지른 듯한 절벽에 파도가 세차게 들이치는 동굴 속에는 의상 앞에 모습을 나타냈다고 하는 관음상이 모셔져 있다. 의상은 여기서 관음의 진신을 만날 수가 있었지만, 원효는 관음의 모습을 볼 수가 없었다. 그것은 파계의 생활을 했던 원효가 여성에게 관심을 보였기 때문이었다.

원효는 낙산의 관음을 만나기 위하여 이곳으로 오고 있었다. 낙산 남쪽의 논밭 가운데를 지나고 있었을 때 흰 옷을 입은 한 여인이 벼를 베고 있었다. 원효는 말을 걸 심사로 그 벼를 달라고 부탁했다. 여인은 웃으면서 익은 벼 대신에 쭉정이만 달린 마른 벼이삭을 원효에게 주었다. 원효가 마른 벼이삭을 가지고 가는 도중에 다리가 있었다. 다리 아래 작은 개천에서는 한 여인이 경수(經水: 월경)로 더러워진 헝겊을 씻고 있었다. 갈증을 느꼈던 원효는 물을 달라고 했다. 여인은 경수로 더러워진 물을 원효에게 떠 주었다. 원효는 그 물이 너무 더러웠으므로 버리고 스스로 깨끗한 냇물을 떠서 마셨다. 그때였다. 들판의 소나무 위에 푸른 새가 한 마리 앉아 있다가 원효를 향해 "훌륭한 화상이여! 이제 망측한 짓은 그만 두십시오"하고는 홀연히 사라져 버렸다. 그 소나무 아래에는 벗겨진 짚신이 놓여 있었다.

원효는 이윽고 낙산사에 도착했다. 관음상이 안치되었던 자리 밑에는 조금 전에 소나무 아래에서 보았던 것과 똑 같은 짚신이 있었다. 그때 원효는 홀연히 깨달았다. 조금 전에 논과 개천에서 만났던 흰 옷을 입은 여인이 바로 관음보살의 화신이었던 것이다. 당시의 사람들은 새가 앉았던 소나무를 관음송(觀音松)이라 불렀다. 원효는 해안의 동굴에 들어가 관음보살의 진짜 얼굴을 보려고 했지만 갑자기 풍랑이 일어나 동굴에 들어갈 수가 없었으므로 결국 포기했다고 한다.

원효가 경수로 더러워진 물과 마른 벼이삭을 고맙게 받았더라면 관음보살은 그 진짜 모습을 나타내었을 것이다. 원효의 마음이 한순간 어찌할 바를 몰랐던 것은 아름다운 여인을 보았기 때문이다. 여인을 본 순간 원효는 엉겁결에 말을 걸어 버렸다. 이런 마음의 한순간의 움직임을 생멸인연(生滅因緣)의 모습(相)이라 한다. 그러나 낙산사에 도착한 원효는 관음의 진신을 친견하고자 했다. 이 마음은 어디까지나 종교적인 깨끗한 마음이다. 이 청정한 마음을 진여(眞如)의 모습(相)이라 부른다. 인간의 마음에는 동요하는 마음의 모습과 순수한 마음의 모습의 양면이 있다는 것을 『기신론』은 가르쳐 주고 있다.

중생이 지닌 마음이 단지 무명(無明)으로 뒤덮혀서 더럽혀진 것 뿐이라면 대승의 법체라고 말할 수 없다. 이 마음에는 청정한 일면도 있다. 『기신론』은 이 마음을 본체(體)와 작용(用)의 두 가지로 분류하여 설명한다. 중생심에는 진여의 본체와 생멸의 작용이 있다. 진여의 본체란 마치 바다가 고요함으로 가득 차 있는 듯한 것을 말하며, 생멸의 작용이란 바람에 의해 바다가 심한 파도로 요동치고 사나운 물결이 성난 파도를 일으키고 있는 듯한 것을 말한다. 바다에 파도가 없는 상태가 진여문(眞如門)이고, 파도가 일어난 상태를 생멸문(生滅門)이라고 한 것이다.

우리들의 마음은 무명의 바람이 불면 곧 파도가 일어난다. 원효조차도 여성을 보면 괜히 말을 걸고 싶어진다. 원효의 마음속에는 여성에 대해 흥미를 가진 마음과 관음보살을 우러러 뵙기를 원하는 마음이 한 순간에 요동친다. 여성에게 흥미를 가지고 욕망을 느끼는 것이 생멸의 마음, 즉 움직이는 마음, 때 묻은 마음이고, 관음의 진신을 우러러 뵙기를 원하는 마음이 진여의 마음, 즉 고요한 마음, 투명하고 사리에 밝은 마음인 것이다.

내면의 광명을 보라

신라가 낳은 무애자재한 불교인, 원효의 이름 속에는 어떠한 의

미가 담겨 있는가? 『삼국유사』의 저자 일연(一然)은 "스스로 원효라고 칭함은 오직 처음으로 불일(佛日)을 빛냈음을 의미한다"라고 하였다. 원효라는 이름은 불일을 빛낸다는 의미이다. 여성에게 말을 거는 원효의 마음에도 불일을 빛내는 광명이 포함되어 있으며, 요동치는 마음은 그대로 부처님의 광명을 받고 있는 것이다. 우리 중생의 마음에는 훌륭하고 큰 지혜와 광명이 빛나고 있다. 그러므로 중생심이야말로 위대한 것이다.

중생심에 더럽고 사악한 작용뿐이라면 결코 대승의 법체, 사물의 됨됨이가 될 수는 없다. 중생심이 얼마나 훌륭한 것인가를 밝힌 것이 의(義: 의의, 의미)라고 하는 것이다. 『기신론』「입의분」에서는 다음과 같이 설명한다.

의(義)라고 하는 것에는 세 가지가 있다. 세 가지란 무엇인가? 첫째는 체대(體大)니, 일체법(一切法)의 진여를 말한다. 평등하며 증감이 없기 때문이다. 둘째는 상대(相大)니, 여래장(如來藏)을 말한다. 무량한 성공덕(性功德)을 구족하기 때문이다. 셋째는 용대(用大)니, 일체의 세간과 출세간의 착한 인과(因果)를 잘 내기 때문이다.

체대(體大)란 본체(體)가 크고 넓음을 지니고 있는 것, 상대(相大)란 내용이 풍부한 것, 용대(用大)란 그 작용이 뛰어난 것을 말하는데, 이 세 가지 측면에서 중생심은 너무나 훌륭하다고 하는 것을 증명하고 있다.

우리 중생이 지닌 마음이라고 하는 것은, 본체의 측면에서 보면 증가하지도 감소하지도 않는 진여이고, 시간적 공간적으로도 무한히 크고 넓음을 가지고 있다. 더구나 깨달았건 어리석었건, 이 진여의 본체는 증가하지도 감소하지도 않는다. 마치 거울에 더러운 것을 비추건 아름다운 것을 비추건, 그것을 제거하면 거울 자체는 하등 더럽거나 아름답지도 않다. 어디까지나 거울 자체는 투명하고 맑은 것으로서, 증가하거나 감소함이 없는 것과 같은 것이다. 우리의 마음속에는 이와 같은 진실한 모습이 잠재해 있다.

다음으로 상대(相大)는 마음의 내용이 훌륭한 것을 말한다. 그것은 부처님의 큰 지혜와 큰 광명을 지니고 있다. 그 광명으로 빛나는 마음은 훌륭하다. 본래 지니고 있는 그 광명을 미혹한 우리들은 알지 못하고 있을 뿐이다. 이 큰 광명의 빛을 받을 때 우리는 부처가 되려고 하는 향상(向上)의 도(道)에 눈뜰 수가 있다. 큰 광명의 빛을 받는다는 것은 구체적으로는 부처와 만나는 것이다. 부처의 본체는 눈에는 보이지 않지만 때로는 관음보살의 모습으로, 때로는 아미타불(阿彌陀佛)의 모습으로 우리 앞에 나타난다. 의상이 낙산사에서 보았던 것은 관음보살이었다. 이와 같은 부처님의 화신(化身)은 염원하면 반드시 나타난다. 중생이 가진 이 마음으로 일심으로 염원하면 그 모습이 보인다. 염원한다는 것은 일심으로, 골똘히 생각한다는 것이다. 생각하는 것, 염원하는 것은 결국 실현되어 간다. 마음의 작용에는 이와 같은 영묘한 작용이 있다. 그러므로 이 중생의 마음을 대승의 법체, 그 자체라고 말할 수 있는 것이다.

우리의 마음은 이와 같은 세 가지의 훌륭한 내용과 작용을 지니고 있기 때문에, 대승의 가르침을 설명하려면 이 중생심의 비밀을 밝히면 되는 것이다. 중생심이야말로 미혹의 세계도 되고 깨달음의 세계도 된다. 이 중생심을 맑게 해 가면 마침내는 부처가 될 수 있다. 부처도 보살도 이 중생심을 응시하고 이 마음을 정화시켜 마침내 깨달음을 얻었던 것이다. 이 중생심을 버리고 깨달음에 이르는 길은 없다.

『기신론』의 「입의분」은 대승불교의 핵심을 중생심이라고 하는 한마디 말로써 파악하려고 했다. 마명보살의 예리한 직관력은 이것을 단적으로 표현하였다. 원효도 『기신론』을 읽고 큰 충격을 받았다. 여성에게 말을 걸려고 하는 마음이 대승불교의 핵심임을 알았다. 대승의 근본정신은 이타행이나 보살행에 있다고 하는 것이 보통이지만, 『기신론』은 굉장한 것을 선언했다. 즉, 지금 현재 당신이 가지고 있는 마음 그 자체가 가장 중요한 것이라고 하였다. 나쁜 마음, 몰인정한 마음, 도무지 어떻게 할 수 없는 마음이라고 단념해서는 안 된다. 이 마음이야말로 너무나도 큰 본질과 내용과 작용을 가지고 있는 것이라고 단언한 것이다. 바로 체대(體大) · 상대(相大) · 용대(用大)라고 하는 것이다.

체대 · 상대 · 용대를 철학적 논리 구조로 풀이하면 『기신론』을 전혀 이해할 수 없게 된다. 단지 인간이 지니고 있는 마음이 가장 중요하다고 하는 것을, 본질과 내용과 작용의 3가지로써 설명했을 뿐이다.

낙산사에서 관음의 모습을 볼 수 없었던 원효는 요동하는 마음의 작용을 응시했다. 전에 읽었던 『기신론』 「입의분」의 가르침을 생각해 내었다. 낙산사의 관음의 모습은 볼 수 없었지만 중생이 가지고 있는 마음속에 무한한 공덕이 있다는 것을 알았다. 동해에 떠오르는 아침 태양보다도 더욱더 빛나고 큰 지혜와 큰 광명이 있다는 것을 알았다. 자신의 이름을 원효라고 붙인 것에 자신과 용기가 솟아났다. 불일(佛日)을 빛낼 자기의 사명을 깊이 자각했다.

낙산사의 의상대에서 보는 일출과 일몰의 광경은 아름답다. 저 멀리 동해에서 떠오르는 아침 햇살은 의상대를 차츰 붉게 물들여 간다. 이 태양의 빛남이 훌륭하기는 하나 그에 못지않은 큰 광명이 우리의 마음속에 빛나고 있다고 하는 것은, 중생의 마음이 얼마나 훌륭한 것인가를 말해주는 것이다. 원효는 이 『기신론』의 중생심을 자기의 마음으로 만들겠다고 맹세했다.

제4화

불교탄압에 항거한
정영사(淨影寺) 혜원(慧遠)

선(禪)과 교학(敎學) 모두에 통했던 인물-승조(僧稠)와 혜원(慧遠)

산동성(山東省) 역성현(歷城縣)에 작산(鵲山)이라고 하는 산이 있다. 이 작산의 산림 속에서 한 승려가 좌선을 하고 있었다. 이 승려는 90일 동안 하루 한 끼의 식사로 지냈다. 밤낮도 없이 바위 위에서 꼼짝도 하지 않고 좌선을 하였다. 입고 있던 옷이 몸에 달라붙어서 옷을 잡아당겨도 벗을 수가 없게 되었다. 어느 날 산적이 나타나서 협박했지만 죽음을 각오하고 수행하고 있던 이 승려는 조금도 두려운 기색이 없었다.

한 때, 산신(山神)이 선녀로 변하여 이 승려를 유혹하였다. 뒤에서 달려들어 안기고 허리 위로 올라앉으며 요염한 숨결을 내 뿜었다. 그러나 승려는 죽음을 각오하고 마음을 오로지 한 곳에 집중하여 9일 동안 좌선에서 일어나지 않고, 깊은 선정에 들었던 상태 그대로 마침내 산신의 유혹을 물리쳤다. 이윽고 선정에서 깨어나자 맑고 깨끗한 경지가 전신에 넘쳐흘렀다. 이 때의 깨달음의 경지를 숭산(嵩山) 소림사(少林寺)에 있던 불타선사(佛陀禪師)에게 나타내 보였다. 불타선사는 말했다.

"파미르 고원의 동쪽에서 선학(禪學)의 으뜸가는 사람은 바로 그대이다."

불타선사로부터 파미르 고원의 동쪽 지방에서 선승으로서 가장 훌륭한 사람은 당신이라고 칭송을 받은 사람은, 만년에 용산(龍山) 운문사(雲門寺)에 살았던 승조(僧稠)였다.

불타선사로부터 심요(心要)를 전해받은 승조는 숭산 소림사에 살았지만, 얼마 후 하남성(河南省) 왕옥산(王屋山)으로 가 더 한층 엄한 수행을 했다. 어느 날 초암 마루 위에 도교의 선경(仙經) 2권이 놓여 있었다. 좌선에 몰두하고 있던 승조에게 도교의 가르침을 알려주기 위하여 누군가 놓고 간 것이었다. 승조는 말했다. "나는 원래 불도를 수행하는 사람이지 불로장생을 원하는 자는 아니다." 승조가 이렇게 말하자마자 순식간에 선경은 사라졌다. 결사의 각오로 좌선하는 불교 승려에게는 삶도 죽음도 없었다. 하물며 불로장생을 구할 필요는 더욱이 없었다. 도교의 가르침은 승조에게 아무런 소용도 없는 것이었다. 승조는 좌선에 들었다 하면 7일간이었다. 너무나도 오랜 좌선으로 다리는 항상 심한 통증으로 시달렸다. 그러므로 참선하던 다리를 마루 앞으로 쭉 펴려고 하면 산신(山神)이 나타나서 다리를 펴 주고, 피곤이 회복되면 산신의 도움으로 결가부좌(結跏趺坐)하였다.

승조는 북위(北魏)의 효명제(孝明帝)나 효무제(孝武帝)가 도회로 나올 것을 권해도 산을 내려가지 않았다. 『고승전』은 그 모습을,

승조는 산에 살면서 나이를 먹었으며, 수행은 일생에 걸쳤다. 칙명이 내렸음을 듣고도 한 번도 그 명을 받드는 일이 없었다.

라고 기록하고 있다. 70살이 넘어도 그 생활은 변함이 없었다. 효무제의 초청으로 설법을 할 때, 승조는 "삼계(三界)는 원래 공(空)이고 국토도 또한 그러하다. 영화로운 세상의 모습이 항상 유지될 수는 없다"고 설했다. 삼계나 국토, 일체의 모든 세계는 모두 공이고, 아무리 세상이 번영하고 영화를 누린다 하더라도 그것은 무상하고 변화하는 것이므로 영원히 불변하는 것은 아무 것도 없다고 말했던 것이다. 승조야말로 선승 중의 선승(禪僧) 대선승이었다.

승조선사는 이윽고 하남성 공현(鞏縣)의 석굴대사(石窟大寺)의 주지가 되었으며, 가까운 곳에 운문사(雲門寺)라고 하는 사찰을 건립했다. 이 승조에게 자신의 선법(禪法)의 깨달음을 보이고 가르침을 구했던 이가 『기신론』의 주석서를 지은 정영사 혜원(523~592)이다.

혜원은 젊은 시절에 6, 7년간 대승불교의 교리를 배워 깊이 이해할 수 있게 되었다. 수도 업(鄴)에서 개최되는 법회에서 불교에 대한 논쟁이 벌어지면 혜원에게 대적할 자가 없었다. 그 때문에 그의 명성이 멀리까지 퍼져 나갔다. 혜원은 밤낮으로 무리하게 공부를 계속하여 폐병에 걸렸다. 노이로제에 걸린 혜원은 보름 동안이나 충분한 수면을 취하지 못하게 되자 열에 들뜨고 가슴을 칼로 베는 듯한 고통을 느꼈다. 신체는 쇠약해지고 호흡은 곧 끊어질 듯한 지경에 이르렀다.

혜원의 머리에 예전에 임려산 등 명산의 선림(禪林)에서 선을 닦고 있던 승려들의 기억이 되살아났다. 그렇다. 선관(禪觀)을 수행하면 이 병을 치료할 수 있을 것이다. 혜원은 우선 수식관(數息觀)을 닦기로 하였다. 이윽고 보름이 지나자 혜원은 잠을 잘 수 있게 되었으며, 이로써 병을 치료할 수가 있었다.

그 후 어느 여름, 오로지 선정을 수행하였으므로 정적(靜寂)한 경지에 들어 심신에 커다란 기쁨을 느꼈다. 이 깨달음의 내용을 대선승 승조에게 이야기했다. 그랬더니 승조는 "이것은 마음이 잘 통일된 경지이므로 더욱더 마음을 선정의 경지로 깊게 이끌어 간다면 관행(觀行)을 이루게 될 것이다"라고 대답했다.

혜원은 『화엄경』『열반경』『유마경』 등의 많은 경전에 주석을 썼을 뿐만 아니라 불교백과사전이라고 할 수 있는 대작 『대승의장(大乘義章)』을 저술한 대학자이다. 혜원은 경전을 강의할 때마다 항상 선정을 찬미했다. 혜원처럼 학문하는 사람이 선정을 수행하는 것은 어려운 일이었지만 그는 이것을 구하지 않으면 안 된다고 확신하고 있었다. 그러나 혜원은 자신의 생활을 원망하고 있었다. 대학자 혜원에게는 정영사의 대중을 통솔하는 잡다한 일과 저술 작업의 임무가 있었다. 이 때문에 혜원은 마음을 가다듬을 선정의 시간이 없는 것을 자기 생애의 최대의 과실이라고 생각하였다. 그는 흔히 말하는 것과 같은 단순한 학자가 아니었다. 선정의 중요함과 귀중함을 확실히 알고 있었다. 그렇기 때문에 대선승인 승조에게 자신의 소견을 나타내 보였던 것이다. 이 혜원이 『기신론』을 접했을 때 심진여문(心眞如門)의 기술에 강력한 충격을 받았던 것이다.

묵화에 그려진 솔바람 소리

『기신론』의 근본적 입장인 중생심과 그 체·상·용이 너무나 훌륭하다고 하는 것을 설한 「입의분」에 이어, 『기신론』의 본문은 「해석분(解釋分)」으로 나아간다. 「해석분」은 크게 3단계로 나누어진다. 제1단계에서는 정의(正義)를 밝히고, 제2 단계에서는 잘못된 견해를 부정하고, 제3 단계에서는 깨달음으로 향하 는 모습을 밝힌다.

제1 단계의 '정의를 밝힌다'란 일심 즉, 중생심에는 심진여문(心眞如門)과 심생멸문(心生滅門)이 있고, 이 두 개의 문에 의해 일체의 사물을 모두 포괄할 수가 있다고 한다. 이 심진여문과 심생멸문의 두 문은 두 개로 나누어서 설명하지만 본래는 구별되는 것이 아니다.

먼저, 심진여란 무엇인가를 설명한다. 심진여란 진리 그 자체이고, 불교의 근원이며 본체이다. 『기신론』은 이것을 다음과 같이 설명한다.

이른바 심성(心性)은 불생불멸이다. 일체의 모든 법은 오직 망념(妄念)에 의해서만 차별이 생기며, 만약 망념을 여의면 곧 일체 경계의 모습은 없어진다. 그러므로 일체의 법은 본래부터 언설(言說)의 모습을 떠났고, 명자(名字: 이름)의 모습을 떠났으며, 심연(心緣)의 모습을 떠났으므로, 마침내 평등하게 되고, 변하거나 달라지지도 않으며, 파

괴되지도 않는다. 오직 이것은 일심뿐이므로 진여라고 이름 하는 것이다.

　이것이 진여의 정의이다. 마음의 본성인 불생불멸이 진여인 것이다. 승조선사가 "영화로운 세상의 모습이 항상 유지될 수는 없다"고 말했듯이 이 세상에 존재하고 있는 것은 모두 무상하고 변화하는 존재이다. 그러나 진여란 불생불멸하고 영원한 것이다. 일체의 모든 것은 망념에 의해서 생겨나는 것이기 때문에 망념을 버릴 수만 있다면 일체의 대상은 무(無)가 된다. 망념을 떠난 무념(無念)의 입장에서 모든 사물을 보면, 모든 사물은 그 상태 그대로의 모습이 진여가 된다.

　깊은 선정(禪定)의 경지는 거울과 같다. 그것은 무심이다. 망념이 전혀 없다. 일체의 사물이 무심 속에 비추어질 때, 그것은 본래 말이나 이름으로 표현될 수가 없고, 파괴할 수 없으며, 항상하는 존재가 된다. 진여란 망념을 떠난 존재, 집착을 떠난 존재, 언어나 개념을 벗어난 존재이다. 체험적으로는 선정에 의해서 얻어진 무심의 경지이지만, 승조와 같은 대선승이 되면 그 무심의 경지는 평생 어떠한 경우에 처하더라도 유지하게 된다. 밥을 먹을 때도, 걸어가고 있을 때도, 언제나 무심의 경지에 머물 수가 있다.

　진여라고 하는 존재가 따로 있는 것이 아니다. 다만 망념을 떠난 무심의 눈으로 볼 때 모든 존재는 진여가 된다. 소나무는 소나무 나름대로, 대나무는 대나무 나름대로, 산은 산 나름대로, 하천은 하천 나름대로 그대로가 진여이다. 그 진여인 대나무, 진여인 산, 진여인 하천은 변함이 없고 영원하다.

승조가 머물렀던 소림사는 숭산의 산기슭에 있다. 숭산은 언제나 구름과 안개로 덮혀 있는가 생각하면 어느 새 선명하게 산의 모습을 드러내 보인다. 숭산은 숭악대제(嵩岳大帝)가 사는 오악 중의 하나이다. 이 영산을 무심으로 볼 때, 숭산은 진여가 되고 영원불멸의 존재가 된다. 승조의 눈에는 숭산은 언제나 진여였다.

숭산의 진여는 승조에게 무엇을 이야기하고 있는가? 우주의 생명, 대자연의 생명의 숨결이 승조의 선심(禪心)과 감응한다. 무심으로 만물을 볼 때 진여는 나와 일체가 되는 것이다.

진여란 어떠한 것인가라고 묻는다면
묵화에 그려진 솔바람 소리.

진여는 눈에 보이지 않는다. 묵화에 그려진 솔바람 소리를 들을 수 있는가? 묵화의 솔바람 소리는 마음의 눈을 뜨고 감득하지 않으면 안 된다. 이러한 경지가 되면 이궁존덕(二宮尊德)이,

"소리도 없고 향기도 없이 천지는 언제나
글이 없는 경(經)을 되풀이 한다."

라고 읊었듯이, 천지 만물은 그대로 진여가 되어 경전을 소리 내어 읽는 것이 된다. 천지만물이 진여라면 이 일심도 진여이다. 망념을 떠난 일심은 청정한 일심이며, 거기에는 한 점의 흐림도 없다. 사리에 밝고 투명하게 존재하는 사물이 있는 그대로 존재한다. 이 진여의 경지는 선승 승조가 체득했던 세계와 완전히 동일한 것이다.

호법보살(護法菩薩)이 본 것

하남성의 신향시(新鄉市)에서 산서성(山西省)의 태원(太原)으로 가는 철도가 있다. 이 철도는 태행산맥의 황토지대를 횡단한다. 차창보다도 더 높게 치솟은 황토의 중간을 기차는 숨차게 달려간다. 태원을 출발해 산지를 횡단하여 평야지대에 다다르면 신향시가 있다. 이 신향시의 동북쪽에 있는 것이 급현(汲縣)이며, 이 곳의 서산(西山)에 혜원은 3년 동안 은거했던 적이 있다.

북주의 무제가 북제를 멸하자 곧바로 폐불정책을 실시하여 불교탄압을 단행하고자 했다. 이때 결연히 일어나서 무제에게 충고를 했던 이가 혜원이다. 그는 목숨을 버릴 각오가 되어 있었다. 누구 한 사람 항변하는 승려가 없었는데 유독 혜원 한 사람만이 불법(佛法)의 정의를 주장했다. 당시 승통(僧統: 종교장관)이었던 담연법사(曇衍法師)는 혜원의 손을 잡고 울면서 감사하며, 맹렬한 기세로 타오르는 불같은 위력을 가진 천자라도 범할 수가 없었던 혜원의 의연한 태도야말로 틀림없는 '호법(護法)보살'이라고 칭찬했다. 혜원은 말했다. "올바른 도리는 반드시 주장하지 않으면 안 된다. 이 한 생명을 무엇 때문에 아낄 필요가 있겠는가?" 더욱이 산림에 은거하기로 마음을 굳혔던 혜원은 떠날 때 "법은 절대로 멸하지 않는다. 모든 대덕들이여! 걱정할 일은 없다"라는 말을 남겼다. 여기서 '법은 절대로 멸하지 않는다'고 하는 법이야말로 불법을 말하는 것이요, 극단적으로 말한다면 진여의 법인 것이다. 이 말을 하면서 혜원은『기신론』의 진여가 불생불멸의 영원한 것이라는 사실을 다시 한번 확신했던 것이다.

혜원은 급현의 서산에 은거했다. 서산의 남쪽에는 태행산맥의 물줄기가 모여서 흐르는 위하(衛河)가 황토 물을 세차게 흘려보내고 있다. 멀리 북쪽에는 용두산(龍頭山)이 기이한 모습을 보여준다. 산림에 은거하여 계곡의 물을 마시면서『법화경』이나『유마경』등을 각각 천 번씩 읽었다. 특히『법화경』의 가르침은 혜원이 혼신의 힘을 다해 익혔으므로 완전히 몸에 배었다. 말법의 세상에서 이 가르침을 퍼뜨리는 자는 반드시 박해를 받는다고『법화경』에 씌어 있지 않은가. 북주의 무제로부터 불법절멸의 박해를 받았던 것은『법화경』의 진리성을 새삼스레 확인시키는 것이 되었다. 혜원은『법화경』의 이 경문을 몸과 마음을 다하여 강렬하게 받아들였던 것이다.

혜원은『법화경』만을 읽었던 것은 아니었다. 여기서도 좌선에 집중하였다. 좌선에 집중하여 깊은 선정의 체험 속에서『기신론』의 말을 여읜 진여(離言眞如)의 의미를 한층 더 깊이 맛볼 수 있었다.

일체의 언설(言說)은 거짓 이름일 뿐 실체가 없다. 다만 망념을 따라서는 얻을 수가 없기 때문이다. 진여라 말하지만 역시 모습(相)이 없으며, 언설의 극치이므로, 말에 의해서 말을 버리는 것을 말한다. 이 진여의 체(體)는 버릴 것도 없으니, 일체의 법은 모두 다 참되기(眞) 때문이다. 또한 내세울 만한 것도 없으니, 일체의 법은 모두 똑같기(如) 때문이다.

깊은 선정에 들면, 말을 다만 임시로 그렇게 말하고 있을 뿐 진실한 체험으로부터 멀어져 버린다는 것을 깨달았다. 이것이 진여라고 하더라도 달리 진여에 모습이나 형상이 있는 것은 아니다. 우주의 생명 그 자체인 진여에는 우리가 망념에 의해서 떠올리는 것과 같은 모습은 전혀 없다. 그러므로 진여라는 이름으로 불러서는 안 되는 것이다.

그러면서도 진여라고 부르는 것은 무슨 이유에서인가. 우주의 생명을 무슨 말로 부르더라도 그것은 특별한 것이 된다. 불심이라든가, 진심이라든가, 일법계(一法界)라든가, 중생심이라든가, 어떻게 불러보더라도 우주의 절대생명은 아무리해도 말로써는 완전히 파악할 수가 없다. 물이나 불이라 해도 좋지만 '진여'라고 하는 말이 가장 좋다.

도교의 책 가운데 『천은자(天隱子)』라고 하는 것이 있다. 그 속의 「신해편(神解篇)」에 "일성(一性)에 의거함을 말한다. 이것을 진여라 한다"라는 것이 있는 것으로 보아, 도교에서는 본래의 성(性)을 진여라 불렀다. 이 책에는 당나라의 사마 승정(司馬承禎)의 서문이 붙어 있기 때문에 어쩌면 불교용어인 진여를 채용하여 본래의 성을 표현하는 말로 사용했는지도 모르지만, 어쨌든 진여라고 하는 말은 절대적인 것을 표현하는 말 중에는 최고로 좋은 말이므로 '언설의 극치'인 것이다. 여기서 '진(眞)'이라고 하는 글자는 모든 잘못을 제거하는 것, '여(如)'라고 하는 글자는 변하지 않는다는 뜻을 나타낸다.

깨달음의 지혜로써 일체의 사물을 보면 일체의 사물은 진여가 된다. 진여라는 말로써 그 '사물의 됨됨이'를 나타내고, 그 '사물의 됨됨이'를 정말로 알 수 있게 되면 이미 진여라는 말은 필요없게 된다. 달이 어디 있는지 알 수 없을 때 손가락은 달을 가리키는 것이지만, 이미 영롱한 달을 볼 수 있게 되면 손가락은 필요없게 된다. 진여를 볼 수 있다면 진여라는 말도 필요없게 된다는 것이다. 진여라는 말도 필요없게 된다는 것을 전문용어로서는 '이언진여(離言眞如: 말을 여읜 진여)'라 한다.

서산에 3년 간 은거하며 대승경전을 독송하고 선정과 계율을 지키는 생활로 지낸 혜원은 확실하게 진여를 볼 수 있는 눈을 기를 수가 있었다. 진여를 알면 진여라는 말도 필요없는 것이다. 혜원은 말한다.

심법(心法) 가운데는 망(妄)이라고 하는 것이 없기 때문에 이것을 진(眞)이라고 한다. 『淨影疏』

망상, 망념이 완전히 없어진 경지가 '진(眞)'이라고 말하고 있다. 3년 간의 수행에 의해서 혜원은 진여를 보았던 것이다. 이리하여 수나라로 바뀌면서 불교는 부흥의 물결을 타게 되었으며, 다시 도시로 나온 혜원은 강의와 집필 활동을 계속하였다. 불법의 불멸과 진여의 영원불멸을 확신했던 혜원이었기에 그만큼 많은 저작을 쓸 수 있는 정력이 있었던 것이다. 호법(護法)의 염원도 없고 진여를 보겠다는 발원도 없는 사이비 불교도가 아무리 불교서를 많이 쓴다고 하더라도 그것은 사람들의 마음을 감동시키지 못한다.

나병환자의 공양을 받다

정영사 혜원의 선학(禪學)의 스승인 승조는 작산(鵲山)에서 하남성 북부 황하(黃河)의 바로 북쪽에 있는 왕옥산(王屋山)에서 수행을 쌓고, 다시 강남의 청라산(靑羅山, 호남성 靖縣 20리)에 머물렀다. 당시 호남성의 평야지역에서는 나병이 유행하고 있었다. 승조의 신통력을 존경한 많은 나병환자들이 승조에게 공양을 바쳤다. 나병환자들은 악취를 풍기고 짓무른 피부에서 고름이 나오는 손으로 공양의 음식을 바쳤으므로 보통사람이라면 공양을 받더라도 먹을 수가 없었을 것이다. 그러나 승조는 악취를 풍기는 속에서도 맛있게 먹었던 것이다. 어쩌면 나병환자의 환부의 고름을 먹었을런지도 모른다.

호남성의 산수는 아름답다. 산에 들어가면 많은 시냇물이 흐르고 대나무는 하늘을 찌를 듯 높이 솟아 있다. 들판의 곡식들은 풍성하고 그 경치는 장관이다. 이러한 산수의 아름다움 앞에 섰을 때 일체의 사물이 진여라고 느끼는 것은 쉬운 일이다. 그러나 승조의 눈앞에 있었던 것은 나병환자의 고름이며 악취였다. 더구나 자연스럽게 입에 넣을 수 있었던 정열은 도대체 무엇이었을까?

깨달음의 지혜에서 보면 이 세상에 존재하는 것은 모두 참된 것이라고 『기신론』은 설하고 있지 않은가? 이 세상에 존재하는 것을 떠나 따로 진여라고 하는 실체가 있을 리가 없다. 존재하는 것은 어디까지나 산이고, 강이고, 풀이고, 나무이다. 산천초목은 모두 다 진여라고 하는 것이 『기신론』의 가르침이다. 이것을 구체적으로 보면 여자를 추구했던 원효의 마음도, 물고기를 먹고 술을 마셨던 혜공의 마음도, 진여 바로 그 자체인 것이다.

일체의 존재가 진여라고 하는 『기신론』의 가르침은 중국이나 신라의 불교인들에게 큰 충격을 주었다. 삼라만상도 자기의 마음도 모두가 참된 것이라고 하는 크나큰 긍정을 단언한 『기신론』의 가르침은, 그들에게 노장사상이나 유교사상과는 전혀 다른 세계관을 제시했던 것이다. 그러므로 『기신론』이 악마의 가르침이 아닌가 의심하는 사람도 있었다.

혜원이『기신론』을 강의하고 있었다. 마침 '말을 여읜 진여(離言眞如)' 부분이었다. 진여란 말로 표현할 수도 우리의 생각으로 파악할 수도 없는 것이라면 어떻게 일체의 법이 진여라고 할 수 있겠는가 하는 것이 제자들의 의문이었다. 이것에 대하여『기신론』의 내용을 충분히 이해하고 있던 혜원은 명확하게 대답했다. "언어를 초월한 것이 진여이다. 진여를 설명할 수 없다고 하는 것은 우리의 망념을 떠났기 때문에 그렇게 설명했을 뿐이다."

진여를 보려면 우선 진여에 수순(隨順)하지 않으면 안 된다. 수순한다고 하는 것은 설명하는 것도, 염원하는 것도 없이 오직 무심, 무념이 되는 것이다. 설명하려고 하면 진여는 말로써 잘 표현할 수 없게 된다. 염원한다고 하는 것은 생각하고, 사색하고, 사유하는 것을 말한다. 진여를 현상의 배후에 있는 실체라던가 혹은 여래장심(如來藏心), 진심이라고 생각하면 할수록 진여는 파악할 수 없게 되는 것이다. 염원하는 것이 아니라 반대로 완전히 무심이 되는 것이 진여를 보는 가장 올바른 방법인 것이다.

승조는 일생 동안 오직『지관법(止觀法)』2권을 저술하였지만 현존하지 않는다. 아마 사념처(四念處) 등의 선관(禪觀)이 설해져 있었을 것으로 생각되지만, 그 배후에 흐르는 생명은 심신(心身)이 무념이 되고, 무심에 머무르는 것이었다. 그것은 바꿔 말하면, 일체의 법이 진여라는 것을 직관하는 것이었다.

유교사상에 입각한 중국의 고대 사회는 인륜의 질서를 근거로 체제가 성립되어 있었다. 그것은 신분적으로는 천자를 최고로 받드는 사대부(士大夫)계급과 일반서민, 농민, 농노(農奴)로 구성되어 있었다. 이와 같이 질서와 차별적 세계관 속에서 살아온 중국인들은 일체의 법이 모두 진여이고, 일체의 사물이 모두 진실이라고 하는 『기신론』의 가르침을 받아들일 수가 없었다. 산천초목 등 삼라만상이 진여라고 하는 것은 그래도 인정할 수 있었지만, 인간은 누구나 다 진여라고 하는 것은 용서할 수 없었다. 그것은 한족(漢族) 이외의 변방족은 진여여서는 안되기 때문이었다.

진여란 일체의 법이며, 모든 사물이 진여라는 것을 '심진여문(心眞如門)'의 첫머리에서 선언한 것이 『기신론』의 가르침이다. 이 가르침은 어떠한 사물이라도 성불할 수 있다는 것을 암시하고 있다. 인간은 말할 것도 없이 산천초목도 반드시 성불할 수 있다는 것이다.

제5화

바보로 일관한
혜해(慧海)

바보로 일관하다-대주 혜해(大珠慧海)

절강성의 성도(省都)인 항주(杭州)는 서호(西湖)의 아름다운 풍경으로 널리 이름난 곳이다. 이 항주에서 전당강(錢塘江)을 건너 자동차로 1시간 정도 가면 소흥(紹興)의 시가지에 도달한다. 소흥의 시가지는 노신(魯迅)의 『광인일기(狂人日記)』의 무대가 되었던 도시이며, 또한 중국 제일의 명주(名酒)인 소흥주(紹興酒)를 산출하는 도시로서도 유명하다. 이 부근에는 우수한 찰벼가 수확되고 맑고 깨끗한 물이 풍부하기 때문에 소흥주와 같은 명주가 산출될 수 있었던 것이다. 회계(會稽)의 산들은 경사가 완만하고 운하가 이르는 곳마다 발달해 있으며 푸른 산과 맑은 물의 도시이다.

동진 시대의 유명한 승려, 지둔(支遁)도 이곳에서 살았으며, 동진의 많은 귀족들은 이곳의 산사를 방문하여 술잔을 주고받으며 시를 노래하고 풍류를 즐겼다.

당나라 시대에는 이 절강성 소흥현을 월주(越州)라고 불렀다. 이월주의 사찰 가운데서 대운사(大雲寺)는 측천무후(則天武后)가 직접 이름을 하사한 절이다. 이 월주 대운사의 주지 가운데 도지화상(道智和尙)이 있었다. 이 도지화상에게 출가했던 승려 중의 한 사람이 대주혜해(慧海)였다.

이윽고 혜해는 한 사람의 어엿한 승려가 되었다. 참선을 하기 위해 어딘가로 떠나고자 했지만 막상 어디로 가야할지 갈 곳을 몰랐다.

그 무렵, 강서(江西)에 마조도일(馬祖道一)이라고 하는 대선승(大禪僧)이 있다는 것을 전해 들었다. 결국 혜해는 소흥을 떠나 마조가 있는 강서로 왔다. 강서는 북쪽으로 장강(長江)이 흐르고, 여산(廬山) 아래는 파양호(鄱陽湖)의 광대한 수면이 반짝반짝 빛나고 있다. 이 파양호에는 커다란 뗏목을 몇 십 개나 띄우고 있는 감강(贛江)이 유유한 흐름을 보이면서 대하가 되어 흐르고 있다. 그 주변 일대에는 논이 있는데, 소흥과는 비교도 안 될 정도의 광대한 풍경이 눈앞에 펼쳐져 있다.

혜해는 마조의 문하에서 참선을 했다. 마조는 "그대는 어디서 왔는가?"라고 물었다. 혜해는 "월주의 대운사에서 왔습니다"라고 대답했다. 마조는 "여기는 도대체 뭣 때문에 왔는가?"라고 물었다. 혜해는 망설임없이 "불법을 구하고자 왔습니다"라고 대답했다. 그러나 마조는 "자기 자신 속에 있는 보물창고는 방치해두고, 집을 버리고 돌아다니면서 무엇을 구하겠다는 것인가? 내가 있는 이곳에는 아무 것도 없다. 도대체 어떤 불법을 구하고자 하는 것인가?"라고 물었다.

혜해는 마조에게 가르침을 받기 위해 예를 갖춰 여쭈었다. "무엇이 내 속에 있는 보물창고입니까?" 마조는 답했다. "지금 거기서 나에게 묻고 있는 그 사람, 그것이야말로 너의 보물창고이다. 거기에는 일체의 모든 것이 있고 모자라는 것은 아무 것도 없다. 자기 마음대로 사용할 수가 있다. 밖에서 구할 필요가 전혀 없는 것이다." 마조의 이 한마디를 들은 혜해는 크게 깨달았다. 자기의 본심(本心)을 깨달은 것이다. 자기의 본심이 중생심이라는 것을 깨달았다. 그것은 지식으로 이해할 수 있는 경지가 아니라는 것을 몸으로 깨달았던 것이다. 자신도 모르게 기뻐서 펄쩍 뛴 혜해는 마조에게 감사드리고 곧바로 그 자리에서 스승으로 모시고 6년 간을 수행했다.

어느 날 대운사의 도지화상(道智和尙)이 연로한 까닭에 월주로 돌아가고자 한다는 통보가 왔다. 혜해는 급히 대운사로 가서 도지화상의 시중을 들었다. 그는 얼굴을 사람들 앞에 내보이는 일 없이, 뛰어난 선승의 날카로운 예지를 감추고 바보처럼 행동하면서 노쇠한 스승의 시중에만 몰두했다. 사람들은 혜해를 바보라고 생각했다. 바보처럼 행동하며 스승의 병시중을 드는 것은 분명히 대단히 어리석은 짓이었지만 그러나 진짜 불자(佛者)였다. 대주 혜해야말로 주옥같은 선서(禪書) 『돈오입도요문론(頓悟入道要門論)』을 저술했던 사람이었다. 바보라고 여겨졌던 사람이 사실로는 진짜 지혜있는 사람이었다.

아무 것도 없는 것 속에 무한한 것이 들어있다-공진여(空眞如)와 불공진여(不空眞如)

바보행세를 하고 있던 대주 혜해의 주옥같은 선적(禪的) 직관력을 이윽고 사람들은 인정하게 되었다. 어느 날의 일이었다. 어떤 사람이 혜해에게 "진여의 본질은 공(空)입니까? 공(空)이 아닙니까? 만약 공(空)이 아니라고 한다면 모습이 있는 것이 되고, 공(空)이라고 한다면 아무 것도 없는 것이 되어 버립니다. 모든 중생은 도대체 무엇에 의지하여 수행해야 해탈을 얻을 수 있습니까?"라고 질문했다. 이 질문에 대해 혜해는 "진여의 본질은 공(空)이기도 하고 공(空)이 아니기도 하다. 왜냐하면 진여의 미묘한 본체는 형태나 모습이 없고 붙잡을 수도 없는 것이다. 이것이 '진여는 공(空)이다'라고 하는 것이다. 그러나 진여의 본체는 공이고 형태나 모습이 없다고 하더라도 그 본체에는 무한한 작용이 있어서 모든 것에 대응할 수가 있다. 이것이 '진여는 공(空)도 아니다'라고 하는 것이다"라고 대답했다.

이 선승과 혜해의 문답 속에는 『기신론』의 '말에 의한 진여(依言眞如)'의 사상이 집약되어 문제시 되고 있다는 것을 알 수 있다. 질문을 했던 선승은 물론, 대답했던 혜해도 역시 『기신론』을 잘 이해하고 있었다.

진여의 본체가 '공(空)이기도 하다'라고 하는 것은 '공진여(空眞如)'를 말하는 것이고, '공(空)이 아니기도 하다'는 것은 '불공진여(不空眞如)'를 말하는 것이다. 질문하여, 불공(不空)이라고 한다면 진여에 형태나 모습이 있는 것이 되고, 공(空)이라고 한다면 아무 것도 없는 것이 되어 진여라고 하는 것도 없게 되는 것이다. 그러면 도대체 어느 쪽인가라고 하는 예리한 질문을 던졌던 것이다.

이것에 대하여 혜해의 답은 명쾌한 것이었다. 진여에는 형태도 모습도 없고, 붙잡을 수도 없는 측면이 있으므로 그것을 공(空)이라 부르며, 무한한 작용을 갖추고 있다고 하는 측면을 불공(不空)이라고 부르고 있을 뿐이라고 했던 것이다.

대주 혜해는『기신론』을 잘 이해하고 있었다.

다음으로, 진여(眞如)**를 언설에 의해 분별하면 두 가지의 뜻이 있다. 무엇이 두 가지인가? 첫째는 여실공**(如實空)**이니, 필경에는 실체를 나타내기 때문이다. 둘째는 여시불공**(如實不空)**이니, 자체**(自體)**가 있어 무루**(無漏)**의 성공덕**(性功德)**을 구족하기 때문이다.**

이 한 문장은 진여문 속의 '말을 여읜 진여(離言眞如)'에 이어서 '말에 의한 진여(依言眞如)'를 설명한 문장이다. 진여는 말로써 설명할 수 없는 것이지만 어떻게 해서라도 말로써 설명하지 않으면 안 된다. 예를 들어 말하면, 백로나 설경을 흰 종이 위에 그리는데 흰 그림물감을 사용했다면 흰 종이 위에는 아무 것도 보이지 않는다. 흰 백로나 하얀 설경은 흰 색깔로는 그릴 수 없다. 백지 위에 먹물로 그리지 않으면 백로나 설경의 색깔을 표현할 수가 없는 것이다. 이것과 마찬가지로 말로 표현할 수 없는 진여도 억지로 말로 설명하지 않으면 그 모습을 알 수가 없다. 거기에 '말에 의한 진여'의 의미가 있는 것이다. '말에 의한 진여'를 설명하는 데는 여실공(如實空)과 여실불공(如實不空)의 두 가지 의미가 있다. 여실공은 공진여(空眞如), 여실불공은 불공진여(不空眞如)라고도 한다.

공진여란 진여에 전혀 망념(妄念)이 없고, 더러움이 없는 것을 말한다. 망상이나 더러움을 완전히 제거하면 거기에는 광명으로 빛나는 진여가 있다. 망상이나 더러움이 없는 진여가 공진여인 것이다. 진여의 본체가 비어서 아무 것도 없다(空無)고 하는 것은 아니다. 혜해에게 공진여를 질문한 선승은, 공진여는 본체가 비어서 아무 것도 없다고 이해했던 것이었다. 여기에 질문한 사람의 잘못이 있었다.

진여에 한 티끌의 망상도 더러움도 없다면 그것이 그대로 불공진여(不空眞如)가 된다. 진여의 본체가 생생히 눈에 보이는 듯이 표현되고, 진여가 지니고 있는 본래의 크나큰 지혜와 무한한 광명이 거기에 의연히 빛나고 있기 때문이다.

공진여는 망상이나 더러움을 부정하는 측면에서의 소극적인 설명인데 반해, 불공진여는 진여에는 무한한 공덕이 있다고 하는 적극적인 설명이다. 그러나 실은 동일한 진여를 다른 말로 설명하고 있는 것에 불과하다.

선종의 용어에 "본래 한 물건도 없다(本來無一物)"라는 말이 있는데 바로 이 말이 공진여에 해당되며, "한 물건도 없는 가운데(無一物中) 무한한 것이 들어 있으니(無盡藏) 꽃이 있고, 달이 있고, 누각이 있다"라고 하는 '꽃이 있고, 달이 있고, 누각이 있다'가 불공진여에 해당된다. 혜해에게 질문했던 선승은 공진여란 비어서 아무 것도 없는 것이고, 불공진여란 형태나 모습이 있는 것이라고 생각하여, 여하튼 진여라 하는 것을 어떤 특별한 실체라고 생각하고 있었던 것이었다. 혜해가 불공진여를 "비어서 아무 것도 없는 본체 속에서 무량한 작용을

구족하여, 사(事)로서 응하지 않음이 없다"라고 설명했을 때의 사(事)
란 '꽃이 있고, 달이 있고, 누각이 있다'인 것이다.

부처에 의지함이 없다-공진여(空眞如)

8세기의 선계(禪界)는 육조 혜능(慧能)의 제자 마조도일(馬祖道一)이
출현함에 따라 중국선의 황금시대를 맞이하였다. 대주 혜해와 같은
시대에는 백장 회해(百丈懷海), 남천 보원(南泉普願), 석두 희천(石頭希遷)
등의 선승이 활약하고 있었다. 한편 화엄종에서는 징관(澄觀)이, 천태
종에서는 담연(湛然)이 각자의 교학의 부흥에 생명을 걸고 있었다.

불교계의 거장들의 생몰(生沒)년대는 대체로 잘 알려져 있다. 그
러나 대주 혜해에 대해서는 전혀 알 수가 없다. 마조 아래에서 6년간
수행했다는 것 외에는 생몰년대를 알 수 없다고 하는 것은 유명한 선
승으로서는 드문 일이다.

절강성의 대운사에 있던 혜해는 『돈오입도요문론(頓悟入道要門論)』
을 쓴 후, 산 속으로 모습을 감추었음에 틀림없다. 혜해의 마음속의
무엇이 그러한 행동으로 몰아 간 것일까? 그 해답은 『돈오입도요문
론』속에 명백히 씌여 있다.

궁극적으로 해탈의 이치를 논하는 자는, 오로지 어떤 일이 일어

나더라도 상관하지 않고, 어떠한 경우에 처하더라도 무심하며, 영원히 고요하여 공(空)과 같아, 마침내 청정하여 저절로 해탈한다. 그대 거짓된 이름을 구하지 말라. 입으로 진여를 설명하더라도 마음이 원숭이와 비슷하다면 말과 행동이 서로 달라진다. 이름하여 스스로를 속이는 것이 된다. 당연히 악도(惡道)에 떨어질 것이다. 한 평생 헛된 이름과 쾌락을 구하지 말라. 깨닫지 못하고 오랜 세월 동안 괴로움을 받을 것이다. 노력하고 또 노력하라. 중생은 스스로를 구제해야 한다. 부처가 구제해 줄 수는 없다.(平野宗淨 著『頓悟入道要門論』, 筑摩書房, 昭和 45年, p.99)

혜해가『돈오입도요문론』을 쓴 것은 자신의 명성과 이익 때문이 아니었다. 진실로 깨달은 사람은 어떠한 사태에 처하더라도 흔들려서는 안되며, 어떠한 경우에도 무심하지 않으면 안 된다고 설한다. 그것은 공진여와 같이 일체의 망념을 떠난 절대청정(絕對淸淨)이므로 해탈한 자만이 진여를 설할 수 있는 것이다.

세속의 학자들은 명성을 얻고자 하는 생각으로 진여를 설하지만, 그 마음은 원숭이와 같이 경박하고 혼란스럽기 때문에 말하는 것과 행동하는 것이 서로 다르다고 말한다. 언행이 일치하지 않는 학자는 스스로를 속이고 있는 것이다. 진여를 공진여, 불공진여라고 설명해도 설명하는 사람이 무심의 경지에 있지 않으면 소용이 없다는 것을 혜해는 알고 있었다. 당시『기신론』을 강의하는 학자는 많이 있었지만 진실로 진여를 깨달은 사람은 없었다. 그것에 대한 통렬한 비판이 이 말 속에 숨어 있는 것이다. 혜해는 그와 같은 사이비 학자는 완전히 악도(惡道)에 떨어져 지옥으로 간다고 경고하고 있다.

이런 드높은 기백을 지녔던 혜해는 세속의 명성이나 쾌락을 철저히 거부했다. 세속의 모든 굴레를 끊어버리고자 했다. "노력하고 또 노력하라. 중생은 스스로를 구제해야 한다. 부처가 구제해 줄 수는 없다"란 너무나도 고독하고 외로운 환경에서 나온 말이다. 부처는 중생을 구제할 능력이 없으므로 중생은 자기가 자기 스스로를 구제해야 한다고 단언하고 있다. 자신의 해탈은 스스로 할 뿐 부처에게 의지하지 말라고 하는 것이다. 이 문장의 마지막은,

노력하고 또 노력하라. 스스로 수행할 뿐 달리 불력(佛力)에 의지하지 말라. 경전에 이르기를, 대저 불법을 구하는 자는 부처에게 의지하여 구해서는 안 된다고 하였다.

라는 내용으로 끝맺고 있다. 깨달음은 스스로 수행해서 구해야 될 것이지 조금이라도 부처의 힘에 의지해서는 안 된다고 하는 것이다.

혜해는 의지해야 할 부처도 버렸다. 아미타불에 의존하여 정토로 간다는 것 등은 약자의 나약한 말로 밖에 여기지 않았다. 혜해는 동진(東晉)시대의 은자들이 은거했던 사명산(四明山)이나 천태산(天台山), 석성산(石城山) 등의 명산의 바위굴에 숨어 세상과의 인연을 끊어

버렸음에 틀림없다. 그것은 외로운 선승의 모습이었다. 미야모토 무사시(宮本武藏)의 '독행도(獨行道)'였다. 구질구질한 인간과의 교제도 일체 끊어버렸다. 부처에 의지하는 것도 끊어버리고, 부처를 믿는 것도 거부했다.

혜해는 젊었을 때 『기신론』을 잘 이해하고 있었다. 『기신론』의 공진여(空眞如)의 설명은 다음과 같이 설해져 있다.

공(空)이라 하는 것은, 본래부터 일체의 염법(染法)과 상응하지 않기 때문이다. 이는 일체법의 차별의 모습을 떠나면 허망한 심념(心念)이 없이 때문이다.

일체의 염법(染法)으로부터 떠난 것이 공(空)이고, 허망한 심념(心念)이 아닌 무념의 상태가 진여라고 하는 것을 잘 알고 있었다. 더구나 『기신론』이 진여의 본성을 모습이 있는 것도 아니고 모습이 없는 것도 아니며, 하나도 아니고 많은 것도 아니며, 등으로 절대부정을 되풀이 하면서 진여를 설명하고 있는 것도 알고 있었다.

그러나 그 해탈의 경지에 도달하기 위해서는 마조 선사의 문하에서의 6년과 바보같은 행동을 하며 살았던 대운사의 생활, 그리고 오랜 기간 동안의 수행이 필요했었다.

혜해는 『기신론』의 공진여를 마침내 온 몸과 마음으로 깨닫게 되었다. 그 답은 '필경공(畢竟空)'이라고 하는 것이었다.

묻기를, "절대공(空)이란 무엇을 말하는 것입니까?"

답하기를, "공(空)도 아니고 공(空)이 아닌 것도 아니다. 이것을 절대공((絕對空)이라 한다."

철학적으로는 공(空)도 불공(不空)도 아닌 절대공(絕對空: 필경공)이 깨달음이지만, 수행의 측면에서는 일체의 경우에 있어서 무심이 되는 것이었다.

내 마음 속의 보물창고 — 불공진여(不空眞如)

『기신론』은 이어서 불공진여를 설한다.

불공(不空)이라 하는 것은, 이미 법체가 공(空)하여 망념이 없음을 나타내기 때문에, 즉 이것은 진심이다.

이 불공진여의 정의도 혜해는 잘 알고 있었다. 학자들은 불공진여를 항상 불변하고 정법(淨法)을 풍족하게 갖추고 있는 것이라고 설명하지만, 강의를 하는 학자 자신은 그 의미를 전혀 알지 못하고 있었다. '정법만족(淨法滿足)'이란 도대체 무엇을 말하는 것인가? 그 해답을 몸으로 체득했던 것이 혜해였다.

혜해는 일찍이 화엄종의 대성자라고 불리는 법장의『기신론의기
(起信論義記)』를 읽은 적이 있었다. 화엄의 심원한 철학으로 정연하게
『기신론』을 강의한 것이 이『기신론의기』인데, 그 평판은 일찍이 혜해
의 귀에도 들려왔다.

법장은『기신론』의 '말을 여읜 진여(離言眞如)'와 말에 의한 진여(依
言眞如)'를 설명함에 있어서, 말을 여읜 진여를 관지(觀智)의 경계, 말에
의한 진여를 생신(生信)의 경계로 보았다. 말로 표현할 수 없는 절대
의 진여는 지혜로써 관하는 대상이며, 말로 설명되는 공진여와 불공
진여는 신심을 일으키는 대상이라고 설명하였다. 말을 여읜 진여는
지혜로 관하는 것이고, 말에 의한 진여는 신심을 일으키는 대상이라
고 한다. 분명히 말로써 진여를 설명해 주고, 진여에 정법(淨法)이 갖
추어져 있다는 것을 알면, 그 정법에 대해 큰 원(願)과 희망의 마음을
일으켜, 그것에 의해 대승의 바른 믿음을 일으키고자 하는 것은 당연
한 것이다. 그러나 그것은 철학자의 해석에 불과하다고 혜해는 항상
생각하고 있었다. 이론적으로 정연한 설명은 철학체계로서는 훌륭한
것이지만 사람을 구제할 수는 없다고 하는 것을 알고 있었던 것이었
다.

불공진여가 무한한 정법을 갖추고 있는 것이라는 사실을 알았던
것은 마조 밑에서 수행을 하고 있을 때였다. 앞에서 서술했듯이, 혜
해는 마조화상으로부터 "너에게 있는 보물창고에는 일체의 것이 갖

추어져 있으며, 그것을 마음대로 사용할 수가 있다. 밖에서 구할 필요는 없다"라는 말을 들었다. 그 말 한마디에 혜해는 크게 깨달았다. 『기신론』의 불공진여를 이해할 수 있었던 것이다. 일체의 정법을 갖추고 있는 불공진여란 자기 자신 속에 있는 보물창고다. 이 보물창고에는 일체의 모든 것이 들어 있다. 더구나 그 작용은 무한하여 아무리 사용해도 다 사용해 버릴 수가 없다. 혜해는 여기서 불공진여의 의미를 확실히 이해하였던 것이다.

불공진여의 설명을 이해하기 위해 법장이 쓴 『기신론의기』를 아무리 읽어도 어렵기만 할 뿐 아무 것도 알 수 없었던 것은 진정한 불공진여가 몸으로 체득되지 않았기 때문이었다.

불공진여를 깨닫기 위해서는 『기신론』에,

망념을 여읜 경계는 오직 증득해야만 상응하기 때문이다.

라고 쓰여 있지 않은가. 마명보살은 망념을 여읜 경계가 깨달음이라고 말하고 있는 것이 아닌가. 혜해는 눈이 번쩍 뜨이는 것 같았다. 마조화상에게 듣지 않았다면 영원히 불공진여를 이해할 수 없었을 것이다.

크나큰 진주

바보 행세를 하고 있던 혜해는 『돈오입도요문론』을 지었다. 혜해는 다만 뜻있는 자로 남기 위해서 썼던 것이다. 자신과 똑같은 경험을 하면서 수행해도 불공진여를 알 수 없는 수행자를 위해서 책을 남겼다. 자신의 명성을 얻기 위해서가 아니었다.

어느 날 혜해의 법계(法系)에서 볼 때 스승의 사촌이 되는 현안(玄晏)이라고 하는 선승이 혜해가 쓴 『돈오입도요문론』을 훔쳐갔다. 현안이 자신의 저술로 하기 위해서가 아니라, 이 훌륭한 선서(禪書)를 일찍이 혜해가 사사받은 적이 있는 강서성의 마조선사에게 보이고 싶었기 때문이었다. 어쩌면 현안은 이 서적이 세상에 묻혀버리기에는 아깝다고 생각했거나, 혹은 스승인 마조에게 보이면 마조가 혜해의 경지가 뛰어남을 알고 기뻐할 것이라고 생각했는지도 모른다. 아니면 혜해가 명성을 얻기 위해서 쓴 책이 아니라고 누차 말했기 때문에 이것을 마조화상에게 보여 인가받도록 했던 것인지도 모른다.

마조화상이 있는 곳으로 온 현안은 이 혜해의 『돈오입도요문론』을 마조에게 보였다. 마조는 그 책을 단숨에 읽어 내려갔다. 다 읽자마자 대중들에게 "월주(越州)에는 크나 큰 진주가 있다. 둥글고 찬란한 빛이 투명하며 자유자재하여 아무도 이것을 방해할 수가 없다"라고 말했다.

마조는 최고의 찬사로 혜해의 책을 칭찬했다. 이것을 들은 마조의 제자 가운데 몇 명은 혜해의 제자가 되기 위해 강서(江西)에서 소흥 (紹興)으로 찾아왔다. 마조가 혜해를 평가한 말 가운데 "월주에 크나 큰 진주가 있다"라고 하는 것에 연유해서 세상 사람들은 혜해를 '대 주화상(大珠和尙)'이라고 부르게 되었다.

『기신론』은 남북조 말에서 수·당시대까지 많은 학자들에 의해 연구되었다. 담연, 담천, 혜원, 원효, 법장 등에 의해 훌륭한 주석서 가 저술되었으며 자연히 사람들의 눈에도 띄게 되었다. 또한『기신 론』은『능가경』이나『금강경』,『유마경』 등과 함께 선승들에게도 널리 읽혀지게 되었다.

선승들은『기신론』을 읽으면서 '진여(眞如)'라든지, '망념을 여읜 다'든지, '증득해야만 상응한다'라는 말을 보고 가만히 응시했던 것이 다. 이『기신론』의 가르침은 자신들이 행하고 있는 선(禪)의 수행과 일 맥상통하는 점이 있다는 것을 알았다.『기신론』속에는 지관(止觀: 좌 선)을 행하는 방법도 씌여 있었으므로 이 책을 잘 읽지 않으면 안 된 다고 생각하였다.

그러한 풍조 속에서 법장은『망진환원관(妄盡還源觀)』이라고 하는 화엄의 실천에 관한 책을 썼다. 이 책이 과연 법장의 것인지는 알 수 없지만, 여하튼 이 책은『기신론』의 일심이문(一心二門)의 체계를 기준 으로 해서 저술된 책이라는 사실은 틀림이 없다.『망진환원관』을 읽 은 선승들은 한층 더『기신론』에 관심을 나타냈던 것이다.

『망진환원관』은 8세기에 널리 전해졌다. 때마침『보장론(寶藏論)』

이라고 하는 책과『석마하연론(釋摩訶衍論)』이라고 하는 책이 출현했지만 어느 것이나 저자를 알 수가 없다.『보장론』에는 자기 마음속의 보물창고에 대한 이야기가 중국인들이 잘 아는 노장의 말을 빌려 설명되어 있으며,『석마하연론』도『기신론』에 근거하여 씌여진 것이다.

이와 같은 시대사상의 조류 속에서 혼자 묵묵히『기신론』을 읽고 불공진여의 진정한 의미를 깨달았던 이가 바로 대주 혜해였다. 불공진여는 부처에 의지하는 일 없어 자기 마음속의 보물창고를 확신하고, 일체의 세속의 망념을 끊어버리고 진정한 선승으로서 산속에서 은거하면서, 오랜 기간에 걸쳐 수행한 사람만이 몸으로 깨닫게 되는 것이었다.

제6화

선신(善神)과
악마의 싸움을 본 영윤(靈潤)

마음 밖에 불이 없다 - 홍복사(弘福寺) 영윤

　중국 서안시(西安市)의 남쪽 교외에 위치한 흥교사(興敎寺)는 현장 삼장의 묘탑(墓塔)이 있는 곳으로 유명하다. 이 흥교사의 산문 앞에 서서 멀리 남쪽을 바라보면 번천(樊川)과 신화원(神禾原)을 갈라놓는 종남산맥(終南山脈, 최고봉 2604m)이 안개에 싸여 희미하게 보인다.

　종남산은 태을산(太乙山), 남산(南山), 주남산(周南山), 진령(秦嶺) 등이라 불리는 산맥인데, 이 부근에는 지상사(至相寺), 초당사(草堂寺), 향적사(香積寺)를 위시하여 많은 불교 사원이 있었다.

　이 종남산의 북서쪽 끝에 점옥산(漸玉山)이라고 하는 산이 있다. 이 산의 한적한 숲속에 은거했던 이가 수나라의 영윤(靈潤)이다. 당시 장안의 정영사에는 변상법사(弁相法師)가 활약하고 있었다. 변상은 무착(無着)이 저술한 유식설의 개요서인『섭대승론(攝大乘論)』연구의 제일 인자였다. 일찍이『섭대승론소』5권을 저술했던 변상의 강의에는 오백 명이 넘는 청중이 모여들었다. 청중 가운데서 약 이백 명은 다른 의견을 주장하는 등 활발한 논의가 이루어졌다. 영윤은 어렸을 때『섭대승론』의 연구로 일대의 명성을 얻고 있던 도장법사(道奘法師)에게 사사받은 적이 있었으므로『섭대승론』에 관해서는 약간 자신이 있었다. 영윤도 역시 그 논의의 장소에 출석하여 자신의 견해에 피력하였다. 그의 주장은 남달리 두드러졌으므로 사람들의 이목을 집중시켰다.

영윤은『섭대승론』뿐만 아니라『열반경』이나『유마경』에도 능통해 있었으며, 진제 삼장이 번역한『대승기신론』에도 통달해 있었다. 그러나 도대체 무엇 때문에 경론의 강의나 연구를 하는 것인가 하는 의문이 영윤의 마음속을 스쳐 지나갔다. 그는 단지 지식을 쌓고 불교학에 능통할 뿐, 해탈과는 전혀 관계가 없다는 것을 깨달았다. 특히 논의나 논쟁은 쓸데없는 분야를 늘릴 뿐이었다. 출가 수행자가 경론의 연구와 강의에 몰두한다는 것은 수행의 관점에서 보면 분명히 사도(邪道)라는 생각이 들었다.

인간관계의 복잡함과 세속생활의 번거로움을 싫어했던 영윤은 한적함을 찾아 이 점옥산에 은거했던 것이었다. 그는 점옥산의 숲속에서 오로지 수행에만 전념했다. 이 점옥산은 장안의 시가지에서 그리 멀리 떨어진 곳이 아니었기 때문에 뜻을 같이하는 많은 승려들이 수행하기 위해 이곳을 찾았다. 그런데 이 산에는 귀신이나 악령이 있었다. 거기에는 무성한 풀들로 뒤덮인 무덤이 있었으며, 그 근처에서 좌선을 하면 귀신들이 방해를 하였다.

귀신은 좌선을 하고 있는 수행자를 밀기도 하고 흔들어 보기도 했다. 때로는 넘어뜨리고 때로는 위에서 덮치기도 했다. 그 때문에 공포에 떠는 사람도 있고 울부짖는 사람도 있었다. 영윤은 이 아수라장 속에 있으면서도 마음을 비워 고요함을 체득하여 미동조차 하지 않았다. 공포에 떨던 동행자들은 영윤의 주위로 몰려들었다. 그러자 귀신은 어느 새 사라져 버렸다. 이 점옥산은 종남산맥의 한 봉우리였기 때문에 깊은 숲으로 뒤덮혀 있었다. 인적이 드문 깊은 숲에는 이리나 호랑이가 종종 출몰했다. 영윤은 사나운 짐승들이 자주 출몰하는 곳에서도 두려움 없이 좌선에 몰두했다.

수(隋)나라 말(617), 남전현(藍田縣)의 화감사(化感寺)에 은거한지 15년 동안 세상에 나간 적이 없었다. 그만큼 경론을 버리고 오로지 선정(禪定)만을 닦았던 것이다. 봄 가을에는 좌선삼매에 들고, 그 외의 계절에는 대중들의 요구에 응하여 강의를 할 때도 있었다.

어느 날, 영윤이 흥선원(興善院)에서 선정을 수행하고 있을 때 악마가 영윤을 유혹하려고 했다. 그러나 선정에 든 영윤은 미동조차 하지 않았다. 얼마 안 되어 선신(善神)이 악마를 제압했다는 것을 감지했다. 잠시 후 대중들에게 "어제의 악마는 불법(佛法)의 엄한 끈에 묶여 자신의 악업(惡業)이 매우 깊음을 깨닫고 스스로 목숨을 끊었다"라고 말했다. 영윤은 선신과 악신의 싸움을 자신의 마음속에서 여실하게 경험하고 있었다.

당(唐)의 태종(太宗) 정관 년간(貞觀年間, 627~649)의 어느 날, 영윤은 많은 승려들과 함께 산으로 놀러갔다. 갑자기 산불이 일어나자 승려들은 뿔뿔이 흩어져 도망치며 갈팡질팡하였다. 그 와중에서 영윤만은 평소와 다름없는 안색으로 태연하게 승려들을 바라보며 "마음밖에 불은 없다. 불은 실로 자신의 마음속에 있다"고 말했다. 더구나 불로부터 도망치고자 하면 도리어 불로부터 달아날 수가 없게 된다고 가르쳤다. 산불은 영윤이 서 있는 곳까지 오자 불길이 약해지더니

꺼져버렸다고 한다. 이 일화에서 알 수 있듯이 영윤의 유심사상(唯心思想)은 단순한 관념이 아니라 행동의 원리였다. '유심(唯心)'은 영윤에게 있어서는 확고부동한 '대상(物)'이었다.

불멸의 진성(眞性)

점옥산이나 남전현의 화감사에 은거하여 선정을 닦기를 좋아했던 영윤도 칙명에 의한 초청에는 마음이 움직였다. 대업(大業) 10년(614), 칙명을 받들어 홍려사(鴻臚寺: 외국에 관한 사항을 취급하는 관청)에 들어가 삼한(三韓)을 가르치는 임무를 맡았다. 삼한이란 고구려·백제·신라의 유학승들을 말하는 것으로서, 영윤의 임무는 이들 외국 학승들에게 경전을 강의하는 것이었다.

그는 아마도 가장 자신 있었던 『열반경』이나 『섭대승론』, 『기신론』을 강의하였을 것이다. 7세기에는 신라의 원효와 같은 뛰어난 천재가 불교학을 융성시켰다. 원효는 『열반종요(涅槃宗要)』를 저술했고, 『열반경』에 통해 있었으며, 유심사상에 관해서도 충분한 교양을 가지고 있었다. 이러한 대천재의 출현은, 영윤이 삼한의 학승을 대상으로 한 교육이 신라에 수(隋)의 불교 교학을 전하는데 있어서 얼마간의 역할을 하였다는 하나의 증거가 될 것이다. 물론 『기신론』의 가르침도 당연히 신라에 전해졌을 것이다.

당의 태종 정관 9년(634), 칙명에 의해서 홍복사(弘福寺)가 건립되었다. 일찍이 대흥선사의 책임자였던 영윤은 홍복사에도 초대되어 번역의 증의(證義: 경전을 번역할 때 번역말의 옳고 그름을 판별하는 역할) 작업의 임무를 맡게 되었다. 영윤의 학덕과 함께 높은 명성을 조정이 가만히 둘 리가 없었다. 영윤은 자신의 의지와는 상관없이 장안의 큰 사찰에 머물지 않으면 안 되었다.

영윤이 원하는 것은 깊은 선정에 들어서 해탈을 얻는 것이었다. 그 때문에 『열반경』이나 그 외의 여러 경론을 연구하였다. 그러나 그 목적보다는 수단 그 자체를 세속 사람들은 존중했으며, 거기서 영윤의 가치를 인정하였다. 영윤의 의식 깊은 곳에서는 두 가지 큰 모순이 대립하고 있었다. 깊은 선정에 드는 것과 큰 사찰에 머물면서 대중을 통솔하고 경전을 강의하는 것이었다. 앞에서 서술했던 바와 같이 영윤은 선신과 악마의 싸움을 지켜보았던 경험이 있다. 마음속에서 오고가는 두 가지 대립은 아무리 깊은 선정에 들었다 하더라도 일단 선정에서 깨어나면 또다시 마음을 괴롭혔다.

영윤은 『섭대승론』의 아려야식(阿黎耶識)이란 무엇인가? 하는 것에 대해 자신의 생명을 걸고 파악하려고 했다. 유식학의 입장에서 설명되는 아뢰야식(阿賴耶識)은 인간 번뇌의 근원으로서의 마음을 말한다. 그러나 진제 삼장에 의해 전해진 번역과 해석에 의하면, 망심(妄心)과 진심(眞心)이 화합한 것이 아려야식의 성격이라 되어 있다.

영윤은 다음과 같이 자기 나름대로의 해답을 내렸다.

『섭론』의 려야(黎耶)는, 뜻은 진(眞)과 속(俗)을 겸한다. 진(眞)은 즉 무념(無念), 성정(性淨)으로서 어떠한 위(位)에서도 변하지 않는다. 속(俗)은 즉 하나의 성품을 지키지 않고, 모든 뜻을 다 구족한다.… 속제(俗諦)는 스스로의 모습에 멸(滅)과 불멸(不滅)이 있다. (『속고승전』권 15,「영윤전」)

『섭대승론』의 '아려야식'은 진(眞)과 속(俗)을 겸하고 있다고 생각했다. 진(眞)이란 무념(無念)이다. 무념이란 망념이 없어진 상태이다. 그 진(眞)의 성품은 어디까지나 청정하지 않으면 안 된다. 더구나 언제, 어느 곳에서도 전혀 변하지 않는 불변의 본성을 가진 것이다. 이에 반해 속(俗)은 불변의 본성을 보존하는 일이 없이 일체의 모든 것으로 변화해 간다. 인간의 어떠한 마음의 변화나 흔들림도 속(俗)인 것이다.

더구나 영윤은 "속제(俗諦)는 스스로의 모습에 멸(滅)과 불멸(不滅)이 있다"고 하는 것을 희미하게나마 이해할 수 있었다. 일반적으로 생각하면 속제는 '멸'만으로 충분하다. 속제는 생멸의 세계이기 때문에 속제에는 불멸이 있을 수 없음에도 불구하고 무슨 까닭으로 속제에도 불멸이 있다고 하는 것일까?

진제(眞諦)란 체험적으로는 일체의 망념이 사라진 깊은 선정의식으로서 삼매(三昧)를 말한다. 이 순수경험을 영윤은 이미 무수히 얻었던 것이다. 그러나 이 선정의식에서 깨어나면 반드시 선신과 악마가 나타나는 것이 아닌가. 의식은 두 갈래로 나뉘어져 대립해 가고 끝없이 분별되어 간다. 이것인가, 저것인가의 선택에 고민한다. 깊은 선정에 들어 삼매가 된 자신과 마음이 여러 갈래로 어지러운 자신과는 도대체 다른 존재인가? 아니, 그것은 두 명의 자신이 아니라 완전히 같은 사람이 아닌가? 영윤은 진실 그 자체인 삼매와, 속세 그 자체인 어지러운 마음은 완전히 하나임을 깨달았다. 그렇다. 현재, 여러 갈래로 어지럽고 미혹한 이 마음을 잘 살펴보면 이것이 곧 진실한 마음인 것을 알 수 있다. "속제는 스스로의 모습에 멸과 불멸이 있다"고 하는 속제란 여러 갈래로 어지러운 마음, 명예를 바라는 마음, 권력과 권세에 이끌리는 마음이며, 이 망심 속에 불멸의 진성(眞性: 眞如)이 포함되어 있다는 사실을 깨달았다.

영윤은 지금까지 몇 번이나 읽어 보았던 『기신론』의 '생멸(生滅)의 마음'을 다시 자신의 마음에 비추어 보면서 심독했던 것이다. 더구나 영윤은 관념적인 유심론(唯心論)이 아니라 "마음 밖에 불은 없다. 불은 실로 자신의 마음속에 있다"고 하여 신체와 정신을 수련한 극한상태에서 불이 곧 자신의 마음이고, 자신의 진실한 마음이야말로 모든 존재의 근원이라는 것을 깨달았던 것이다.

영윤은 이미 『기신론』을 여러 차례 강의했다. 그것은 대중들로부터 부탁받거나 혹은 자신의 이해를 깊이 하기 위해서였다. 영윤은 자신의 흔들리는 마음이란 어떤 것인가, 그것에 대해 마명보살은 어떻게 쓰고 있는가를 재확인하기 위해 『기신론』의 '생멸심(生滅心)'의 단락을 강의함과 동시에 자신이 이해한 그대로를 기록하기도 했다. 다만 불교의 지식을 쌓았기 때문에 주석서를 쓰는 것이 아니라 자신이 진정으로 이해한 것을 쓰고 싶은 정열에 사로잡혔던 것이었다.

심생멸문(心生滅門)이란

'진여문'의 설명이 끝나면 『기신론』은 한층 더 나아가 흔들리는 마음의 현상인 '심생멸문'을 설명한다.

심생멸(心生滅)**이란 여래장에 의거하기 때문에 생멸**(生滅)**의 마음이 있다고 한다. 이른바 불생불멸**(不生不滅)**과 생멸**(生滅)**이 화합하여, 하나도 아니면서 다르지도 않다. 이름하여 아려야식**(阿黎耶識)**이라 한다.**

여기서부터는 '심진여문(心眞如門)'이 끝나고 '심생멸문(心生滅門)'을 설명하게 된다. 심생멸문은 (1)생멸의 마음, (2)생멸의 인연, (3)생멸의 모습, (4)훈습(薰習)의 뜻, (5)삼대(三大)의 설명으로 전개된다. (1)에서 (4)까지는 이른바 앞서 설명했던 「입의분(立義分)」중의 '법(法)'에 해당되고, 맨 마지막의 (5)는 '의(義)'에 해당되며, 이 '법'과 '의'를 상세히 설명하는 것이 「해석분(解釋分)」중의 심생멸문에 해당된다. 다시 말하면, 심생멸문은 「입의분」의 '법'과 '의'를 세밀하게 설명한 것이라 생각하면 된다. 「입의분」에서 설명한 '법'이 무엇인지, 이미 잊어버린 사람도 있으리라 생각되므로 다시 한번 간단히 복습해 보기로 하자.

법(法)이라고 하는 것은 중생심(衆生心)을 말한다. 이 마음은 즉 일체의 세간법(世間法)과 출세간법(出世間法)을 포섭한다. 이 마음에 의하여 마하연(摩訶衍: 대승)의 뜻을 분명하게 나타낸다.

요컨대 법이란 중생심이라는 것을 상기해 주었으면 좋겠다. 『기신론』은 그 서두에서 법이란 중생심이라고 단언했다. 대승의 법체(法體)는 우리들 중생의 흔들리는 어리석은 마음, 즉 현실의 마음인 것이다. 이 중생심을 더욱더 세부적으로 설명하는 것이 「해석분」 중의 심생멸문이다.

심생멸문을 설명함에 있어서 먼저 생멸의 마음을 밝힌다. 생멸의 마음이란 무엇인가 하는 것에 대해 우선 아려야식(阿黎耶識)이라는 말을 제시하였다. 이어서 이 아려야식에는 각(覺)과 불각(不覺)의 두 가지 의미가 있으며, 다시금 각에는 본각(本覺)과 시각(始覺), 불각에는 근본불각(根本不覺)과 지말불각(枝末不覺)이 있다고 하였다. 마지막으로 각과 불각의 관계를 서술하고 있는데, 여기서는 아려야식에 대해서만 설명하고 각과 불각의 관계에 대해서는 다음 장으로 미루기로 한다.

『기신론』의 강의본이나 주석서를 읽고 이해할 수 없게 되는 곳이 바로 이 부분부터이다. 일반적으로 이 아려야식이나 각과 불각과의 관계를 강의할 때 이해를 돕기 위해 법장(法藏)의『의기(義記)』를 사용하는데, 실은 이것이 도리어 이해할 수 없게 만드는 원인이 되고 있다. 필자는 학생 시절에 에토오 소꾸오오(衛藤卽應) 박사의『기신론』강의를 들었는데, 이 아려야식 부분에서 미로에 빠져『기신론』이란 왜 이렇게 어려운 관념 철학인가 하고 느꼈던 적이 있다. 마명보살은 복잡한 철학과는 상관없이 간단하고도 명쾌하게 서술하고 있다. 그런데 법장의『의기』를 보면 유식학(唯識學)의 용어를 사용하기도 하고, 또한 화엄학(華嚴學)의 입장에서 이사교철(理事交徹)의 사상을 설명하기 때문에 더욱 이해하기 어렵다. 독자들 가운데도 이 부분에서 막혀『기신론』을 던져버린 사람이 있을 것이라고 생각된다. 그러나 실은 그렇게 어려운 것도 아니며, 또한 극히 당연한 사실을 설명하고 있으므로 다 같이『기신론』을 읽어 나가면 쉽게 이해할 수 있을 것 같다.

미혹한 마음속의 진여-여래장(如來藏)

먼저 "심생멸이란 여래장에 의거하기 때문에 생멸의 마음이 있다고 한다"에서 시작되는데, 여기에 '여래장(如來藏)'이라고 하는 말이 나온다. 이 '여래장'이라는 말은 앞에서도 나온 적이 있다. 그것은「입의분」의 '의(義)'에 대한 설명 중 둘째 항목인 상대(相大)의 해석 속에 있는 것이다.

둘째로 상대(相大)니, 여래장(如來藏)을 말한다. 무량한 성공덕(性功德)을 구족하였기 때문이다.

여기서 여래장이라고 하는 말이 나오는데, 이 의미는 우리들의 망심 속에 있는 진여를 여래장이라고 하는 것이다. 부처의 마음속에 있는 것이 아니라 중생의 마음속에 진여를 여래장이라고 부르는 것이다.

이 여래장이라고 하는 말은 지금까지 「입의분」의 이 부분 외에는 어디에도 나오지 않았다. 우선 이 점을 충분히 마음에 새겨두지 않으면 안 된다. 지금까지 설명했던 진여문 중에서는 한 번도 보이지 않던 것이 심생멸문에서 처음으로 사용되고 있는 것이다. 심진여문에서는 여래장이라는 말이 필요없으며, 심생멸문이기 때문에 이 여래장이라고 하는 말이 큰 의미를 가지는 것이다.

진여는 심진여문에서는 진여라고 부른다. 그런데 이와 똑같은 진여를 심생멸문에서는 여래장이라고 부르는 것이다. 그것은 중생의 마음속에 있기 때문이다. 우리들의 흔들리는 미혹한 마음속에도 진여는 존재하고 있는 것이다. 권세와 명예를 구하는 마음도 좌선을 하여 선정에 들면 망심은 소멸한다. 이 선정삼매를 여래장이라 불러도 좋다. 우리들의 망심 안에도 진여는 찬란히 빛나고 있다. 이 진여는 망심 속에 있는 진여이기 때문에 진여라고 부르면 벌을 받는다. 진여라고 할 때는 불변하고 절대적이기 때문이다. 그러므로 멈출 줄 모르는 망심 속의 진여를 여래장이라고 부르는 것이다. 그러므로 망심 속에는 여래장이 있고, 이 여래장이 있기 때문에 비로소 흔들리는 생멸의 마음도 분명히 자각할 수 있게 되는 것이다. 생멸의 마음뿐이라면 그것이 망심이라는 사실조차 알 수 없게 된다. 흔들리는 어리석은 마음만으로는 그것이 어리석은 마음이라고 하는 것조차도 알 수 없는 것이다. 어리석은 마음속에 진주 같이 반짝반짝 빛나는 진여, 즉 여래장이 있기 때문에 우리들은 어리석은 마음의 존재를 알 수가 있는 것이다. 여래장은 우리들의 마음이 어리석고, 흔들리고 있다고 하는 사실을 알게 해주는 광명인 것이다. 여래장은 물이고, 흔들리는 어리석은 마음은 파도와 같은 것이다.

흔들리는 마음-아려야식(阿黎耶識)

우리들의 어리석은 마음 깊은 곳에는 깨끗한 여래장이 있다는 것을 알았다. 이 여래장은 우리들 마음의 본질이며, 중핵(中核)이며, 이상(理想)임을 확실히 밝혔다. 이 여래장은 불생불멸이다. 이것은 실은 진여이기 때문이다. 우리들 현실의 마음을 이상적인 상태에서 말하면 여래장이지만, 언제나 미혹한 면이 많다. 의식의 세계는 미혹의 세계라고 말해도 좋다. 이 미혹한 세계 쪽에서 보면 여래장은 보이지 않으며, 반대로 여래장이 감추어져 있는 쪽에서 우리의 마음을 보면 그것은 아려야식(阿黎耶識)이 된다. 『기신론』의 아려야식은 유식에서 설명하는 아뢰야식(阿賴耶識: 藏識, 제8식, 잠재의식)과는 완전히 다른 별개의 것이다. 어떠한 경험도 모두 저장하는 유식의 아뢰야식과는 아무런 관계도 없다. 다만 번역된 말이 같기 때문에 오해가 생기기 쉽다. 『기신론』의 아려야식을 유식의 아뢰야식의 개념으로 이해해서는 안 된다. 전혀 관계가 없기 때문이다.

『기신론』에서는 여래장과 어리석은 마음을 한꺼번에 부를 수 있는 개념이 필요했으므로 임시로 아려야식이라 불렀던 것뿐이다. 우리들의 현재 움직이고 있는 마음을 중생심이라고 불러도 좋지만 중생심이라는 명칭은 너무 광범위하고 일반적이어서 파악하기가 힘들다. 그러므로 생멸문에서는 아려야식이라 불렀을 뿐이다. 요컨대 우리들의 현재 흔들리는 마음을 아려야식이라 불렀던 것이다. 영윤이 선정에서 깨어났을 때 선신과 악마 사상의 갈등을 보았듯이 우리들의 마음은 선신과 악마의 사이에서 흔들리고 있는 것이다. 이와 같이 우리들의 흔들리고 있는 마음을 아려야식이라고 불렀던 것뿐이다.

우리들의 현실의 이 마음을 바다에 비유해 보자. 바다에는 물과 파도가 있다. 물을 불생멸(不生滅)의 여래장, 파도를 생멸(生滅)의 흔들리는 마음이라고 한다면 바다가 곧 아려야식에 해당된다. 이 바다에 물과 파도가 있는 것을 『기신론』에서는 "불생멸과 생멸이 화합하여, 하나도 아니면서 다르지도 않다. 이름하여 아려야식이라 한다"고 말하고 있는 것이다.

『기신론』이 아려야식이라고 하는 이름으로 우리들 현실의 마음의 작용을 포착하려고 한 것은, 『기신론』이 어디까지나 경험주의에 입각하고 있다는 것을 나타내는 하나의 증거이다. 의식의 형이상학적 문제를 설명하는 것이 아니라, 어디까지나 경험에 의거하여 해탈의 가르침을 설명하고자 하는 것이다. 우리들의 흔들리는 마음속에는 반짝반짝 빛나는 진실한 모습이 있다. 그 진실한 모습을 절대적인 입장에서 부르면 진여가 된다. 그러나 진여라고 하면 우리들과는 전혀 다른 존엄한 존재라고 오해할지도 모르기 때문에 여래장이라고 불렀던 것뿐이다. 『기신론』은 결코 형이상학이 아니다. 어디까지나 우리들의 종교적 경험에 의거하여 인간 본래의 마음의 모습을 묘사하고자 한 것이다.

그런데 '불생멸과 생멸이 화합하여'라고 할 때의 화합이라고 하는 말에 주의하지 않으면 안 된다. 화합이라고 하면 두 개가 하나로 되는 것이라고 생각하기 쉽지만 결코 그렇지 않다. 불생멸과 생멸이 '하나도 아니면서 다르지도 않은' 관계에 있는 것을 화합이라고 불렀던 것이다. '하나도 아니라'고 하는 것은 여래장과 생멸심, 다시 말해서 본래의 청정한 마음과 요동치는 미혹한 마음은 하나가 아니라고 하는 것이다. 그러나 그 본질적인 면에서 보면 물인 여래장과 미혹한 마음인 파도는 완전히 하나로서 다른 것이 아니다. 그러므로 이것을 '다르지도 않다'고 하는 것이다. 여래장과 망심의 두 가지가 하나로 합쳐진 것이 아려야식이라고 하는 것은 아니다. 이러한 의미에서 아려야식을 진망화합식(眞妄和合識)이라고 부르는 것은 오해를 불러오기 쉬우므로 차라리 사용하지 않는 것이 좋을 것이다. 이것은 학자가 머릿속에서 구상해 낸 개념에 불과한 것이다.

　　어디가지나 선정에 들어 삼매에 머무는 마음을 우선적으로 추구하면서, 인연에 따라 큰 사찰에 머물기도 하고, 경전 강의의 임무를 수행하기도 했던 영윤은 『기신론』에서 설하는 불생멸과 생멸이 화합되어 있다는 아려야식을 너무나 잘 이해할 수 있었다. 그러므로 그는 "속제는 스스로의 모습에 멸과 불멸이 있다"고 단언하였던 것이다. 영윤은 이 미혹한 중생의 마음속에도 불멸의 진여가 존재한다는 것을 분명히 자각했던 것이다. 그는 번뇌로 인해 어지럽게 생멸 변화해 가는 마음과 불멸의 진여, 이 두 가지를 그대로 다 포함하고 있는 것이 아려야식이라는 것을 스스로의 마음에 비추어 그 누구보다도 잘 알고 있었다. 그것은 인간의 슬픔인 동시에 인간이 만물의 영장이라는 장점이기도 했다. 때로는 선신이 되고 때로는 악마가 되는 마음이야말로 살아 움직이는 인간의 마음인 것이다.

제7화

무심의 경지에서
물고기와 논 도영(道英)

부인과 육체적 접촉을 않다-도영의 출가

산서성(山西省) 진성현(晋城縣)의 남쪽에 태행산맥(太行山脈)의 주봉인 태행산이 있다. 태행산은 '태행팔형(太行八陘)'으로 유명한 곳으로서, 8개의 잇다은 산들이 깎아지른 듯한 절벽으로 가로막혀 있다. 험난한 산길은 양의 창자처럼 꼬불꼬불 굽어 있어, 태행산의 험난한 길을 지나가 보지 않고서는 지세가 험악하다는 것이 어떤 것인지를 알수가 없다고 말할 정도이다.

수나라의 문제(文帝) 개황(開皇) 19년(599)의 일이었다. 석도영(釋道英, 560~637)이라는 한 승려가 태행산의 백제사(栢梯寺)에 왔다. 그는 험준한 산으로 에워싸인 백제사에서 혼자 좌선을 하고 있었다. 때로는 태행산의 남쪽 봉우리에서, 때로는 북쪽 봉우리에서 좌선을 하였다. 그러던 어느 날 홀연히 깨달았다. 거울처럼 맑고 깨끗한 마음에 일체의 모든 사물이 투영되어 나타났다. 그 후부터 그는 사찰의 모든 일을 스스로 도맡아 하면서 자신의 마음을 생각했다. 뜰을 쓸고 장작을 패고 밥을 짓는 그러한 일들이 마음의 투영이었다.

도영의 성(姓)은 진(陳)이고, 산서성 영제현(永濟縣) 출신이었다. 18세 때 어느 율사(律師)가 출가시키려고 했지만 양친이 허락하지 않았으며, 출가하지 못하도록 결혼을 시켰다. 도영은 5년 동안 부인과 잠자리를 같이 했지만 부부관계는 가지지 않았다. 결혼할 때 서로 접촉하지 않을 것을 맹세했기 때문이었다. 도영은 여체와 접촉함이 공고

하다는 것을 본능적으로 느끼고 있었던 것이다. 5년 후 부인에게 모든 재산을 주고 도망쳐 나와 삭발하였다.

도영은 산서성 양곡현(陽曲縣)에 있던 지거법사(智炬法師) 문하에서 『화엄경』 강의를 들으며 오로지 경론을 공부하였다. 공부를 마치고 다시 고향으로 돌아가니 부인은 여전히 젊고 아름다웠다. 부인을 대하자 애민(哀愍)의 정이 격해졌다. 미안하다는 생각도 들었다. 도영은 깨달았다. 제아무리 불교를 공부했다고 하더라도 그것은 다만 불교의 술어에 대한 의미를 안 것에 불과하다. 처와 다시 만남으로 해서 마음의 동요가 일어난다면 소용이 없는 것이다. 무슨 일이 있어도 마음의 미혹함을 깨닫지 않으면 안 된다고 결심했다. 이렇게 해서 은거한 곳이 태행산 백제사였다. 도영은 그곳에서 홀연히 미혹한 마음의 본체를 깨달았다.

이윽고 장안으로 나온 도영은 담천선사(曇遷禪師)의 문하로 들어가 『섭대승론(攝大乘論)』을 배웠다. 청중이 5백 명에 이를 정도였지만 대부분의 사람들은 다만 의미만을 이해할 뿐이었다. 그러나 도영은 그 배후에 있는 지관(止觀)의 심오함을 알려고 애썼다. 나중에 담천은 『섭대승론』을 실제로 이해한 사람은 오직 도영뿐이라고 말했다.

강의를 듣는 동안에 도영은 언제나 잡무를 보았다. 잡무를 보고, 노동을 하는 것이 마음을 관(觀)하는 것이라는 확신을 가지고 있었기 때문이었다. 철저하게 좌선도 했다. 좌선을 하고 있을 때는 진리와 합치되었다. 눈을 뜨면 다시금 잡무를 보았다. 도영의 좌선은 이틀을 계속할 때도 있었다. 그러나 그는 눈을 실처럼 가늘게 뜨고, 깜박거리는 일도 없었다.

진여문(眞如門)이란-깊은 삼매

도영의 하루는 수행자의 생활로 철저했다. 낮에는 잡무를 보고, 밥을 짓고, 몸소 산에 올라 장작을 해 날랐으며, 험난한 산 길을 솔선하여 올랐다. 육체적 노동으로 피곤해진 몸을 밤이라고 쉬는 일이 없었다. 밤에는 좌선과 강의가 계속되었다. 낮 동안 노동으로 피곤해진 승려들도 도영의 강의를 들으면 피곤함을 잊었으며, 좌선으로 얻은 깨달음의 경지에 매혹을 느끼고 있었다.

어느 날 밤의 일이었다. 도영은 『기신론』을 강의하고 있었다. 『기신론』의 강의가 진여문에 이르렀을 때였다. 도영은 한 마디도 하지 않았다. 청중은 어떻게 된 일인가 하고 의아해 했다. 한 승려가 도영의 곁으로 가보니 이미 기절하여 몸은 얼음처럼 차가웠다. 대중들은 도영이 멸진정(滅盡定: 마음의 작용이 모두 사라진 삼매)에 들었다는 것을 알았다. 멸진정에 든 도영은 며칠 동안 그 상태로 있었다. 이윽고 멸진정에서 깨어난 도영은 다시 예전처럼 임무에 충실했다.

도영은 『기신론』의 진여문의 강의에 이르렀을 때 왜 갑자기 멸진정에 들었던 것일까? 진여문은 절대적인 진여를 설한다. 거기에는 생멸계(生滅界)도 상대계(相對界)도 일체 포함되지 않는다. 사려(思慮)를 끊어버린 진여는 말로써 표현할 수 없다. 도영은 그 때문에 몸으로 진여법계에 몰입했던 것이다. 도영은 깊은 선정에 들 때마다 항상 진여법계에 몰입했다. 거기에는 의식의 작용이 없었다. 다시 눈을 뜨면 의식의 세계로 되돌아 왔다. 곧 잡무를 보며 사찰의 일에 힘썼다. 그때는 아려야식(阿黎耶識)의 세계에 있는 것이었다. 아려야식은 진여의 절대세계와는 다르며, 그 속에는 생멸의 세계를 포함하고 있다. 진(眞)과 망(妄)의 양쪽을 다 지니고 있는 것이다. 멸진정에 들어 깊은 삼매에 머무는 진(眞)의 측면도 가능하고, 보통의 일상생활인 망(妄)의 측면도 가능하다. 도영이 선정에서 깨어나 일상생활로 돌아갈 수 있는 것은, 생멸의 무명과 불생멸의 진여가 진망화합(眞妄和合)하고 있는 아려야식 때문이었다.

도영과 함께 담천의 문하에서 『섭대승론』을 공부한 적이 있는 도손(道遜)은 이름난 승려로서 유심(唯心)의 도리를 강의하고 있었다. 그곳은 도영의 사찰과는 백오십리 떨어져 있는 해현(解縣)의 어느 사찰이었다. 어느 날 고승으로서 평판이 높았던 도손이 죽었다. 그러나 그 소식은 도영이 있는 곳까지는 아직 전달되지 않았다. 도손이 죽은 저녁때, 도영은 대중들에게 "도손스님이 금방 작고하셨다. 우리 모두 마지막 가시는 길을 전송하러 가자"고 말했다. 대중들은 깜짝 놀랐다. 도영이 어떻게 도손의 죽음을 알 수 있었을까. 그 감응의 힘에 놀랐던 것이다. 이에 대중들은 "스승님은 어떻게 도손의 죽음을 알 수 있었으며, 또한 전송하러 가자고 하십니까?"라고 물었다. 도영은 "그것은 속세의 일이다. 마음이 잠깐 흔들렸을 뿐이다"라고 대답했다.

도손의 임종 소식을 미리 알았던 도영의 감통력(感通力)은 보통이 아니었다. 더군다나 친구의 죽음을 전송하러 가는 것은 속세의 일이며, 마음이 잠깐 흔들렸을 뿐이라고 말했다. 장례식은 분명히 세속적인 일에 불과했다. 낮에는 잡무로, 밤에는 좌선과 강의에 생명을 걸고 있던 도영으로서는 이미 죽은 사람을 전송하러 가는 것은 속세의 일에 불과했던 것이다. 그러나 사람은 속세의 일인 줄 알면서도 그 속세의 일에 따르지 않을 수 없다. 이미 죽은 사람이 다시 살아나는 일은 없다. 다만 아무 것도 없는 빈 것으로 돌아갈 뿐이다. 그것을 전송한다는 것은 덧없는 일이다. 도영은 그것을 너무나도 잘 알고 있었다. 속세의 일이라는 것을 알면서도 도손을 전송하기 위해 대중들과 함께 도손의 절로 향했다. 도중에 도손의 죽음을 전하러 오는 전령을 만났다. 전령은 도영이 어떻게 해서 도손의 죽음을 알았는지 깜짝 놀랐다.

인간이 살아 있는 한 세속의 일은 계속된다. 그 때문에 전혀 쓸데없는 시간을 소비해야만 하는 일도 많다. 그것은 과거에도 현재에도 변함이 없다. 목숨을 걸고 일어나 학문이란 예술에 몰두하고 있는 사람에게는 세속의 일이 너무 많다. 그러나 이 세속의 일 때문에 마음을 쓰지 않으면 안 되는 것이 살아있는 인간의 모습인 것이다. 세속의 일은 세속의 일일 뿐이라고 끊어버릴 수만은 없다. 살아있다고 하는 것은 진리의 세계와 함께 세속의 일에도 관계하지 않으면 안 되는 것이다.

도영이 멸진정에 든 것은 진여문의 실천이며 증명이었다. 낮에는 노동하고 절 일을 보고, 밤에는 좌선과 경전을 강의하는 것은 아려야식의 작용이었다. 아려야식에는 언제나 두 가지의 작용이 들어 있다. 세속의 자질구레한 용무의 측면은 미혹한 세계이고, 좌선이나 경전의 강의에 몰두하는 것은 청정한 세계이다.

각(覺)과 불각(不覺)－좌선과 세속의 일

도영이 『기신론』의 진여문을 강의할 때는 언제나 멸진정(滅盡定)에 들었다. 이윽고 강의는 생멸문으로 옮겨간다. 생멸문에 들어서면 아려야식을 설한다. 도영은 진여의 절대세계와 어리석음의 상대세계가 화합하고 있는 아려야식이란, 살아가고 있다고 하는 것을 말하는 것이라고 대중들에게 거듭 설명했다. 말하자면 현재 살아가고 있는 자체가 곧 아려야식의 작용인 것이다. 거기서는 청정한 깨달음의 경지가 일변하여 어리석은 세속의 일과 관계해 가는 것이다. 마음은 끊임없이 흔들리고 있으며, 어리석음 속에서 몸부림치며 딩굴고 있다. 그러나 밤이 되면 깊은 선정에 들어간다. 도영은 『기신론』이 설하는 아려야식을 자신의 생활 그 자체가 아닌가 하고 가슴이 아플 정도로 강렬하게 깨달았다.

도영은 새삼스럽게『기신론』이 설한 아려야식의 부분을 응시했다. 거기에는

이 식(識)에는 두 가지의 뜻이 있다. 능히 일체의 법(法)을 포섭하고, 일체의 법(法)을 낸다. 무엇이 두 가지인가? 첫째는 각(覺)의 뜻이고, 둘째는 불각(不覺)의 뜻이다.

라고 씌여 있지 않는가. 아려야식에는 깨달음과 미혹의 두 가지 측면이 있다. 도영의 생활이 바로 그러했다. 선정은 깨달음이고 잡무는 미혹이었다. 이 두 가지 측면을 교대로 살아가고 있는 것이 도영의 생활이었다. 생활하고 있는 것이 아려야식의 작용이라는 것을 알았다.

지금 현재 이 장소에서 살고 있다는 것 이외에 무엇이 있겠는가. 그러므로 아려야식이 일체의 모든 것을 포함하고 있다고 설하는 것이다. 아려야식이라고 하는 어떠한 실체가 있어서 그 속에 일체의 모든 법이 포섭되고, 그 속에서부터 일체의 모든 법이 생겨난다고 하는 것과 같은, 그런 형이상학이나 관념론을 설하고 있는 것은 결코 아니다. 어디까지나 살아가고 있는 것, 살아가고 있는 모습을 아려야식이라고 말한 것 뿐이다.『기신론』은 인간이 살아가고 있는 사실을 솔직하게 경험적으로 설명한 것이지, 정리되고 체계적인 것을 좋아했던

화엄종의 법장(法藏)이 설명한 것과 같은 난해한 철학이 아니라는 것을 기억해야만 한다.

이 살아가고 있다고 하는 중요한 사실이야말로 일체의 법인 것이다. 이것을 떠나서는 어디에도 일체의 법은 없다. 살아있을 때는 부처와 같이 청정한 마음을 지닐 수도 있고, 지옥의 마귀와 같은 기분을 지닐 수도 있다. 그것을 『기신론』에서는 각(覺)과 불각(不覺)이라고 말하고 있는 것이다.

각(覺)이란 다른 말로 하면 진여인 것이다. 그렇다면 여기서 무슨 이유로 진여와 불각이라 하지 않고, 각과 불각이라 하였을까? 도영이 멸진정에 들어 진여문(眞如門)에 대해 한마디도 설명하지 않았다는 것이 바로 진여이다. 진여란 절대세계에서만 사용되는 호칭이다. 일상생활 속에서 선정에 들고 강의하는 것은 진여라고 하지 않는다. 그것은 각(覺)이라고 부르는 것이다. 왜냐하면 상대세계, 다시 말하면 일상생활 속에서의 자각이고, 깨달음의 경지이며, 청정한 생활이기 때문이다. 좌선이나 독경을 진지하게 수행하고 있는 모습이 각(覺)인 것이다. 그것에 반해 사찰의 잡무에 쫓기며 여러 가지 세속적인 일에 마음이 흔들리고 있는 것이 불각(不覺)인 것이다.

진여와 각은 같은 내용이지만, 진여문이라고 하는 절대세계의 측면에서 부를 때는 진여라고 하고, 생멸문이라고 하는 상대세계의 측면으로써 말할 때에는 각이라고 하는 것이다. 이 아려야식은 생멸문에서 설명하고 있으므로 여기에서는 각과 불각이라고 한 것이다.

본각(本覺)이란 - 물고기와 놀다

아려야식에 각과 불각의 두 가지 뜻이 있다고 하더라도 우리 범부의 생활에서는 불각의 측면이 압도적으로 강하다. 우리 중생의 마음 깊은 곳에는 대지혜와 대광명이 있다고 하더라도, 그것은 일상생활에서는 망심으로 가려져 있고, 미혹한 마음으로 덮여져 있다. 그것은 불각의 힘이 강하기 때문이다. 불각의 힘이 각의 힘을 압도할 때 어리석음의 세계로 유전(流轉)한다. 즉 지옥(地獄), 아귀(餓鬼), 축생(畜生), 아수라(阿修羅)의 세계로 떨어지게 되는 것이다. 이것을 전문용어로 '유전문(流轉門)'이라 부른다. 아무리 성자라도 유전한다. 유전한다는 것은 인간이 살아있다고 하는 증거이다. 아무리 고승이라도 낮 동안은 청정한 생활을 유지할 수 있지만 밤에는 악몽에 시달리기도 한다.

반대로 각의 힘이 강하여 좌선하고 독경하며 사람들에게 올바른 부처님의 가르침을 설한다면 불각의 힘을 누르고 멀지 않아 청정한 경지로 올라가 성문(聲聞), 연각(緣覺), 보살(菩薩)이 될 수가 있다. 보통 사람이 성자가 될 수 있는 것이다. 더 한층 수행을 쌓으면 마음의 본원(本源)인 부처의 마음으로 돌아갈 수가 있다. 이와 같이 각의 힘이 강한 방향을 '환멸문(還滅門)'이라 부른다.

『기신론』은 계속해서 각(覺)에 대해 다음과 같이 정의를 내리고 있다.

각(覺)의 뜻이라고 하는 것은 마음의 본체가 망념을 떠난 것을 말한다. 망념을 떠난 모습은 허공계(虛空界)와 같아서, 두루 미치지 않는 곳이 없으며, 법계(法界)의 한 모습인 것이다. 이것이 즉, 여래의 평등한 법신(法身)이다. 이 법신에 의해서 본각(本覺)이라 이름한다.

각(覺)에는 본각(本覺)과 시각(始覺)이 있는데, 먼저 본각에 관해서 설명한다. 본각이란 우리들이 본래 가지고 있는 각(覺) 그 자체이고, 시각이란 수행의 공덕으로서, 수행의 결과 본각의 깨달음을 나타낼 수가 있다. 먼저 본각에 관해서 설명한 것이 이 문장이다.

도영이 눈을 실처럼 가늘게 뜨고 눈을 깜박이는 일없이 2, 3일 동안 응연부동(凝然不動)하게 좌선을 하고 있던 경지가 바로 본각(本覺)이다. "마음의 본체가 망념을 떠난다"라고 하였듯이 도영의 마음의 본체는 완전히 망념을 떠나 있다. 존재하는 것은 오로지 본각뿐이다. 망념을 떠난 모습이란 "허공계(虛空界)와 같아서, 두루 미치지 않는 곳이 없다"고 하였듯이 그것은 허공계와 같게 된다. 허공은 넓고 무한한 공간을 점유하고 있다. 도영의 선정(禪定)은 완전히 허공처럼 광활한 상태였다. 허공은 어느 곳의 허공이라 하더라도 모두 다 똑같다. 이곳의 허공과 저곳의 허공에는 차이가 없다. 그와 마찬가지로 본각에는 일체의 차별이 없는 것이다. 어리석음이 없다면 깨달음도 없고, 혼탁함이 없다면 청정함도 없다. 그것은 일체의 차별을 떠난 평등한 각(覺) 그 자체이기 때문이다. 이것을 여래의 평등한 법신(法身)이라고

도 한다. 도영의 선정은 완전히 각 그 자체가 되어버린 것임에 틀림없다.

도영이 어느 날 연못 근처를 거닐었다. 연못 속에서는 물고기가 헤엄쳐 다니고 있었다. 그 물고기는 즐겁게 장난치고 있는 듯이 보였다. 도영은 물고기와 놀고 싶은 마음이 생겼다. 물고기를 서로 싸움시켜 어느 쪽이 이기는가를 시험해 보고도 싶었다. 도영은 당장 옷을 벗고 물로 뛰어 들었다. 제자는 도영의 옷을 가지고 지켜보고 있었다. 6일 째 되는 날 밤, 도영은 물에서 나와 제자들에게 "물속에 있으면 청정해지리라 생각했는데 진흙만이 나를 더럽힐 뿐 이었다"라고 말했다.

물고기가 노는 것을 보고 물속에 들어가 함께 놀았던 도영에게는 물고기와 자신의 차별이 없었다. 무심한 상태로 물고기와 놀았던 도영에게는 절도 없고, 제자도 없고, 깨달음도 없고, 세속의 일도 없었다. 그것은 우주와 완전히 하나가 되고, 물고기와 완전히 하나가 되어버린 것이었다. 이와 같은 도영의 무심의 경지를 『기신론』에서는 '법계(法界)의 한 모습'이라 표현하였다. 법계의 한 모습이란 세계와 완전히 하나가 된 무심의 경지로서 일체의 차별이나 구별은 존재하지 않는다. 인간과 생물이 하나로 융합한 모습만이 거기에 있는 것이다.

도영이 좌선을 하여 무심에 머물렀던 것이 본각이라면, 물고기와 무심하게 놀았던 것도 본각이었다. 수행에 의해 도달했던 최고의 경지가 본각이라면, 태어나면서부터 지니고 있는 불심도 본각인 것이다.

진짜 노는 것이란 그저 노는 것을 말한다. 그저 논다는 것은 무심의 상태에서 논다는 의미이다. 노는 것에 몰두하는 것이다. 천지에 하나 가득, 무심의 경지에서 노는 것을 유희삼매(遊戲三昧)라고 한다.

노을 지는 긴 봄날을 아이들과
공놀이 하며, 이 하루를 보낸다.

라고 하는 노래를 불렀다. 공놀이 하고 노는 아이들과 함께 무심의 경지에서 흥겨워하는 양관의 놀이는 동심(童心)의 놀이라고 해도 좋을 것이다.

도영이나 양관이 이처럼 유희삼매에서 살아갈 수 있었던 것은 동심으로 돌아갔기 때문이다. 엄한 수행의 결과 도달할 수 있는 깨달음의 경지가 본각이라면, 동심도 역시 본각인 것이다. 누구라도 때로는 동심을 가진다. 살인자라도 무심한 아이의 맑고 깨끗한 눈을 볼 때면 문득 마음속에 불심(佛心)을 품기도 한다. 이와 같이 불각의 미혹한 세계에서 방황하고 있는 우리들일지라도 그 본연의 모습에는 본각이 있다는 것을 알아야 한다.

새의 울음소리 — 도영의 죽음

『화엄경』과 『기신론』에 통해 있던 도영은 진여 그 자체가 되어 본각에 일관하여 살았지만, 이 강렬한 의지를 지닌 선승(禪僧)에게도 드디어 죽음은 다가왔다. 그는 죽기 전날 밤에 급히 대중들을 불러 모아 놓고 "내일 중으로 서둘러 사람이나 가축, 곡물, 풀을 모으시오"라고 말하였다. 대중들은 그 의미를 전혀 알 수가 없었다. 다음 날 밤이 되자 도영은 머리를 깎고 얼굴을 씻고 앉았던 자리로 돌아왔다. 옷을 입고 문하의 사람들에게 "무상(無常)은 상(常)이다. 스스로 속이면 안 된다. 허무하게 죽으면 안 된다"라고 설법을 했다. 『화엄경』 「현수품(賢首品)」의 게문(偈文)을 대중들에게 독송시키고 그것을 들으면서 임종했던 것이었다. 그때는 당나라 정관(貞觀) 10년(636) 9월 중순이었으며, 당시 77세였다. 무수한 새들이 슬픈 울음소리를 내며 승방 주위로 몰려들었으며, 소는 눈물을 흘리고 목 놓아 울며 풀을 먹지 않았다.

도영은 "무상(無常)은 상(常)이다"라고 설법했는데, 무상(無常)한 것이란 불각(不覺)이며, 상(常)한 것이란 본각(本覺)이다. 불각은 어리석게 유전(流轉)하는 삶이며, 그것에 의해서 본각의 항상함이 있다. 도영은 본각과 불각을 이미 자신의 몸으로써 체득하고 있었던 것이다.

도영의 생애는 스스로를 기만하는 일이 없었다. 진여의 실상(實相)을 체험하고 본각의 선정(禪定)을 행하면서도 때로는 마음의 미혹에, 때로는 무명의 어리석음에 마음이 흔들리기도 했다. 그러나 자기 자신을 속이는 일은 없었다. 자기 마음의 어리석음을 직시할 수 있는 냉철한 지성과 의지를 지니고 있었다. 그 의지는 강렬했다. 낮에는 잡무와 노동, 밤에는 좌선과 경전의 강의를 하루라도 게을리 하지 않았다. 그것은 결코 자기 자신을 기만하지 않기 위해서였다. "허무하게 죽어서는 안 된다"란 '허무하게 살면 안 된다'와 같은 의미였다. 도영은 삶과 죽음의 경계가 없었다. 삶은 삶일 뿐이고, 죽음은 죽음일 뿐이었다. 살아있을 때는 모든 법계(法界)가 삶이고, 죽었을 때에는 모든 법계(法界)가 죽음이었다. 삶과 죽음, 깨달음과 어리석음의 모든 차별은 법계와 완전히 하나가 되어버린 도영에게는 없었다.

도영이 죽자 새나 소가 울었던 것은 도영이 법계와 완전히 하나가 되고, 도영의 깨달음의 경지가 새나 소에게 그대로 투영되었기 때문이었다. 관을 묻을 때는 백조 두 마리가 관 위를 빙빙 날면서 계속해서 울었다고 한다. 『화엄경』과 『기신론』을 지극히 좋아하며 공부했던 도영은 그윽한 법계에 살았던 것이다.

도영은 '일을 하면서 마음을 생각하는 것'을 수행의 태도로 삼았다. 일이란 온갖 잡무를 말한다. 잡무를 보고, 육체를 움직임으로써 마음을 보고자 했던 것이다. 그것은 몸과 마음이 하나가 된 수행이었다. 『화엄경』을 읽으면 보현행(普賢行)을 실천하는 것을 깨닫고, 『기신론』을 보면 진여나 본각을 몸으로써 체득하고자 했다. 이 도영이야말로 참으로 『화엄경』이나 『기신론』을 이해하는 방법을 아는 사람이었다.

『기신론』은 마음의 형이상학을 설명한 것이 아니다. 어디까지나 인간의 수행의 경험에 의거하여 설한 가르침이다. 중국의 남북조 시대 말에서 수·당대에 이르기까지 이만큼 급속하게 읽힌 논서(論書)도 드물다. 그것은 당시의 수행자들의 마음에 『기신론』의 가르침이 너무나 생생한 감동을 주었기 때문이었다. 그것은 공리공론(空理空論)이 아니었다. 어디까지나 실천에 의해서 진리를 검증할 수 있는 것이었다. 사물이 되어 생각하고, 사물이 되어 행할 수 있는 이론을 그 속에 품고 있었기 때문이었다.

본각(本覺)의 설명 하나만 보더라도, 중국의 불교인들이 본각이란 여래의 법신이며 법계(法界)의 한 모습이라고 한 표현을 보았을 때, 자기의 몸과 마음을 통해서 납득할 수 있는 무엇인가가 있었다. 당시의 불교인들에게는 법계라고 하는 말이 살아 있었다. 역동적으로 다가오는 무언가가 있었다. 그러므로 목숨을 건 수행도 가능했던 것이다. 법계와 완전히 하나가 될 때 진여도 본각도 진정으로 활짝 피어나는 것이다.

제8화

망념을 두들겨
부수어 버린 무주(無住)

오대산에서 백애산(白崖山)으로 - 무주선사(無住禪師)

영하회족(寧夏回族)의 자치구는 남쪽으로 감숙성(甘肅省)에, 북쪽으로는 내몽고 자치구에 인접하고, 북부는 황하가 가로질러 흐르고 있는 평원이지만, 남부는 육반산맥(六盤山脈)이 가로 놓여 있는 고지대이다. 이 자치구의 수도 은천시(銀川市) 서쪽으로 솟아나, 내몽고의 사막과 황하 사이에 한 선을 긋고 있는 것이 하란산맥(賀蘭山脈)이다. 이 산맥은 남북으로 200km나 되고, 은천평원 쪽으로는 절벽을 이루며 우뚝 솟아있다. 해발 2000m 이상의 높은 산들이 줄줄이 이어져 있고, 최고봉인 하란산은 해발 3556m이다. 이 산의 모양은 빠르게 달리는 준마의 모습과 비슷한데, 몽고어의 '하란'이란 준마라는 의미이다. 은천시의 겨울은 최저기온이 영하 30.6℃, 여름의 최고기온은 39.3℃가 되기도 하는 혹독한 풍토이다.

이 사막에 우뚝 솟아 있는 하란산에서 수행했던 무주선사(無住禪師)는 이윽고 산서성의 오대산으로 갔다. 오대산의 불광사(佛光寺)는 북위 시대 효문제(孝文帝)가 창건했다고 전해지고 있으며, 문수보살의 영지(靈地)로서 불교신자들이 많이 찾는 곳이다. 8세기 후반에는 화엄종의 징관(澄觀)이 이 산에서 『화엄경소(華嚴經疏)』를 집필했다. 전설에 의하면, 밀교의 불공삼장(不空三藏)이 이 산에서 밀교사원을 열었다고 한다.

무주선사가 찾아간 오대산의 자연의 혹독함은 하란산과 조금도 다를 바가 없었다. 황하를 건넌 무주선사가 장성(長城)이 있는 안문관(雁門關)을 지나 대현(大縣)을 흐르는 호타하(滹沱河)의 반대쪽에, 구름 위로 우뚝 솟은 3058m의 오대산을 바라보자 어떤 감회가 떠올랐을까. 10월부터 3월까지는 눈과 얼음으로 뒤덮인 오대산에서 문수보살의 진신을 친견하기 위해 오대산에 올랐던 것이었을까.

하란산, 오대산 등 수행하기 좋은 영산들을 두루 다녔던 무주는 이윽고 사천성(四川省)의 성도(成都)로 왔다. 사천성에는 무상대사(無相大師)라고 하는 위대한 선승(禪僧)이 있다는 것을 풍문으로 들어 알고 있었기 때문이었다. 이리하여 무상대사에게 사사받고 선(禪)의 심오함을 깨달았다. 이윽고 무주는 남양(南洋, 하남성 남양현)의 백애산(白崖山)에 은거하며 여러 해를 보냈다. 이 백애산의 당자곡에는 당시 유명했던 남양 혜충(南陽慧忠)이 살고 있었다.

무주는 이 백애산의 한적한 산림 속에서 오랜 기간 혼자 좌선을 했다. 하란산이나 오대산에 비하면 비가 많고 기후도 온난하여 가혹한 풍토와 싸울 필요는 없었다. 고요히 선(禪)의 수행에 힘쓰기만 하면 되었다. 그의 명성을 듣고 많은 사람들이 무주에게 법을 청하러 왔다. 가르침을 설해줄 것을 너무나 강력하게 졸랐으므로 무주는 하는 수 없이 설법을 하게 되었다. 그러나 그 가르침은 경전을 강의하는 것이 아니었다. 좌선을 행하는 방법을 설명하는 것도 아니었다. 다만 '무념(無念)'을 근본으로 삼으면 좋다고 말할 뿐이었다.

대력(大曆) 원년(766) 9월의 일이었다. 당시 나는 새도 떨어뜨린다는 세력을 지녔던 당나라의 상국(相國) 두홍(杜鴻)이 무주의 이름을 듣고 한 번만이라도 좋으니 와 달라는 전갈을 보내며 예를 다하여 부탁했다. 절도사(節度使) 최녕(崔寧)은 많은 사찰의 승려들에게 명하여 무주를 맞이하게 하였다. 10월 1일, 백애산을 내려온 무주는 공혜사(空慧寺)라는 절로 모셔졌으며, 거기에서 두홍과 상견하게 되었다. 두홍이 무주에게 지금까지 어디에서 수행했는지를 묻자, 무주는 추억에 잠기면서 하란산이나 오대산, 그리고 사천지방에서의 무상대사와의 만남을 이야기했다.

지금까지 무주의 생활은 혹독한 자연의 산야를 방랑하는 긴 여행이었다. 영하성(寧夏省)이라고 하면 황하의 최북단 만곡부(彎曲部)에 해당한다. 거기에서 산서성의 오대산을 지나 사천성에 머물렀다가, 지금은 사천성과 인접한 하남성의 남양 백애산에서 고요히 선을 닦고 있는 것이다. 그 방랑의 시간과 거리는 너무나도 길었다. 길고도 긴 세월동안 단련에 단련을 거듭하고, 갈고 닦았던 정신의 응집이 '무념(無念)'이라는 오직 두 글자였던 것이다.

주석서를 쓰는 것은 어리석다

상국 두홍은 틈을 내어 『기신론』의 주석 2권을 쓴 적이 있다. 『기신론』의 주석은 유명한 법장의 『의기』나 원효의 『기신론소』가 당나라에서 각광을 받고 있었다. 이만큼 상세한 주석서는 없었기 때문에 불교를 공부하는 사람이라면 이들 주석서를 참고로 했다. 두홍도 역시 이들 주석서를 참고로 하면서 자신도 주석서를 썼던 것이었다.

어느 날 두홍은 무주에게 "저는 『기신론』의 주석을 지었지만 이것으로 불교를 이해하게 되었다고 말할 수 있겠습니까?"라고 물었다. 이 물음에 대해 무주는 다음과 같이 대답했다.

주석을 집필한 것은 머리의 활동이고, 지성(知性)으로 쓰는 것입니다. 『기신론』에 "일체(一切)의 법(法)은 본래부터 언설(言說)의 모습을 떠났고, 명자(名字)의 모습을 떠났으며, 심연(心緣)의 모습을 떠났으므로, 필경 평등하고, 변하거나 달라지는 것도 없으며, 파괴되지도 않는다. 이것은 오직 일심(一心)뿐이다. 그러므로 진여라고 이름 한다"라고 씌여 있지 않습니까. 지금 당신은 말에 집착하고, 문자에 집착하고, 지성에 집착하고 있습니다. 도대체 그것으로 불법을 이해했다고 하겠습니까? (『경덕전등록』 권 4)

이 무주의 대답은 훌륭했다. 무주도 역시 『기신론』을 상세히 이해하고 있었던 것이다. 두홍은 자신이 『기신론』에 주석서를 쓸 만큼 불교학에 깊은 조예를 가지고 있다는 사실을 암암리에 나타내려고 무주에게 말했던 것인데, 무주는 『기신론』의 문장을 인용하여 주석서를 아무리 써도 불법을 이해할 수 없음을 명확하게 밝혔던 것이다.

불교학을 아무리 공부해도 이것은 지식으로서의 불교를 이해한 것에 불과하다. 불법은 자신의 몸을 치장하는 물건이 아니다. 불교를 지식으로서 배우는 것 자체가 크나 큰 어리석음인 것을 명심해야 한다. 두흥은 이러한 오류에 빠져 있었다. 불법을 몸으로 체득한다고 하는 것은 매우 힘든 일이다. 우리 같은 범부가 일생 동안 필사적으로 바둥거린다 해도 그렇게 간단히 체득할 수 있는 것이 아니다. 머리로 이해하는 것이 아니라 몸으로 이해하는 것이기 때문에 몸 그 자체가 완전히 불법이 되어버리지 않으면 안 된다.

무주의 대답을 들은 두흥은 철퇴를 맞은 듯 했다. 무의식중에 벌떡 일어나 무주에게 절을 했다. 삼배를 하고 나서 "제가 훌륭한 대덕들에게 지금 같은 질문을 하면 그들은 내가 훌륭한 사람이라고 칭찬해 주었습니다. 저는 지금 처음으로 알았습니다. 그들은 다만 인정에 쏠렸을 뿐입니다. 당신은 불법의 진리에 입각하여 설명해 주셨습니다. 참다운 불법을 가르쳐 주셨습니다. 불법의 진리는 모든 생각을 초월한 것이라는 것을 알았습니다"라고 말했다. 이리하여 두흥은 처음으로『기신론』의 진여에 대한 의미를 알 수 있었다. 법장의『의기』를 읽어도 전혀 이해할 수 없었던 진여를 무주의 말을 듣고서 비로소 깨달을 수가 있었던 것이다. 무주는 도대체 어디서『기신론』을 배운 것일까? 오대산에서 읽었을까? 여하튼, 그는『기신론』의 문장을 암송하고 있었던 것이다. 선승이 읽은『기신론』은 곧바로 진여로 들어가게 하기 때문이다.

정진은 끝이 없다 – 본각(本覺)

『기신론』의 심생멸문(心生滅門)에는 각(覺)과 불각(不覺)의 두 가지 뜻이 설해져 있다는 것을 앞에서 설명하였다. 그런데 각(覺)에는 본각 (本覺)과 시각(始覺)이 있다. 『기신론』은 말한다.

어째서인가? 본각(本覺)의 뜻은 시각의 뜻에 대하여 설명한다. 시 각(始覺)은 곧 본각(本覺)과 같기 때문이다.

처음에는 다만 각(覺)이라고 한 것이 여기에서는 본각(本覺)이 된 다. 그 이유를 설명한 것이 위의 문장이다. 같은 각(覺)이라고 하더라 도 본래 가지고 있는 자성(自性)으로서의 각 그 자체의 일면과 발심 수 행하여 마침내 깨달음을 여는 일면이 있다. 각 그 자체는 본래의 각 이기 때문에 본각(本覺)이라 부르고, 수행하여 깨달음을 여는 작용을 시각(始覺)이라 부른다. 시각이란 본각의 작용이므로 시각은 본각과 같은 것이다. 수행하여 깨달음을 열면 시각은 본각이 된다. 이것을 전문 용어로 '시본불이(始本不二: 시각과 본각은 둘이 아니다)'라 한다.

각 그 자체인 본각만 있으면 좋을 것을 왜 시각을 내세운 것일 까? 그것은 우리의 마음이 줄곧 망념에 사로잡혀 있기 때문이다. 이 러한 망념, 다시 말해 어리석은 마음을 불각(不覺)이라 부른다. 불각 이 망념이라는 것을 알 수 있는 것은 어리석음이 없는 본각이 있기 때문이다. 본각이 없다면 자신이 어리석다는 사실 조차도 알 수가 없는 것이다. 물이 있기 때문에 얼음이 있는 것과 같은 관계이다. 이것을 『기신론』에서는 "시각의 뜻은 본각에 의하기 때문에 불각이 있다"라고 설명하고 있다.

우리 범부는 미혹한 망념속에서 살아간다. 그러나 이 망념을 없애려고 하는 작용을 일으킨다. 이것이 시각이다. 시각은 불각이라고 하는 미망의 세계가 있기 때문에 비로소 활발한 작용을 일으킨다. 불각이 없다면 시각의 작용은 일어나지 않는다.

불각이란 망념이 생겨나는 것이다. 망념에서의 '망(妄)'이란 도대체 어떠한 의미인가? 어느 날 두홍은 무주에게 "망(妄)이라고 하는 글자는 마음을 제멋대로 한다는 의미입니까?"라고 물었다. 이에 무주는 "여자를 마음대로 하는 것이 망(妄)이라는 의미이다"라고 대답했다. 두홍은 그 의미를 알 수가 없었다. 그래서 다시 "그와 같은 해석은 어느 경전에 근거를 두고 있습니까?"라고 물었다. 무주는 『법구경(法句經)』에서는 만약 정진하는 마음을 일으키면 그것은 망(妄)이지 참된 정진은 아니다. 만약 마음에 망념이 없어지면 정진은 끝이 없다고 말하고 있다"라고 대답했다.

무엇인가를 하고 싶다고 하는 마음이 일어나는 것이 망념인 것이다. 그 가장 좋은 예로서, 무주는 여자를 마음대로 하고 싶다고 하는 욕망을 예로 들었던 것이다. 무엇인가에 마음이 움직이는 것이 망념인 것이다. 이 망념을 불각이라고 한다. 여기에 인간의 슬픈 미혹함이 있다. 그러나 이 미혹함(不覺)이 있기 때문에 이것을 없애려고 하는 작용이 일어난다. 여자를 마음대로 하는 생활은 참으로 마음을 편안하게 하는 것일까? 여자를 추구하는 것은 성욕을 만족시키는 것에 지나지 않는다. 그것은 단순한 아욕(我慾)에 지나지 않는다. 그것이 만족되면 한동안은 욕망이 사라지게 되지만 또다시 만족을 얻고자 쫓아가는 것이 범부이다. 그것이 정말로 마음의 편안함을 주는 것이 아니라는 사실을 알 수 있는 것은, 본각의 소리 없는 음성을 듣기 때문이며, 부처의 음성이 속삭이기 때문이다. 본각의 소리는 시각이 됨으로써 생명을 가진다. 이 망념을 타파하는 에너지가 시각인 것이다. 망념을 퇴치했을 때 시각의 작용은 그 사명을 끝내고 본각의 각 그 자체로 되돌아간다. 이제는 시각도 필요치 않고, 본각도 필요치 않으며, 존재하는 것은 절대의 진여뿐이다.

무주선사가 "정진은 끝이 없다"라고 한 것은, 시각의 작용에 의해 망념(不覺)이 소멸되었을 때 남는 것은 오직 본각뿐이기 때문이다. 본각만으로 된 세계는 깨달음의 세계이다. 깨달음의 세계를 지탱하는 것은 무한한 정진뿐이다. 정진하고자 하는 마음을 일으키는 것은 망념인 것이다. 『기신론』에서는 정진하고자 하는 마음은 시각(始覺)이지만, 무주에게 있어서는 그것이 망념일 뿐이었다. 부단한 정진과 엄격한 수행을 밤낮 줄기차게 계속했던 무주로서는 정진하고자 하는 마음을 일으킬 필요도 없었다. 끊임없이 정진하는 것, 다시 말해 본각으로 살아가는 자에게 있어서는 정진은 불필요하다. 정진하고 노력하자고 생각하는 것은 부단한 정진이 없기 때문이다. 줄기차게 노력하는 사람에게는 노력하고자 하는 마음을 일으킬 필요가 없다. 그것은 항상 정진하고 있기 때문이다. 물론 여자를 마음대로 하려는 망념이 일어날 틈도 없다. 본각이란 부단한 정진이며, 진실로 깨달은 자에게는 시각이 필요 없었다. 무주와 같은 투철한 선승에게도 시각이 필요 없다. 그러나 우리 같은 범부는 어떻게 망념을 퇴치하면 좋은가.

시각(始覺)의 작용-보름달을 보라

망념(不覺)으로 가득 찬 우리의 마음을 깨달음의 경지로 향하게 하기 위해서는 본각(本覺)의 각 그 자체에서 일어나는 작용인 시각(始覺)이 필요하다. 잠재적인 본각이 활발하게 작용하도록 하는 에너지를 지닌 것이 시각인 것이다. 생명을 가지고 구체적으로 작용하는 본각, 그것이 시각이다. 시각이 목표로 하는 것은 망념의 퇴치이다. 인간에게는 인품이 원만한 사람과 그렇지 못한 사람이 있다. 시각의 작용도 그것에 맞게 작용하지 않으면 안 된다. 시각의 작용에는 두 가지가 있다. 그것은 구경각(究竟覺)과 비구경각(非究竟覺)이다. 구경각이란 완전하고 원만한 깨달음이고, 비구경각은 부분적인 깨달음이다. 구경각은 보름달이며, 비구경각은 초승달이다. 초승달에서 보름달로 되고자 하는 것이 시각의 작용이다. 이 시각의 작용은 다시 (1)내범각(內凡覺), (2)상사각(相似覺), (3)수분각(隨分覺), (4)구경각(究竟覺)의 네 가지로 나뉘는데, (1), (2), (3)을 합쳐서 비구경각(非究竟覺)이라 한다.

구경각과 비구경각은 어떻게 구분하는가. 그것은 참으로 간단하다. '심원(心源)을 깨닫는 것'이 구경각이고, '심원을 깨닫지 못하는 것'이 비구경각이다. 심원이란 망심의 본원(本源)인 진여를 말하는 것이다. 진여를 깨달으면 구경각이고, 그렇지 않은 것이 비구경각이다.

어느 날 두홍은 무주선사에게 견성(見性)이란 어떤 것인가 질문했다. 이에 대해 무주는 "처음으로 불도를 수행하고자 하는 사람들은 망념에 휩쓸려 흘러간다. 그것은 진심(眞心)을 모르기 때문이다"라고 대답했다. 진심이란 진여를 말하는 것이다. 또한 견성이란 "눈으로 보는 모든 것은 진여로서 견성(見性)이 아닌 것이 없다"라고 대답했다. 눈에 보이는 것, 손에 만져지는 것, 이 모두가 진여인 사실을 아는 것이 견성인 것이다. 견성이란 자성(自性), 즉 진여를 보는 것이다. 보름달을 보는 것이다. 무주에게 있어서는 일체가 진여였고, 본각의 세계였다. 이와 같이 크게 깨달은 선승 무주는 구경각에 머물고 있었다. 그러나 우리 범부는 진여도 보지 못하고, 보름달은커녕 초승달도 보지 못한다. 그것을 비구경각이라고 하는 것이다.

시각의 네 가지 단계 중 첫 번째는 내범각(內凡覺)이다. 우리 범부 중에서도 불교를 공부하고자 하는 사람은 한 번쯤 나쁜 짓을 했어도 앞으로는 나쁜 짓을 하지 않으려고 애쓴다. 이와 같은 의미에서는 불교를 전혀 모르는 사람보다는 자각하고 있는 것이 된다. 그러나 이 단계는 아직도 낮은 단계이다.

두 번째 상사각(相似覺)은 참다운 깨달음과 유사하지만 아직도 미흡한 상태이다. 자신의 깨달음만을 염두에 두고 있는 성문(聲聞)이나 연각(緣覺), 방금 발심한 보살(菩薩)이 이 두 번째 단계에 속한다. 이 단계에서는 불각인 망념에는 실체가 없다는 것을 알고 집착을 버릴 수 있게 된다. 진여의 초승달 정도는 볼 수 있기 때문에 상사각이라 한다. 무주선사는 초심의 수행자들에게 망념에는 실체가 없다는 사실을 깨닫게 하려고 했다. 그것은 바로 이 상사각에 해당된다.

다음, 진여의 한 부분을 볼 수 있게 될 정도로 수행한 보살은 망념이 일어나는 움직임을 뚜렷이 알 수 있게 된다. 그러므로 집착을 버릴 수가 있다. 무주의 말을 빌리면 여자를 마음대로 하는 일이 없어진다. 초승달에서 반달의 진여가 보이게 된다. 깨달음의 한 부분을 알 수 있게 되는 것이 수분각이다.

마지막으로, 시각의 작용이 본각과 하나가 되는 구경각이다. 여기에 이르면 시각은 필요 없게 된다. 망념이 일어나는 미세한 움직임을 뚜렷이 볼 수 있기 때문에 망념이 사라지고 그 본체인 심성(心性), 즉 진여의 보름달을 볼 수가 있다.

진여를 본 부처의 경계는 무념이 된다. 거기에는 일체의 망념이 없다. 『기신론』은 시각을 설명하기 위해 "만약 중생이 있어 무념을 잘 관(觀)하는 자는 곧 불지(佛智)로 향하게 되기 때문에"라고 하는 경전의 문구를 인용한다. 구경각에 이르기 위해서는 무념, 즉 진여를 보면 되는 것이다. 망념의 최초의 움직임을 알기 위해서는 무념이어야 한다. 거울이 투명하기 때문에 아무리 작은 먼지도 비출 수가 있다는 것과 같다. 이에 반해 우리들은 유념(有念)이다. 아침부터 밤까지 유념이다. 잠잘 때도 악몽을 꿀 정도로 유념이다. 우리들 범부는 미혹의 한 가운데 살고 있다. 이것을 『기신론』에서는

일체 중생을 일컬어 각(覺)이라고 하지 않는다. 본래부터 염념(念念)이 상속(相續)하여 아직 망념을 떠나지 못했기 때문에 무시무명(無始無明)이라 설한다.

라고 서술하고 있다. 우리 범부는 언제나 유념(有念)이며, 유상(有相)이다. 이것을 무시무명(無始無明)이라고도 한다. 무시란 끝이 없다는 의미로서, 항상 언제나 존재하고 있기 때문에 무시무명이라고 하는 것이다. 부처가 어디까지나 무념인데 반해 중생은 어디까지나 유념이다. 무념은 달인(達人)이 아니면 이룰 수가 없으므로 중생은 무시무명과 공존하면서 어두운 밤길을 걸어갈 수 밖에 없다.

헛수고의 수행이란-시각과 본각은 둘이 아니다

깨달음을 얻은 부처의 마음에는 일체의 망념이 없다. 거울처럼 투명할 뿐이다. 이와 같은 무념의 마음이 되면 모든 망념이 그 속에 투영된다. 망념을 볼 수 있게 되는 것이다. 망념도 또한 체(體)가 없다는 것을 달관할 수 있게 된다. 이에 반해 우리들은 자신의 망념에 집착하고 망념을 추구하며, 망념이야말로 본래의 모습이라고 착각하고 있기 때문이다.

위에서 시각의 네 가지 단계에 대해 설명했지만, 무념의 경지에 도달하면 시각의 네 가지 모습은 없어진다. 무념의 깨달은 경지에서 보면 시각의 네 가지 모습도 역시 체(體)가 없으며, 본래 절대평등한 깨달음의 경지만이 있을 뿐이다.

범부의 유념의 세계에서만이 미혹도 깨달음도 있다. 그것은 마치 꿈과 같은 것이다. 열심히 수행하여 깨달음을 구하기 위해 정진하고 노력하는 것은, 꿈속에서 물에 빠져 물가로 헤엄쳐 나오고자 하는 것과 똑같은 것이다.

무주는 "만약 정진의 마음을 일으키면 망념이지 정진이 아니다"라고 하는 『법구경』의 말을 인용하여, 정진하고자 하는 것은 망념이나 유념에 불과하다는 것을 경고했는데, 무념의 깨달음 그 자체에서 보면 그것은 망상이며 집착에 불과한 것이다.

시각의 네 가지 모습은 차별도 없고, 체(體)도 없다는 것을 설한

『기신론』은 악마의 가르침이었다. 그러나 중국 불교인들은 이『기신론』의 가르침에 매력을 느꼈다. 그것은 생명을 걸고 수행했던 사람들의 마음을 감동시켰으며 혼을 빼앗았다. 그들은 수행의 단계가 절대적인 것, 확실한 것, 확정된 것이 아니라는 것을 깨달았던 것이다.

시각의 수행을 다하면 시각은 사라진다. "본래 평등하여 같은 각(覺)이 되기 때문이다"라고 하는『기신론』의 말은, 몇 십년간의 줄기찬 수행에 의해서만이 알 수 있는 것이다.『기신론』에는 철학은 없다. 있는 것은 피투성이의 수행에서 얻어지는 해탈의 가르침만이 있을 뿐이다. 문자를 아무리 파고들어도『기신론』의 참다운 생명을 파악할 수는 없다. 그러므로 상국 두홍이『기신론』의 주석을 쓴 후, 이것으로 불교를 조금 알 수 있겠습니까? 라고 질문했을 때 무주선사는 무엇이라고 대답했던가. 그것은 유념의 산물에 불과한 것이라고 답하지 않았던가. 유념 속에 있으면서 진여 곧 무념(無念)이 됨을 알 리가 없다. 유념의 집착 속에 있으면 어리석음뿐이지 않은가.

무주는 "무념은 곧 무박(無縛)이다. 무념은 곧 무탈(無脫)이다"라고 단언했다. 무념의 깨달음 그 자체에는 집착이 없다. 자기를 속박하는 것도 없다. 너를 속박하는 것은 누구인가. 그것은 바로 너 자신이다. 무념의 깨달음 그 자체에는 속박하는 것이 없다. 또한 무념은 무탈이라고 단언했다. 거기에는 해탈도 없다고 하는 것이다. 해탈이 없다고 단언하기 위해서는 해탈을 구하려는 마음이 한 순간이라도 일어나지 않을 정도의 정진을 필요로 한다.

사막에 우뚝 솟은 하란산맥 속에서 무주는 무엇을 보았던가. 몽고 고원에 끝없이 펼쳐진 사막과 은천평원을 비교해 보았을 것임에 틀림없다. 거기서 보았던 것은 황량한 세계와 녹색이 풍부한 오아시스 평원의 대비였다. 그 속에서 수행했던 무주에게는 진(眞)과 망(妄)은 대립하는 세계였다. 망은 때려 부수어야 할 대상이었다. 이윽고 빙설로 덮인 오대산에서 긴 세월 동안 수행했다. 『기신론』도 읽었다. 그러나 아직 무념이 무탈인 것을 알 수가 없었다. 오로지 해탈만을 구했다. 이윽고 사천(四川)의 무상대사를 만나 무념이 무탈임을 깨달았다. 거기에는 해탈도 없었다. 모든 것이 무념이고 무상이었다. 길고 긴 산중의 고행이 모두 허망한 행동이었음을 알았다. 단지 그것을 알기 위해서 그처럼 오랫동안 자신의 전 생애를 걸었었다. 수행의 극한에서 수행이 헛된 노력임을 알았다. 그것이 '시각과 본각이 둘이 아니다(始本不二)'라고 하는 것이다.

제9화

외국 승려로부터 가르침을 받은 지초(志超)

시퍼런 칼날 아래에서 좌선하다-지초

산서성, 태원시(太原市)의 서쪽에 비간산(比干山, 산서성 분양현의 북쪽)이라고 하는 산이 있다. 태원시는 산서성의 성도(省都)로서, 분하(汾河)의 양 강변에 걸쳐 있는 대도시이며, 산서성의 정치 · 경제 · 문화 · 교통의 중심지로서 천년의 역사를 가지고 있다. 이곳에는 진사(晋祠: 진나라 사당)를 위시하여 유명한 명승고적이 있으며, '산서(山西)의 소강남(小江南)'이라고 불릴 정도로 경치가 아름답고 고운 도시이다.

이 태원시의 분하(황하로 유입하는 제2의 지류)의 다리를 건너 풍성한 평야 지대를 따라 남쪽으로 가면 곧 진사(晋祠)에 이른다. 진사의 이름난 샘에는 특히 여름에 차고 시원한 맑은 물이 끊임없이 솟아나고 있다. 이 진사 옆의 도로에서 우측으로 돌아서 산 사이의 계곡으로 들어서면 유명한 천룡산(天龍山)의 석굴에 이른다.

진사 앞을 통과하여 남쪽으로 내려가면 교성현(交城縣)에 이른다. 교성현의 문수(文水)에는 중국 정토교(淨土敎)의 최초의 사찰인 석벽산(石壁山) 현중사(玄中寺: 졸저 『中國佛敎の寺と歷史』참조, 大法輪閣 간행)가 있다. 문수에서 더욱 남쪽으로 내려가면 분양(汾陽)에 도달한다. 이 분양현의 북쪽, 교성현과 인접한 곳에 있는 것이 비간산이다.

이 비간산에 선림(禪林)을 세운 사람이 지초(志超)이다(『續高僧傳』권 20). 지초는 훌륭한 수도자들을 모아 이곳을 선을 수행하는 도량으로 만들었다. 조석(朝夕)으로 좌선과 독경을 하였고, 계율을 엄격하게 지켰으며, 숙연한 분위기가 넘쳐흐르고 있었다. 그 소문을 듣고 멀리서 수행승들이 모여들었다.

수나라 말, 세상은 어지러웠다. 도적들은 횡행하고 생활이 안 되는 양민들은 길에 쓰러져 죽었으며, 도망칠 수 없는 늙고 쇠약한 사람들은 살해당했다. 비간산의 지초를 중심으로 좌선하던 대중들은 굳게 단결하여 수행 도량을 지켰다. 식량을 도적에게 탈취당할까봐 두려워한 승려들은 식량을 분산시켜 숨겨 두자고 하였다. 지초는 "너희들의 마음에 동요가 있어서는 안 된다. 이곳에서 수행을 계속하고 있으므로 어디로든 도망할 필요는 없다"라고 말했다. 대중들은 지초의 말에 깊은 감명을 받았다. 이곳에 머물면서 좌선을 하고 하루의 일과를 어떤 일이 있어도 계속하자고 결심했다.

비간산의 어둠이 깊은 어느 날 밤, 지초는 단정하게 좌선을 하고 있었다. 도적들이 떼를 지어 문을 부수고 쳐들어 왔다. 도적들이 들고 온 횃불이 사찰을 환하게 비췄다. 시퍼런 칼날이 왔다갔다하는 와중에서도 지초는 좌선의 자체를 전혀 흩트리지 않았다. 안색이 변하지도 않았다. 지초의 부동자세를 본 도적들은 땅에 엎드려 절을 했다. 그 위풍에 압도되었던 것이다. 지초가 도적들의 근기(根機)에 맞게 법(法)을 설하자 도적들은 지초를 향해 합장을 했다.

지초는 외아들이었으므로 양친은 출가하는 것을 반대했다. 그는 분하(汾河)로 유입되는 소하(瀟河) 근교의 유차시(楡次市) 근처에 살고 있었다. 양친은 지초가 장가들어 집안의 대를 이어주기를 간절히 원했다. 이것을 들은 지초는 불결함을 피하기 위해 산으로 도망쳤다. 친척들은 지초의 행방을 찾았다. 결국 붙잡혀서 양친은 억지로 혼례식을 올리게 했지만, 출가의 결심을 없앨 수 없음을 알고 마침내 단념하였다. 지초는 27세에 출가하여 수행에 힘쓰고 계율(戒律)에 정통했다.

포복암(抱腹巖)의 행자(行者)

비간산에서 선(禪)의 수행에 힘썼던 지초는, 이윽고 진양(晉陽)의 응정사(凝定寺)에 머물렀다. 수백 명의 수행자가 이곳에 모여 엄격한 계율 속에서 숙연하게 좌선을 행했다. 618년, 제자 20여 명과 함께 장안으로 갔다. 그때『기신론』의 가르침을 깊이 체득하고 있던 화감사(化感寺)의 영윤(靈潤)과 만났다. 심법(心法)을 배운 두 사람은 서로 뜻이 통하여 오랜 친구 같았다. 영윤의『기신론』에 대한 식견을 지초는 이미 듣고 있었던 것 같다. 지초는 영윤이 있는 남전산(藍田山) 화감사로 옮겨 살게 되었다. 지초는 영윤과 함께『섭대승론』과『기신론』의 교리를 부지런히 습득했다. 장안현(長安縣)에 있는 남전산은 험준한 산이 아니었으므로 장안의 많은 인사(人士)들도 화감사를 방문하였다.

이윽고『기신론』의 가르침을 깊이 연구한 지초는 다시 산서성으로 되돌아 왔다. 622년, 우개산(于介山)이라고 하는 산으로 들어가 좌선을 하기 위해 조그만 토굴을 만들었다. 그 바위를 포복암(抱腹巖)이라 불렀다. 산과 산 사이에는 계곡물이 흐르고, 포복암 아래로는 수백 미터나 되는 절벽이 펼쳐져 있으며, 위를 보면 까마득한 계곡이 이어져 있었다. 필자도 이전에 두 번에 걸쳐 석벽산(石壁山) 현중사(玄中寺)를 방문했던 적이 있는데, 석벽산은 문자 그대로 진무산(眞武山)에서 흘러내린 문욕하(文峪河)의 계곡 위에 거대한 벽처럼 우뚝 솟은 절벽이었다. 필시 이 우개산도 깎아지른 듯한 절벽의 계곡을 올라와서 만든 선림(禪林)이라고 생각된다. 지초는 이 산으로 모여든 수행자들을 가르치고, 자신도 수행을 하였다.

지초는 좌선하는 수행자에 대해서는 엄격히 지도했다. 조금이라도 앉아서 조는 사람이 있으면 직접 가서 경책(警策: 좌선을 할 때 졸음을 깨우기도 하고, 마음이 느슨한 짐을 훈계하는 도구)을 가했다. 좌선은 하루 4시간씩 하였다. 이것을 지키지 않고 게으름을 피우는 자에 대해서는 엄벌을 가했다. 예불 의식은 하루에 오백 회를 행했다. 직접 향로를 손에 들고 경전의 독송에 맞추어 예배하였는데 향로를 땅에 놓는 일이 절대로 없었다.

당시 칙명에 의해 출가를 희망하는 자를 마음대로 삭발하는 것은 금지되었다. 발각되면 극형에 처해졌다. 그러나 지초는 출가를 희망하는 사람이 있으면 권력을 두려워하지 않고 태연하게 출가시켰다. 그 때문에 속세를 버리고 출가하는 사람들은 지초를 큰 산처럼 믿고 따랐다.

　포복암에서 좌선에 몰두했던 지초는 초능력을 나타낼 수 있게 되었다. 타국의 승려가 공중에서 구름을 타고 오가는 것을 감지할 때도 있었으며, 그 외국 승려로부터 가르침을 받은 적도 있었다. 어느 날 대중들을 소집했다. 아무도 종을 치지 않았는데도 종소리가 울렸다. 종이 저절로 울렸던 것이다. 사실은 공중에서 내려온 외국 승려가 종을 친 것이었다. 그러나 모습이 보통 사람들에게는 보이지 않았기 때문에 종이 저절로 울려 퍼진다고 생각했던 것이다. 종소리의 울림에 따라 바위틈에서 샘물이 갑자기 격렬하게 용솟음치기도 했다. 대중들은 이 신기한 광경에 눈이 둥그레졌다.

　지초의 수행을 지탱시킨 것은 좌선과 계법(戒法)의 두 가지였다. 이 두 가지를 끊임없이 계속함으로써 불가사의한 영적 힘을 발휘할 수 있게 되었다. 게다가 『섭대승론』과 『기신론』에 의해 심학(心學)을 체득하고 있었다. 마음의 움직임을 학문적으로도 잘 이해하고 있었을 뿐만 아니라, 나아가 그것을 선관(禪觀)의 수행에 의해 실제로 체득하고 있었다. 몸으로 가르침을 행하고 있었으며, 『기신론』의 본각(本覺)의 작용을 체현(體現)하고 있었다.

　비간산에서 도적들에게 시달릴 때, 제자들의 동요를 훈계했던 말 중에서 자신들의 수행은 거울처럼 맑은 것이라 하여, '경업(鏡業)'이라는 말을 사용했다. 거울과 같은 경지를 행하는 것이 경업이며 경행(鏡行)이다. 그것은 『기신론』의 수염본각(隨染本覺)이다. 지정상(智淨

相)과 똑같은 것이다. 좌선과 계율에 의해 거울처럼 되었던 지초의 심경(心境)은 바로 본각 그 자체였다. 이 위대한 선승(禪僧)에게서 출가한 사람이 천 명에 이르렀다고 한다.

밝은 보름달-지정상(智淨相)

『기신론』에서는 각(覺)에는 시각(始覺)과 본각(本覺)이 있다고 하였다. 시각에 대해서는 이미 앞 장에서 설명했기 때문에 여기서는 본각에 대해 설명하기로 한다. 『기신론』에서는 본각을 '수염본각(隨染本覺)'과 '성정본각(性淨本覺)'의 두 가지로 나누어서 설명한다. 수염본각이란 본각을 작용의 측면에서 설명한 것이다. 시각의 지혜가 수행에 의해 망상이나 더러움을 타파하는 작용이 수염본각인 것이다. 진여본각은 절대청정(絕對淸淨)하다. 그것은 말로 표현될 수가 없다. 그것을 억지로 표현하려고 한다면 망상이나 더러움에 비교하여 설명하는 편이 이해하기 쉽다. 예를 들면, 밝은 달의 교교(皎皎)한 빛을 표현하기 위해서는 구름의 모습을 빌려서 한 점 구름도 없다고 말하는 것이 밝은 달의 교교한 상태를 설명하기에 좋은 것과 마찬가지이다. 수염본각이란 더러움에 의하여 본각의 모습을 설명하는 것이라고 생각하면 좋다.

수염본각은 다시 두 가지로 나누어서 설명된다. 그것은 지정상

(智淨相)과 부사의업상(不思議業相)이다. 이들 두 가지는 본각의 작용을 나타낸 것이다. 그러므로 이 두 가지의 작용은 본각과 다른 것이 아니다. 어디까지나 본각의 작용인 것이다. 지정상이란 망상이나 더러움으로 덮여 있던 본각이 시각의 지혜의 작용에 의해 본래의 청정한 모습으로 돌아가는 것이다. 구름이 걷혀 달의 교교한 모습이 나타나는 것이 지정상인 것이다. 망상이나 더러움이 전혀 없이, 구름 한 점 없는 달이 천심(天心)이 되어 영롱한 본래의 면목을 나타내는 것이 지정상이다. 이 교교한 보름달은 산하대지(山河大地)를 구석구석 모두 비추어 준다. 어둠이 걷히고 산하대지가 그 모습을 드러낸다. 이와 같이 보름달이 일체 만물을 비추어 드러내 주는 것이 부사의업상인 것이다. 높은 절벽 위의 포복암 위에서 단정히 좌선하고 있는 지초의 모습이 지정상이며, 그 감화가 모든 사람들에게 미쳐 천 명의 사람이 출가하여 삭발하고자 오는 것이 부사의업상인 것이다.

줄기찬 수행에 의해 지정상을 얻으면 그 감화는 모든 만물에게 미친다. 도적의 시퍼런 칼날 아래서 미동조차 하지 않았던 지초의 지정상은 만인의 마음에 감동을 주기에 충분했다. 자신의 힘을 사람들에게 과시하지 않았음에도 불구하고 그 힘은 사람들을 감동시켰다. 그 부사의한 작용의 모습을 부사의업상이라고 부르는 것이다.

『기신론』은 지정상을 다음과 같이 설명한다.

지정상(智淨相)이란, 이른바 법력(法力)의 훈습(熏習)에 의해 여실히

수행하여 방편(方便)을 만족하기 때문에 화합식(化合識)의 모습을 타파하고, 상속심(相續心)의 모습을 없애어 법신(法身)을 현현(顯現)하여, 지혜가 맑고 깨끗하게 되기 때문에.

　우리들의 망념 속에는 날카롭게 빛나는 진여본각이 있다. 이 진여본각의 내부에서 밖으로 표출시키기 위해서는 수행이 필요하다. 더욱이 부처나 스승의 가르침을 받아 밖으로 진여본각을 표출하는 일에 힘써야 한다. 이와 같은 수행을 계속해 나가면 진망화합(眞妄化合)의 아려야식(阿黎耶識) 안의 망상을 두들겨 부술 수 있으며, 청정하면서 순일무잡(純一無雜)한 지정상을 얻을 수가 있는 것이다.

　우리 범부의 마음은 무명으로 뒤덮여 있다. 그러나 이 무명의 모습은 결코 진여본각을 떠나서 존재하는 것이 아니다. 그것은 마치 물과 파도의 관계와 같은 것이다. 바닷물이 바람에 의해 움직여 파도가 되듯이, 진여가 무명의 바람에 의해 흔들려 망심이 되는 것이다. 이때 물과 파도가 구별되지 않는 것처럼, 진여와 무명도 전혀 다른 것이 아니다. 진여가 움직이면 무명이 되고, 무명이 고요함으로 돌아가면 진여가 되는 것과 동일한 것이다.

　우리 범부의 마음은 진여본각의 맑고 깨끗한 바닷물이 무명의 바람에 의해 파도가 일어나서 혼탁한 마음이 되는 것에 불과하다. 우리의 더러운 마음이야말로 그대로 진여본각이다. 아무리 파도가 광란노도(狂瀾怒濤)가 되어 미쳐 날뛰더라도 바닷물 그 자체의 본성은 조금도 변함이 없는 것과 마찬가지로, 우리의 마음이 욕망에 의해 미쳐 날뛰더라도 마음의 본성은 어디까지나 맑고 깨끗한 것이다.

부처와 마찬가지로 행하다-부사의업상(不思議業相)

교교한 보름달과 같은 지정상을 체득한 사람은 무엇을 해야만 할까. 지초가 비간산이나 포복암에서 선림(禪林)을 창건하고, 더러워진 마음을 씻어 맑게 하기 위해 청아한 곳에서 오직 좌선만을 하고 있는 모습은 분명히 지정상이었다. 거기에는 망념도 없고, 잡념도 없었다. 신선의 경지 속에 투영되는 것은 청아한 마음뿐이었다. 그러나 사찰을 창건하고, 제자의 머리를 삭발하고, 좌선 중에 졸고 있는 승려에게 경책을 가하기도 한 것은, 지정상에 안주해 있어서는 불가능한 일이다. 지정상을 참으로 체득하게 되면 그 청아한 본체는 저절로 밖으로 표현될 수밖에 없는 것이다. 중생을 구제하려고 하는 커다란 작용이 생겨나야만 되는 것이다. 그것이 부사의업상이다.

『기신론』에서는 부사의업상을 다음과 같이 설명한다.

부사의업상(不思議業相)이란, 지정상(智淨相)에 의해 능히 일체(一切)의 수승하고 오묘한 경계(境界)를 만든다. 이른바 무량(無量)한 공덕(功德)의 모습이 항상 끊어지는 일이 없이, 중생의 근기에 따라 자연스럽

게 상응(相應)하여, 여러 가지로 나타나서 이익을 얻게 하기 때문이다.

부사의업상이란 지정상을 체(體)로 삼아 거기에서 만들어내는 무한한 이익을 말하는 것이다. 아직 구제되지 않은 중생에 대해 수승하고 오묘한 세계를 만들어 주는 것이 부사의업상이다.

"중생의 근기에 따라 자연스럽게 상응하고"라고 말하는 것은, 우리들은 육근(六根)을 갖추고 있다. 육근이란 안 · 이 · 비 · 설 · 신 · 의(眼耳鼻舌身意)의 여섯 가지 근(根)을 말한다. 예를 들면 안근(眼根)의 대상으로서 눈앞의 관음상(觀音像)을 보면 마음이 저절로 맑아지고, 불상 앞에서는 누가 말을 안 해도 저절로 몸과 마음을 단정히 하게 되는 것이다.

이근(耳根)에 대해서도, 몹시 거친 욕설이나 저속한 음악을 듣게 되면 마음도 똑같이 미친 듯이 날뛸 수밖에 없다. 그러나 이근이 훌륭하고 아름다운 음악을 듣게 되면 마음도 저절로 맑아진다. 비근(鼻根)에 대해서도, 아편이나 술의 냄새가 아니라, 아름다운 향기를 맡아보게 하라. 설근(舌根)에는 육식이 아니라 채식으로 일관한 맛을 가르치게 되면 마음도 또한 유화한 성질을 지니게 된다. 신근(身根)에는 단정하지 못한 신체가 되지 않게 하기 위해서 신체를 단련시킨다.

불교에서는 좌선하는 모습, 합장하는 모습을 육신의 가장 바람직한 모습으로 간주하고 있다. 도적이 좌선을 하고 있는 지초를 칼로 내리칠 수 없었던 것은 분명히 최고의 오묘한 모습을 보았기 때문임에 틀림없다. 육신은 좌선과 합장에 의해서 불신(佛身)이 된다. 종교적인 행동까지는 갈 수 없다 하더라도, 무술이나 체조에 의해 단련된 신체에도 부사의업상이 간직되어 있다. 이론적으로는 설명할 수 없지만 그 사람의 몸에서는 빛이 발하게 된다. 마지막으로 의근(意根)은 깊고 오묘한 가르침의 의미를 이해할 수 있게 된다. 간단히 말하면, 육근(六根) 모두에 신앙의 대상이 갖추어지게 되고, 일체가 부처의 모습이 되는 것이다.

중생의 근기에 따라 여러 가지 이익을 나타내는 것이 부사의업상인 것이다. 지정상에만 머무르게 되면 인간을 구제할 수가 없다. 지정상이 극에 달하면 반드시 부사의업상이 되어 중생을 올바른 신앙으로 인도하게 된다.

인적이 끊어진 높고 높은 벽처럼 깎아지른 절벽 위의 초암에서 오로지 좌선만을 수행했던 지초는 지정상에 머물러 있었지만, 세속의 한복판으로 내려오면 부사의업상을 나타내었던 것이다. 지초가 향로를 손에 들고 오백 번의 예불을 되풀이 한 것도 부사의업상이다. 이것은 의도적으로 한 행동이 아니라, 우리의 지성을 넘어서 자연스럽게 나타난 꾸밈없는 행동이고 기풍이 깃든 모습이었다.

제아무리 부처에 예배하고 설법하고 좌선을 하여도 그것이 지정상에서 우러나오는 것이 아니라면 모두 거짓이다. 그것은 수승하고 묘한 경지도 아니고, 무한한 공덕도 없다. 부사의업상이란 부처와 마찬가지로 행하는 것이다. 부처와 마찬가지로 행하면 무엇이나 다 부사의업상이 된다.

대광명을 발하는 풀이나 나무

수염본각(隨染本覺)에는 두 가지 작용이 있으며, 그것은 지정상(智淨相)과 부사의업상(不思議業相)이라는 것을 알았다. 그러면 이 두 가지는 도대체 어떻게 다른가? 간단히 말하면, 지정상은 체(體)이고, 부사의업상은 용(用: 작용)이다. 교교히 빛나는 보름달의 실상은 지정상이고, 보름달이 일체만물을 비추어주는 것은 부사의업상이다.

또한 지정상은 심산유곡에서 죽음도 불사한 격렬한 좌선이며, 좌선의 본체이다. 계율을 지킴으로써 청정하게 된 신체와 마음의 실상이다. 지정상을 나타내기 위해서는 계(戒)와 정(定)이 필수불가결한 조건이 된다. 이렇게 열심히 수행하여 얻은 지정상은 자력의 수행의 결과로 얻어진 까닭에 자리(自利)라고도 한다. 끊임없이 하루하루 피나는 수행에 의해 얻어진 것이다.

이에 반해 부사의업상은 어리석은 중생을 구제하기 위해 중생이 신앙할 대상을 만들어 내는 일이다. 그것은 이타(利他)가 목적이다. 이와 같이 생각하면 지정상은 자리(自利), 부사의업상은 이타(利他)가 된다. 자리(自利)가 성숙하면 저절로 이타(利他)로 옮겨간다. 20년, 30년의 수행 후에는 자신이 얻은 것을 사람들에게 나누어 줄 필요가 있다. 자리 30년, 이타 30년, 20세부터 시작하더라도 인생 80세까지 걸리지 않으면 부사의업상은 얻어지지 않는다. 계(戒)와 정(定)으로 단련한 지초가 만년에 여러 가지 부사의한 신통력을 나타낸 것은 부사의업상이 나타났기 때문이다. 종소리를 내기도 하고, 그것에 따라 바위틈의 물이 솟아난 것은 지정상에 의해서 가능한 것이었다. 신라의 의상이 화엄십찰(華嚴十刹)의 하나로서 창건한 용천사(涌泉寺)의 샘물은 아무리 가뭄이 계속 되더라도 지금도 콸콸 솟아오르고 있는 것이다.

도원(道元)은 『정법안장(正法眼藏)』의 「변도화(弁道話)」 속에서 자수용삼매(自受用三昧)에 대해 서술하였는데, 그 가운데,

이때, 시방법계(十方法界)의 토지, 초목, 담벽, 기와 모두가 불사(佛事)를 이룸으로써, 그 세우는 곳의 풍수의 이익을 받으면서 모두 심묘불가사의(甚妙不可思議)한 불화(佛化)에 연유되어 머지않아 깨달음을 이룬다.

라고 서술되어 있다. 일체의 천지만물이 모두 불사를 이룩한다고 하고 있다. 그 만물이 일으키는 이익은 또한 불가사의한 부처의 작용과 하나가 되어, 인간도 만물도 일체의 모든 것이 깨달음의 세계를 나타낸다고 한다. 더욱이,

광대한 불사(佛事)는 심심미묘(甚深微妙)한 불화(佛化)를 이룬다. 이

164

화도(火道)가 미치는 곳의 초목과 토지는 모두 함께 대광명을 발하며, 심묘법(深妙法)을 설함이 끝이 없다.

라고 한다. 초목과 토지가 대광명을 발하고, 심심미묘한 가르침을 설하는 것, 이것이 바로 부사의업상인 것이다. 자수용삼매는 지정상이고, 이것에서 발하는 무한한 교화의 가르침과 산천초목이 광명을 내는 것, 이것이 부사의업상인 것이다. 부사의업상은 도원(道元)이 "심묘법을 설함이 끝이 없다"라고 했듯이 무한하지 않으면 안 된다. 끝이 없을 뿐만 아니라 시작도 없다. 『기신론』에서는 이것을 "무량한 공덕의 모습은 항상 끊어지지 않는다"라고 하고 있다.

종남산의 산기슭에 있는 남전산의 화감사에서 영윤과 함께 『기신론』을 공부했던 지초도 이 수염본각의 의미를 충분히 이해하고 있었음에 틀림없다. 특히 지정상의 작용으로서의 부사의업상에 대해서는 큰 흥미를 품었던 것으로 생각된다. 계법(戒法)으로 닦은 주옥같은 몸과 마음에서 저절로 부사의업상이 나타났던 것이었다.

지초가 머무르고 좌선한 곳의 모든 산하대지가 광명을 발하게 된다. 그것은 도력에 의하여 불가사의한 힘이 갖추어져, 중생을 제도할 수 있는 힘이 넘쳐 나오기 때문이다. 도적이 지초를 칼로 벨 수 없었을 뿐만 아니라 지초의 설법을 듣고 예배하고 귀의했던 것은 지초의 부사의업상이 그렇게 한 것이다.

지정상이다, 부사의업상이다 하면 매우 난해하게 들리지만, 그것은 수행에 의해 얻어지는 힘과 그 힘의 작용을 말하고 있는 것에 불과하다.

부사의한 힘의 작용인 부사의업상을 생겨나게 하는 근본은 지정상이다. 계법(戒法)과 좌선에 의해 체득된 지정상을 감득하는 중생을 연(緣)으로 하여 부사의업상은 훌륭히 피어난다. 지초의 지정상에 감응한 제자들이 있었기 때문에 비로소 지초의 부사의업상이 빛나게 된 것이다.

그 결과, 설법이 생겨나고 중생을 한없이 구제하고자 하는 비원(悲願)이 생겨난다. 이 설법이야말로 부사의업상이 말로 표현된 것이다. 『기신론』은 본각을 망념과 대조하여 설한 수염본각과, 망념과 전혀 대비되는 일 없이 절대청정한 성정본각(性情本覺)으로 나누어 설명하지만, 이 장에서는 수염본각의 두 가지 모습인 지정상과 부사의업상에 대해 서술하였다.

제10화

호랑이 눈에 소걸음하는
훤칠한 용모의
마조도일(馬祖道一)

기와를 갈다 - 남악형산(南岳衡山)

축융봉(祝融峰)을 최고봉으로 하는 남악형산(南岳衡山)은 중국의 오악(五岳: 嵩山·泰山·華山·衡山·恒山) 중의 하나이다. 호남성(湖南省)의 중부에 위치해 있으며, 남쪽으로 형양시(衡陽市)의 회안봉(廻雁峰)에서 북쪽으로는 장사시(長沙市)의 악록산(岳麓山)에 이르기까지 72개의 봉우리가 흩어져 있다.

남악의 중앙에 있는 반산정 초대소(半山亭招待所)에서 왼쪽 길로 가면 마경대 초대소(磨鏡台招待所)를 지나 복엄사(福嚴寺)에 도달한다. 복엄사는 천태종의 제2조 혜사선사(慧思禪師)가 지은 절이다. 혜사가 짚고 있던 지팡이를 공중으로 던졌더니 천주봉(天柱峰)의 남쪽으로 떨어졌으므로 그 곳에 반야사(般若寺)를 창건했다. 이 반야사가 현재의 복엄사인 것이다.

혜사가 제자 40여 명과 함께 남악에 들어간 것은 진(陳)의 광대(光大) 2년(568)이었다. 그로부터 146년이 지난 당(唐)의 선천(先天) 2년(713)에 선종의 육조 혜능(慧能)의 제자 남악회양(南岳懷讓 677~744)이 처음으로 남악에 올라 이 반야사에서 선법을 널리 펼쳤다. 이때 사천(四川)에서 남악으로 온 마조도일(馬祖道一)이 반야사에서 1킬로 떨어진 곳에 초암을 짓고 아침부터 밤까지 좌선을 하고 있었다. 이 마조가 있던 절은 현재 마경대 초대소의 접대실이 되어 있다.

종일 열심히 좌선을 하고 있는 마조를 본 회양은 마조가 오랜 수행을 견뎌내어 불법을 체득할 수 있는 능력을 지닌 인물이라는 것을 알았다. 이에 마조가 있는 곳으로 가서 문답했다.

> 남악, "그대는 좌선을 하여 어떻게 할 작정인가?"
> 마조, "부처가 되고 싶습니다."

그러자 남악은 기와를 주워가지고 와서 초암 앞 돌 위에서 갈기 시작했다.

> 마조, "노스님, 무엇을 하고 계십니까?"
> 남악, "갈아서 거울로 쓰고자 한다."
> 마조, "기와를 아무리 간다고 해도 어떻게 거울이 될 수가 있겠습니까?"
> 남악, "좌선을 한다고 해서 성불할 수가 있겠는가?"

이 문답은 유명한 일화이다. 남악이 기와를 갈았다고 전해지는 반석은, 현재는 대부분이 도로 밑으로 파묻혀 있지만 위로 보이는 돌 위에는 '조원(祖源)'이라는 큰 글자가 새겨져 있다.

좌선하여 부처가 되고자 하여도 원래 불성을 갖추고 있지 않으면 아무리 좌선을 해도 부처가 될 수 없다. 단지 범부가 좌선을 하고 있는 것에 불과하다. 바로 남악이 말했듯이, 기와를 아무리 갈아도 기와는 다만 기와일 뿐이다. 기와를 갈아서 거울로 사용할 수는 없는 것이다. 아무리 흐린 거울이라도 그것을 닦으면 맑고 깨끗해진다. 원래 맑고 깨끗한 거울이 아니면 아무리 더러움을 닦아내도 맑고 깨끗한 거울이 안 된다. 마조는 분명히 그 소재가 거울이었으며, 그것도 맑은 거울이었다. 그 때문에 회양의 9명의 제자 중에서 오직 혼자만 법을 이을 수가 있었다.

마조는 강서(江西)의 마조라고 불렸다. 강서성의 남부에 있는 남강현(南康縣)의 공공산(龔公山)에 머물렀다. 남강은 감강(贛江)의 서쪽 수원(水源)에 해당하는 장수(章水)의 유역에 있다. 이 부근은 쌀과 사탕수수의 명산지이기도 하다. 장수가 흘러드는 감강은 강서성의 대동맥으로서 뗏목이나 배가 지나다니며, 대하(大河)가 되어 파양호(鄱陽湖)로 흘러든다.

이 남강에서 선(禪)을 널리 퍼뜨린 마조는 훤칠한 키에 소처럼 걷고 호랑이 같은 눈을 가졌으며, 눈빛은 날카롭게 빛나서 주위를 위압하였다. 혀를 내밀면 코를 넘었으며, 발바닥에는 두 개의 수레바퀴 모양의 무늬가 있었다. 호랑이가 날카로운 눈을 두리번거리며 사방을 바라보듯이, 강서의 마조는 웅지를 품고 사해(四海)를 삼켜버리려고 하는 호랑이의 눈처럼 날카롭게 천하의 선풍(禪風)을 살폈다. 그 눈은 역시 안으로 마음의 심오한 밝은 거울을 직시하고 있었다. 이윽고 그는 바람을 불러 구름을 일으켜서 용이 되고 선계(禪界)의 영웅이 되었다.

진여는 깨끗한 거울과 같다

호랑이 눈에 소 걸음하는 마조는, 진여(眞如)가 보고 진여가 걷고 있는 것이었다. 마조는 말했다.

해탈이란 곧 진여다. 모든 법은 진여에서 나온다. 행주좌와(行住坐臥: 가고, 머무르고, 앉고, 눕는 것)**는 모두 이 부사의한 작용이다**(『경덕전등록』 권28)**.**

마조의 생각으로는 진여란 철학적인 개념이 아니었다. 진여란 바로 해탈이었고, 살아있는 것이었으며, 자기의 모든 존재를 걸어야 만 얻을 수 있는 것이었다. 만물의 본체가 아니었다. 그것은 몸으로 체득할 수 있는 것이었다.

해탈 그 자체에서 보면, 일체의 삼라만상은 거울과 같은 진여에 그대로 투영된다. 삼라만상은 "진여로부터 나온다"는 것이다. 마조가 보았던 공공산의 풀과 나무도, 장수(章水)의 흐름도, 모든 것이 진여 이다. 마조의 눈 그 자체도 빛나고 있는 진여이다.

해탈이 진여인 사실을 알았던 마조의 행주좌와의 행동은 모두 부사의한 작용을 갖추게 되었다. 이 부사의한 작용이야말로 앞서 설명했던 '부사의업상'인 것이다. 제자가 가르침을 원하면 즉각 응했다. 새가 울면 귀에 들렸다. 계곡의 물 흐르는 소리도 귀에 들려온다. '부사의업상'이란 진여의 오묘한 작용인 것이다. 상대의 능력에 따라 임운무작(任運無作: 인간이 조작을 가하지 않고 자연 그대로 맡겨두는 것)하게 응하는 것이다. 응한다고 하는 것은 어렵다. 합한다고 하는 것도 어렵다. 그러나 임운무작이 되면 할 수 있는 것이다. "야호"라고 부르면 "야호'라고 답한다. 훌륭하게 응하고 있는 것이 아닌가.

'부사의업상의 작용'이란 임운무작인 것이다. 소처럼 걷는 것도, 호랑이처럼 보는 것도, 긴 혀를 내미는 것도, 진여가 움직이고 있는 것일 뿐이다. 진여가 먹고, 진여가 자고, 진여가 좌선한다. 오직 그것뿐인 것이다.

마조는『기신론』을 완전히 이해하고 있었다. 그는『기신론』의 가르침을 빌려서 자신의 맑고 깨끗한 경지를 말하려고 했다. 다음의 마조의 말을 보자

심진여(心眞如)**란 예를 들면, 깨끗한 거울에 모습을 비추는 것과 같다. 거울은 마음의 비유이고, 모습은 모든 법의 비유이다.**

깨끗한 거울이 심진여이고, 거울에 비춰진 모습이 모든 법인 것이다. 거울에 모습이 비춰져 있을 때가 심생멸문(心生滅門)이고, 모든 모습이 없어지고 맑고 깨끗한 거울뿐일 때가 심진여문(心眞如門)이다. 마조가 스승 남악으로부터 들은 거울 이야기가 마조의 가슴 속 깊이 새겨져 있었다.

마조의 도력은 산신으로 하여금 머리를 숙이게 했다. 마조가 공공산으로 들어갔을 때, 산봉우리나 계곡에는 온갖 잡귀들이 모여살고 있었다. 사람들은 감히 근처에 접근하려 하지 않았다. 이것을 무시하고 봉우리나 계곡에 접근하면 잠깐 사이에 피투성이가 되었다. 그러나 마조의 도력과 거울같이 투철한 경지는 요괴들에게 지지 않을 뿐만 아니라 그 요괴들을 쫓아냈다. 보라색 옷을 입은 산신이 의관을 바로하고 예를 갖추어서 마조에게 "이 땅을 희사하겠사오니 청정한 사찰도량으로 사용하여 주십시오"라고 말을 마치자마자 산신도 그 산에서 사라져버렸다. 요괴들과 산신이 사라지자 사나운 새들이나 독사, 독충들이 마조를 따르게 되었다. 공공산은 청정한 성지가 되고, 청정한 국토가 되었다. 그것은 마조의 거울과 같은 해탈 그 자체에 감응했기 때문이었다. 자신이 있는 곳을 청정하게 하는 에너지는 마조의 심진여(心眞如)에 있었다.

만상을 투영하는 거울이란

『기신론』에서는 각(覺)에는 본각(本覺)과 시각(始覺)이 있으며, 본각이란 우리가 본래 자성(自性)으로서 지니고 있는 각 그 자체이고, 시각이란 수행의 공덕에 의해 본각의 작용을 나타내는 것이다. 그 본각에는 수염본각(隨染本覺)과 성정본각(性淨本覺)이 있다고 한다. 수염본각은 이미 설명했으므로 여기에서는 성정본각을 설명하기로 하자. 성정본각은 거울의 본체 그 자체에 대한 설명이다. 직접적으로, 그리고 단적으로 진여본각의 본체 그 자체의 모습을 설명하는 것이다.

진여본각의 모습은 본래 청정하며, 무한한 작용을 갖추고 있다. 이 본각의 모습을 『기신론』에서는 허공(虛空)과 깨끗한 거울에 비유하여 네 가지 측면에서 설명하고 있다. 네 가지 측면이란 (1)여실공경(如實空鏡), (2)인훈습경(因熏習鏡), (3)법출리경(法出離鏡), (4)연훈습경(緣熏習鏡)이다. 명칭은 어렵기 때문에 기억할 필요가 없지만 내용은 이해해 두는 것이 좋을 것이다.

『기신론』은 이들 네 가지의 내용을 허공과 청정한 거울에 비유하여 설명하고 있는데, 설명하기에 편리하고 이해하기 쉬운 것이 깨끗한 거울이므로 『기신론』에서는 오로지 거울에 비유하여 설명하고 있는 것이다.

거울은 원래 인간의 혼을 투영시켜 주는 것이라 믿어 왔으며, 또한 거울에는 영적 힘이 있다고 생각되고 있다. 일본의 신도(神道)에서는 거울을 신의 몸(神體)으로 모시고 있다는 것은 잘 아는 사실이다. 중국에서도 거울에는 질병을 제거하는 영적인 힘이 있다고 믿었으며, 지금도 도교의 의례 가운데서는 거울을 사용하는 것이 있을 정도이다. 그러므로 『기신론』에서도 오로지 거울에 비유하여 성정본각(性淨本覺)을 설명하는 것이다.

첫 번째의 여실공경(如實空鏡)이란, 허공 속에는 어떠한 사물도

174

없고, 또한 깨끗한 거울 속에도 그림자나 형상이 없듯이, 진여본각에는 한 점의 더러움도 없는 것을 말한다. '여실(如實)'이라고 하는 것은 진여를 말하는 것이다. 『기신론』은 다음과 같이 설명한다.

첫 번째로는 여실공경이다. 일체의 마음과 경계(境界: 대상세계)의 모습을 멀리 여의어서 나타낼 만한 법(法)이 없다. 각조(覺照)의 뜻이 아니기 때문이다.

여실공경에는 주체도 객체도 없다. 기쁨도 슬픔도, 애착도 노여움도 없다. 그러한 마음을 모두 제거하지 않으면 여실공경이 되지 않는다. 보여지는 삼라만상도 없다. 자기도 없다면 타인도 없다. 아무것도 투영되지 않은 거울의 실상에는 마음도 없고 대상도 없다. "각조(覺照)의 뜻이 아니기 때문이다"란 망념은 진여본각을 각조하는 힘이 없다는 의미이다. 망념은 진여를 볼 수 있는 눈을 가지고 있지 않다. 본다고 하는 것은 중요하다. 범부에게는 진여를 볼 수 있는 눈이 없다. 망념이 조금이라도 있는 한 진여는 보이지 않는다.

이 여실공경에 대해 마조는 "일체의 모든 법은 모두 평등하고 순일무잡 하다"라고 말했다. '순일무잡'이라고 하는 것은 좋은 말이다. 전혀 잡념이 없고 망념이 없는 것을 말한다. 진여를 각조하기 위해서는 망념을 끊어야 한다. 그렇기 때문에 마조는 "해탈이 곧 진여다"라고 단언했던 것이다. 이 첫 번째의 여실공경은 비정(非情)의 세계이다. 의리와 인정을 버린 세계이다. 이러한 세계에서만 살려고 한다면 인간은 속세를 버리고 심산유곡에서 혼자 살 수 밖에 없다. 인간임을 거부할 수밖에 없는 것이다.

두 번째의 인훈습경(因熏習鏡)은 다음과 같다.

두 번째는 인훈습경이다. 이른바 여실불공(如實不空)이니, 일체 세간의 경계가 모두 그 속에서 나타나되, 나오지도 않고 들어가지도 않으며, 잃지도 않고 깨어지지도 않아서 항상 일심(一心)에 머무른다. 일체의 법은 즉, 진실한 성품이기 때문이다.

허공에는 어떠한 사물도 없기 때문에 모든 삼라만상을 나타낼 수가 있으며, 깨끗한 거울에는 그림자도 형상도 한 점의 먹구름도 없기 때문에 일체의 사물을 투영할 수 있듯이, 진여본각에는 한 점의 먹구름도 그늘도 더러움도 없기 때문에 무명(無明)의 그림자를 투영할 수가 있다.

진여본각에는 '인(因)'의 의미와 '훈습(熏習)'의 의미가 있기 때문에 인훈습경이라 부른다. 진여본각은 삼라만상의 인(因)이 되는 동시에, 안으로는 중생을 훈습시키는 작용을 가진다. 한 점의 더러움도 없는 진여본각은 삼라만상을 투영할 수가 있다. 오직 더러움이 없기 때문에 투영할 수 있는 것이다. 거울에 투영된 삼라만상이라 하더라도 그것은 거울 그 자체인 것과 같이, 진여본각에 투영된 일체의 사물도 진여본각과 다른 것이 아니다.

　이와 같이 본다면 투영된 일체의 사물은 진실이 된다. "일체의 법(法)은 즉 진실한 성품이기 때문이다"라고 설해진 이유가 여기에 있다. 마조는 설한다.

　진(眞)을 떠나서 서 있을 곳은 없다. 서 있는 곳이 바로 진이며, 모두 이것은 자가(自家)의 체(體)이다.

　움직이고 머무르고 앉고 서는 모든 행위가 진여를 떠난 것이 아니기 때문에, 살아있는 것, 그것이 진여이며 그것이 바로 진여본각의 체(體)인 것이다. "서 있는 곳이 바로 진"이라고 하는 것은 바로 『기신론』의 인훈습경을 말하는 것이다.

　인간은 여실공경만으로는 살 수가 없다. 음식을 먹고, 물을 마시고, 다른 사람과 서로 보조를 맞추어 살아가지 않으면 안 된다. 어떤 일이 있어도 생존하고 있는 현실로 돌아오지 않으면 안 된다. 거기에 인훈습경이 필요한 것이다.

　인훈습경에는 앞서 서술한 것처럼 훈습의 뜻이 있다. 안으로 작용을 가하는 것이 훈습이다. 마조가 남악의 문하에서 참선하기 위해서 형산으로 갔던 것도 진여의 훈습하는 힘에 의한 것이다. 안에 있는 부처의 부르는 소리를 밖으로 내는 것도 진여인 것이다. 진여본각은 단지 청정한 거울 같은 것만은 아니다. 거울에 더러운 것을 아무리 비추어도 거울 그 자체는 조금도 더러워지지 않는 것과 같이, 진여본각에 더러운 것, 더러워진 마음을 아무리 비춘다해도 진여본각 자체는 전혀 변하지도 손상되지도 없어지지도 않는, 영원한 것이다.

영원한 것이라고 하면 힘이 생성되지 않고 다만 가만히 존재하고 있는 것이라 생각하기 쉽지만 결코 그런 뜻은 아니다. 그것은 한없는 힘을 지니고 있다. 안으로부터 솟아나오는 성스러운 의지를 지니고 있다. 더러워진 것을 정화하고자 하는 작용을 지니고 있는 것이다. 그 힘 에너지를 훈습이라고 한다. 두 번째인 인훈습경에는 에너지가 있고, 어떤 일을 달성하려는 의지가 있으며, 종교적인 실천의 의지가 있는 것이다.

진여는 설법한다=법출리경(法出離鏡)과 연훈습경(緣熏習鏡)

허공 속에 먼지가 있다. 그 먼지를 제거해 버리면 허공은 더욱 더 허공의 특성을 나타낼 수가 있다. 거울의 먼지나 더러움을 닦아내면 거울은 더욱 더 깨끗한 거울의 모습을 나타낸다. 이와 같이 진여본각의 특성을 보다 더 선명하게 나타내기 위해서는 더러움이나 불결함을 제거하고 본래의 대지혜와 대광명을 빛나도록 해야만 한다. 그것이 세 번째의 법출리경인 것이다.

세 번째는 법출리경이다. 이른바 불공(不空)의 법(法)이 번뇌애(煩惱礙)와 지애(智礙)를 벗어나고, 화합의 모습을 떠나 깨끗하고 맑고 밝게 되기 때문이다.

　법출리경의 '법(法)'이란 진여본각의 법체를 말하고, '출리(出離)'이란 번뇌를 떠난 것을 말한다. 먼지나 더러움으로 가려져있던 거울이 깨끗이 닦여져서 빛을 내는 것과 같은 것이다. 남악이 기와를 아무리 갈아도 거울이 되지 않는다는 것을 마조에게 가르쳐 주었듯이, 본래 청정한 거울의 본체가 있기 때문에 먼지나 더러움을 닦아낸다면 거울이 그 빛을 발하게 되는 것이다.

　진여본각은 번뇌와 무명으로 가려져 있다. 그것이 우리의 현실의 모습인 것이다. 번뇌나 무명으로 가려져 있기 때문에, 시각(始覺)의 작용에 의해서 그것을 제거하면 진여본각의 본연의 모습이 거기에 나타나는 것이다. 이것은 진여와 무명이 적대적인 관계에 있으면서도, 그것에 의해 그 본질을 보다 선명하게 나타낸다는 것을 의미한다. 번뇌나 무명은 진여본각이 보다 더 광명을 발할 수 있도록 지렛대 역할을 한다.

　우리가 살고 있는 모습은 아려야식인 것이다. 왜냐하면 아려야식은 불생멸의 진여와 생멸의 무명이 화합한 것이기 때문이다. 이 화합한 아려야식 속에서 번뇌와 무명을 제거하고, 번뇌와 무명에서 떠나는 것을 "화합의 모습을 떠나"라고 하는 것이다. 번뇌와 무명은 우리를 속박하는 것, 진여의 작용을 방해하는 것이기 때문에 번뇌애, 지애라 불린다. 이 두 가지에서 떠나게 되면 더러움이 없어져, '깨끗하고', '맑고', '밝게'되는 것이다. 깨끗하고, 맑고, 밝음이란 진여본각의 성질을 잘 나타낸 말이다. 이렇게 보면, 우리는 번뇌와 무명을 싫어할 필요가 전혀 없다. 강한 번뇌나 악마와 같은 강렬한 무명이야말로 진여본각을 빛나게 하는 원동력인 것이다. 욕망과 어리석음이 강하고, 크고 깊을수록, 일단 이것을 버리게 되면 진여본각은 보다 명확하게 그 본체를 선명하게 나타내는 것이다. 마조가 '진여란 해탈'이라고 했던 깊은 의미를 알 수 있지 않겠는가.

본각진여가 대지혜와 대광명의 덕(德)을 발휘하여 일체중생을 비추는 이타(利他)의 작용을 가진다고 하는 것이 네 번째의 연훈습경(緣熏習鏡)이다.

『기신론』은 다음과 같이 설한다.

네 번째는 연훈습경이다. 이른바 법출리(法出離)에 의하기 때문에 중생의 마음을 두루 비추어 선근(善根)을 닦게 하고, 염원을 따라 나타내 보이기 때문이다.

번뇌와 무명을 떠난 진여본각은 영롱하고 투명하며, 빛나는 깨끗한 거울이 만상을 투영하듯이 중생의 마음을 투영한다. 연훈습경의 '연(緣)'이란, 중생이 발심하여 수행하는 시각(始覺)의 외연(外緣)이 되는 것이다. 진여본각이 외연훈습의 작용을 하는 것이 네 번째의 연훈습경인 것이다.

번뇌와 무명을 떠난 진여본각은 중생의 근기에 따라 몸을 나타내고, 법을 설하고, 중생에게 발심수행의 마음을 일으키게 한다. "염원에 따라 나타내 보인다"란, 억념(憶念)에 따라 모습을 나타내는 것이다. 억념이란 원하고 생각하는 것이다. 마조 앞에는 공공산의 산신이 모습을 나타내어 그 산을 불국토로 만들었던 것이 아닌가. 『기신론』의 진여본각은 결코 냉정한 만물의 본체와 같은 것은 아니다. 생동하는 에너지를 가진 것이며, 근기에 따라 모습을 나타내는 것이다. 그리고 중생에게 법을 설하는 것이다. 도원(道元)에게 있어서 스승인 여정(如淨)은 오직 한 명의 참사람이었다. 진여본각이 연훈습경으로서 도원 앞에 모습을 나타낸 것이 여정이었다. 진여는 냉정한 것이 아니다. 우리를 발심시키고, 수행하고자 하는 결의를 부여해 주는 것이다.

진여가 호랑이 눈에 소걸음하다

진여본각을 네 가지 뜻으로 나누어서 설명하였다. 첫 번째의 뜻은 진여본각은 말로써는 설명할 수 없지만, 다만 번뇌나 무명이 완전히 사라진 절대부정에 의해 진여의 의미를 표현하였다. 두 번째는 진여본각은 만물을 투영함과 동시에 우리를 깨달음으로 향하게 하는 안으로부터의 훈습을 설명했다. 세 번째의 뜻은 진여본각이 번뇌와 무명을 떠나게 되면 영롱하고 투명하게 빛나는 한가위의 보름달처럼 일체를 투영하는 것이며, 마지막으로 네 번째의 뜻에서는 밖으로 중생을 구제하는 작용을 한다는 것을 서술하였다.

그런데 주의해야 할 것은, 앞에서 서술한 수염본각에서 설명한 지정상(智淨相)과 부사의업상(不思議業相)과, 지금 여기서 설명한 성정본각 속의 법출리경(法出離鏡)과 연훈습경(緣熏習鏡)이 매우 비슷하다는 점이다. 수염본각에서 설하는 경우는 시각의 입장에서 설명한 것임에 반해, 성정본각의 두 가지 뜻은 법체(法體) 그 자체와 진여의 자성 그 자체에 대해 설명한 것이므로, 그 입장이 다르다. 그러나 말하고자 하는 내용은 같은 것이다.

이 진여본각의 네 가지 뜻은 말 자체로만 본다면 어려운 듯이 보이지만 결코 어려운 것이 아니다. 첫째는 번뇌를 완전히 끊은 본래청정의 진여를, 둘째는 안으로부터 작용하는 진여의 에너지를, 셋째는 번뇌를 떠나 깨달음으로 들어간 진여를, 넷째는 모습을 나타내고 법을 설하여 중생을 구제하는 진여를 설명한 것이다. 마조가 진여란 해탈이라고 했던 것은 『기신론』에서 말하면 세 번째 법출리경에 해당된다.

여기서 중요한 것은 진여에 에너지가 있다는 것이다. 진여는 안에서나 밖에서나 우리에게 작용하는 힘을 가진다. "중생의 마음을 두루 비추어 선근을 닦게 한다"란 얼마나 강력한 말인가. 우리의 마음은 진여본각에 투영되어 있다. 마치 태양의 빛을 받고 있는 것과 같은 것이다. 이것에 의해 온갖 생명은 성장한다. 이것과 마찬가지로 우리는 진여에 의해 발심하고, 도(道)를 구하려고 하게 되는 것이다.

　깨끗한 거울이 만상을 투영하듯이, 진여는 일체중생을 투영한다. 우리는 그 광명 속에 싸여 있다. 이것을 충분히 자각시키기 위해서 『기신론』은 진여본각의 네 가지 의의를 설명했던 것이다. 마조도 또한 『기신론』을 이해하고 있었고, 진여를 깨달아 증득하고 있었다. 그것은 강서의 산야에서 살던 마조의 에너지의 근원이었다. 진여가 호랑이 눈에 소걸음했던 것이 바로 이 마조도일이었다.

제11화

불교학의 무의미함을
깨달은 정림(靜琳)

애욕을 끊다-정림(靜琳)

　　중국 아남성(阿南省) 휘현(輝縣)의 서쪽에 백록산(白鹿山)이라고 하는 험준한 산이 있다. 그 산의 정상에 바위가 있는데 멀리서 보면 마치 사슴이 있는 듯이 보이므로 백록산이라 부른다. 태행산맥에 인접한 요새의 땅이라 한다.

　　이 백록산에 한 승려가 올라왔다. 그 승려의 이름은 정림(靜琳)이라 불렀다. 이 험준한 산에서 수행하기 위해서였다. 그러나 인적이 드문 이 산에는 식량을 얻을 수가 없었다. 가지고 있던 식량은 곧 바닥이 났다. 할 수 없이 정림은 곡물을 먹지 않는 피곡(避穀)을 행했다. 피곡법(避穀法)이란 도교의 수행 가운데 하나이다. 도교에서는 정신은 육체에 속박되어 있는 것이기 때문에 자유자재로 활동할 수가 없다. 육체는 음식에 의해 유지되므로 곡류를 넣은 화식(火食)을 피하지 않으면 안 된다. 이 피곡법을 행하면 신체가 저절로 가볍게 되어 쉽게 구름을 타고 다니는 선인(仙人)이 될 수 있다고 한다. 정림은 잡곡이 없었기 때문에 이 피곡법을 실행했다. 필시 산의 나무나 계곡의 물로 생명을 유지했던 것임에 틀림없다.

　　몇 년 동안 이 백록산에서 좌선을 했다. 이따금 심한 졸음이 괴롭힐 때가 있었다. 이래서는 안되겠다고 생각한 정림은 깎아지른 듯한 절벽의 벼랑 끝으로 갔다. 아래를 보면 천 길의 계곡이 입을 벌리고 있었다. 벼랑 끝에는 한 그루의 나무가 있었다. 사람이 그 위에 오

186

르면 겨우 꺾어지지 않을 듯한 작은 나무였다. 그 나뭇가지 위에 풀을 깔고 그 위에서 좌선을 했다. 너무나 정신을 집중하여 수행했기 때문에 밤을 지새운 적도 있었다. 그것은 죽음과 마주 대하고 행하는 좌선이었다.

　　정림이 죽음을 각오하면서 좌선을 한 것에는 이유가 있었다. 물론 졸음을 쫓기 위함도 있었겠지만, 번뇌가 다른 사람들보다 배나 강했기 때문이다. 그는 처음에는 불교학에 뜻을 두었다. 『화엄경(華嚴經)』이나 『능가경(楞伽經)』을 일심으로 배웠다. 여러 유명한 학자들을 방문하여 불교학의 깊은 경지에 이르고자 했다. 당시 고명한 석학으로 평판이 높은 도손(道遜)이나 도순(道順)의 『십지경(十地經)』 강의도 들었다. 청중들은 그 강의를 듣고 기뻐했지만 정림은 혼자서 번민했으며, 배움에 막힘을 느꼈다. 자기 방으로 돌아와 스스로 마음을 위로하면서 곰곰이 생각에 잠겼다. 그리하여 "가르침의 본래 목적은 병을 치료하기 위해서이다. 그러나 나는 가르침을 깔보는 마음을 억누를 수가 없다. 더구나 불도는 마음을 비운 상태로 살지 않으면 안 되는 것임에도 불구하고 나는 집착이 더욱더 강해진다. 이래서는 안 된다"라고 결심했다. 즉시 불교의 학문을 그만 두었다. 불교학을 버리고 선(禪)을 배우기로 하였다. 우선 사념처(四念處) 중에서 부정관(不淨觀)을 수행했다. 식욕·성욕으로 넘쳐흐르고, 침이나 정액을 배출하는 이 신체의 추잡스러운 사실을 직시했다. 정림은 사람과의 만남의 번거로움을 싫어했다. 오직 혼자서만 수행하고 싶었다. 모든 것을 버리는 것을 배웠다. 친척도 식구도 모두 필요 없었다. 스승도 또한 필요 없었다. 먹을 것도 입을 것도 필요 없었다. 음식과 옷과 정욕을 끊는 수행을 하고 싶었다. 이리하여 도(道)를 구하고자 들어간 곳이 백록산이었다.

혀만 타지 않다

백록산에서 죽음을 각오하고 수행한 정림은 태산(泰山)으로 향했다. 오악의 하나인 태산은 예부터 산악신앙의 대상이 된 영산(靈山)으로서, 조상들의 영혼이나 신령들이 쉬는 명산이었다. 정림은 태산에는 신기한 일들이 많다는 것을 듣고 태산에 올랐다. 밤이 되자 도깨비불이 봉우리를 빙빙 돌면서 암벽 봉우리를 비추고 있는 것이 보였다. 정림은 이 불을 쫓아가기로 결심했다. 며칠 동안 계속 쫓아 불이 있는 근처까지 가니 5, 6명의 비구니가 단정히 앉아 불도를 논하고 있었다. 정림은 끌려가듯 비구니들과 한 패가 되어 '유식(唯識)'의 도리에 대해 논의하고자 했다. 아직 논의가 채 끝나지도 않았는데 비구니들의 모습이 갑자기 사라졌다. 아름다운 비구니들과 불교학을 논한다는 것은 큰 기쁨이었다. 갑자기 비구니들의 모습이 사라져버리자 정림은 맥이 탁 풀렸다. 허전함이 마음속에 번졌다. 잠시 후 자신의 정욕이 아직 끊어지지 않았다는 것을 알아차렸다. 도깨비불도 비구니들도 정림을 유혹하기 위한 것이었다. 백록산의 수행을 물거품으로 만들기 위한 것이었다. 이것을 깨달은 정림은 깜짝 놀랐다. 『기신론』에서 설한 근본불각(根本不覺)이나 무명의 의미를 깨달았다. 어설픈 수행으로 무명은 끊어지는 것이 아니었다. 죽을 힘을 다해서 닦은 수행도 비구니와 유식이라는 불교학의 유혹에는 이기지 못했다. 일반 여성이었다면 가까이 가지 않았을 정림이지만 비구니였기에 가까이 갔던 것이다. 비구니와 불교학은 정림에게 무명을 자각시켜 주기 위해 태산의 신령이 보낸 것이었다. 무명의 어둠은 한도 없이 계속된다. 정욕은 끊었어도 무명의 어두운 길은 끊을 수가 없었던 것이다.

　인간의 마음 깊은 곳에 뒤엉켜 있는 무명을 직시한 정림은 불교학의 무의미함을 깨달았다. 수도 장안에서는 유식에 통달한 담천(曇遷)이 『섭대승론(攝大乘論)』을 강의하고 있었다. 정림도 사람들의 권유로 들으러 갔다. 아무 것도 얻을 것이 없었다. 일찍이 지식으로 배웠던 것들이었다. 얼마 후 사람들의 간청으로 장안의 사찰에서 『섭대승론』을 강의했지만 그 무의미함을 자각하고 있던 정림은 좌선과 계율로 생활했다.

　어느 날의 일이었다. 처음으로 중국불교의 기초를 마련했다고 하는 도안(道安)이 살던 양양(襄陽)에서 홍철(洪哲)이라고 하는 승려가 낙양(洛陽)의 정림을 찾아왔다. 정림의 명성을 들은 홍철은 정림의 가르침을 받으러 찾아왔던 것이다. 홍철은 "불도를 배우기 위해서는 오로지 무엇에 전념해야 합니까?"라고 물었다. 홍철의 말과 태도에는 절박함이 있었다. 이에 정림은 비유를 들어서 이야기했다.

정림, "산이 높고 계곡이 깊은 것은 어째서이냐?"

홍철, "산이 높고 계곡이 깊은 것은 본래부터 그러한 것입니다."

정림, "만일 그렇다면 다른 곳에서 흙을 가지고 와서 계곡을 메우고 산을 평평하게 한다면 산이 높다고 말할 수 있겠느냐, 없겠느냐?"

홍철은 정림의 이 한마디에 깨달음을 얻었다. 불도를 구하는 자는 오로지 무엇에 전념해야 합니까? 라고 물었을 때는 아무것도 모르고 있었던 것이다. 참으로 수행하고 있으면 수행하고 있다는 사실이 당연한 것이다. 무엇을 구할까, 어떻게 수행할까, 따위를 생각할 여지가 전혀 없다. 단지 계속 수행할 뿐인 것이다. 계속 수행하는 동안에 길은 열린다. 생각하여 결정하는 것은 아니다. 그것은 생명을 걸고 수행하는 자만이 알 수 있는 것이다. 근본불각과 무명의 어두운 길을 오직 혼자서 걸을 수밖에 없는 인간은, 자기와의 부단한 싸움이 있을 뿐인 것이다. 매일 매일이 수행 자체일 때, 어떠한 수행에 전념하는 것이 좋은가, 라는 실없는 말을 내뱉을 필요가 없다.

이윽고 정림은 좌선뿐만 아니라 계율의 중요성도 깨달았다. 계율을 구하기 위해서, 그리고 불적을 순례하기 위해서 인도로 떠났다.

그러나 남해의 여러 나라에 도착했을 때 적의 침입이 매우 심해 위험을 느끼고 도중에서 돌아올 수밖에 없었다.

당나라 정관(貞觀) 14년(640) 10월 26일, 병이 심해졌으므로 법상(法常)이라고 하는 유명한 학승이 작별을 고하러 왔다. 정림은 "나는 인생에 전혀 미련이 없다. 또한 내세에 어디로 가든지 상관이 없다. 인연이 있으면 있을 뿐이고 없더라도 아무렇지 않다"라고 말했다. 더구나 그 기백은 맑고 온화했으며 전혀 혼란스러움이 없었다. 이와 같이 생사를 초월해 있던 정림에게도 병자를 가엾이 여기는 마음은 있었다. 일찍이 정림이 병이 든 적이 있었는데, 그때 그는 자기가 병을 앓고 있기 때문에 병자들의 고통에 동정의 마음을 가질 수 있게 되었다고 말하였다. 정림은 죽기 직전에 제자들을 모아 놓고 "생사(生死)의 길은 멀지만 오직 영성(靈性)만 있다면 죽음을 괴로워할 이유가 없다. 각자 자신의 매일의 삶을 소중하게 여기지 않으면 안 된다. 마음을 괴롭히는 것은 아무 것도 없다"라고 최후의 유언을 남겼다. 그때가 76세 였다. 이윽고 몸은 차갑게 되었다. 그러나 머리만은 뜨거웠다. 시신을 화장할 시간이 되었을 때 비로소 영혼이 흩어졌다. 그러나 시신의 색깔은 선명했으며 보통 사람들과는 다른 점이 있었다. 정림의 시신은 종남산 지상사(至相寺)에서 화장되었다. 모든 것이 다 타버린 후에 혀만 남았다. 타고 남은 혀를 재차 태웠다. 그러나 그 혀는 타지 않았다. 이것은 정림이 불법을 펴려고 하는 의지가 얼마나 강한가를 보여주는 것이었다.

진여에 미혹하다-근본불각(根本不覺)

정림은 집착을 끊어버리는 일에 생명을 걸었다. 도대체 집착이라든가 미혹한 모습이란 어떠한 것일까? 『기신론』에서는 아려야식속에 각(覺)과 불각(不覺)의 두 가지 뜻이 있다고 설하고 있다. 앞 장까지로서 각의 설명을 마치고, 여기서는 불각에 대해서 설명하기로 한다. 불각이란 무명(無明)을 말하는 것이다. 각에 본각과 시각 두 가지가 있듯이, 불각에도 근본불각(根本不覺)과 지말불각(枝末不覺)의 두 가지가 있다. 근본무명과 지말무명이라고 해도 무방하다. 근본무명은 본체(體), 지말무명은 모습(相)이다. 본체가 있으면 모습이 있듯이, 근본무명이 있으면 반드시 지말무명이 있다. 먼저 『기신론』은 '불각'을다음과 같이 설명한다.

불각의 뜻이라고 하는 것은, 이른바 여실하게 진여의 법(法)이 하나라는 것을 모르기 때문에 불각의 마음이 일어나며, 그리하여 그 망념이 있다. 그러나 망념에 자체의 모습이 없으므로 본각을 떠나 있지 않다.

진여는 절대적이고 평등하고 하나의 모습이지만 미혹한 사람에게는 그것이 보이지 않는다. 부처가 나타나든 나타나지 않든 진여는존재하고 있다. 그러나 보통 사람에게는 진여는 보이지 않는 것이다.

진여가 보이지 않기 때문에 불각의 망심이 일어난다. 그러나 이 망념도 본래는 체(體)가 없기 때문에 본각을 떠나 있는 것이 아니다. 망념무체(妄念無體)라는 것을 깨달으면 미혹에서 깨어날 수 있다. 정림이 망념을 끊기 위해서 심산유곡에서 좌선을 했던 것은 망념무체를 아직 깨닫지 못했기 때문이었다. 망념무체를 깨닫기 위해서는 몇 십 년 동안 망념과의 싸움이 필요했다. 망념의 강함, 망념의 끈질김을 깨달은 자만이 망념에 실체가 없다는 것을 아는 것이다.

"망념에 자체의 모습이 없으므로 본각을 떠나 있지 않다"라고 하는 것은, 진여본각이 있기 때문에 진여를 진여라고 알지 못하는 불각의 미혹함이 생기는 것이며, 진여본각 그 자체를 떠나게 되면 불각의 미혹함이라고 하는 것도 일어나지 않는다는 것이다. 그것은 마치 동서남북이라고 하는 방위가 있기 때문에 여행자가 동쪽을 서쪽이라고 잘못 알아 길을 헤매는 것이지, 방위라고 하는 것이 전혀 없다면 길을 잃어버리는 일도 없는 것과 같은 것이다. 진여가 있기 때문에 불각의 미혹함이 있다. 진여가 없다면 미혹도 없다. 진여가 존재한다는 것을 가르친 부처는 세상 사람들을 혼동시킨 대악인이라고도 할 수 있다. 왜냐하면 불교를 알았기 때문에 자신의 인생이 미혹한 인생이라는 것을 알게 되어버렸기 때문이다.

살아가고 있는 한 인간은 미혹한 존재이다. 백록산에서 결사적으로 수행을 했던 정림 조차도 비구니와 불교학에 이끌렸다. 그것은 정림이 살아 있다고 하는 증거이다. 사람은 살아가는 한 망념으로 괴로워하지 않을 수 없다. 그러나 이 불각의 망념이 있기 때문에 반대로 진여라고 하는 존재를 알게 되는 것이다. 진여본각을 알면 수행에 의해 이 진여본각을 나타내려고 노력하게 된다. 이것은 인간이기 때문에 할 수 있는 것이다. 돌이나 기와에는 망념이 없다. 돌이나 기와에 불성이 있는지도 모르지만, 그것을 수행에 의해 빛나게 하려고 하는 의욕이 없다. 인간만이 그러한 의욕을 가지는 것이다. 법장은 "망념에는 청정함을 일으키게 하는 공덕이 있다"라고 했다. 망념이야말로 수행하고자 하는 의지를 일으키게 하는 원동력이 되는 것이다.

정림에게 목숨을 건 수행을 감행하게 한 것은 정림에게 내재되어 있는 미친 듯한 정념(情念)과 망상이 있었기 때문이다. 아무리 나무 위에서 좌선을 해도 끊기 어려운 정념으로 괴로워했던 것이다. 그것을 끊기 위해서 부단한 수행이 계속되었다. 정념이 강해지면 강해질수록 진여도 한층 더 강렬히 자각된다. 진여는 망념에 의해서 더욱더 선명하게 빛나며, 망념이 약하면 진여의 자각도 약해지는 것이다. 미칠 것 같은 망념만이 확연히 빛나는 진여의 달을 볼 수가 있다. 망념에 미치지 않은 사람은 진여가 무엇인지를 자각할 수 없다. 훌륭한 불교인이란 미친 망념과 대결한 사람인 것이다.

어두운 길에서 꿈틀거리는 것 - 삼세(三細)

불각을 근본불각과 지말불각으로 나누었지만 이 두 가지는 전혀 다른 것이 아니다. 같은 것을 두 가지로 구분하여 설명한 것에 지나지 않는다. 진여에 미혹한 무명을 근본불각, 망념에 집착하는 무명을 지말불각이라고 불렀던 것뿐이다.

어두운 길에서 어두운 길로 꿈틀거리고 있는 근본무명이 우리에게 무엇인가 작용을 가한다. 미혹한 세계의 조짐이나, 꿈틀거림의 충동을 가지게 한다. 이 충동이 어렴풋하게 무엇인가를 움직여간다. 희미한 눈으로는 보이지 않던 미혹한 충동이 이윽고 뚜렷해진 모습을 나타내기 시작한다. 이것을 『기신론』에서는 지말불각(枝末不覺)이라 하고, 구체적으로는 삼세육추(三細六麤)라고 한다. 삼세육추는 우리의 미혹한 현실을 설명한 것이다. 『기신론』에서는 인간의 미혹한 실상을 삼세육추라고 하는 독자적인 교리로써 설명하고 있다. 정림도 역시 이 설명을 읽음으로써 인간의 미혹한 세계의 진상을 알게 되었으며, 동시에 어떻게 이것을 퇴치할 것인가에 대해 생각하게 되었다.

우주의 근본생명인 진여가 절대적이고 평등하고 모습이 하나라는 것을 알지 못하는 것이 근본불각이지만, 이 근본불각에 의해 진여는 절대적이고 평등한 것에서 조금씩이나마 움직여 간다. 이리하여 지말불각인 삼세육추가 모습을 나타내기 시작한다. 그 삼세육추의 삼세(三細)란 무엇인가? 그것은 무명업상(無明業相)과 능견상(能見相),

경계상(境界相)인 것이다.

『기신론』은 무명업상을 다음과 같이 설명한다.

첫째는 무명업상(無明業相)이다. 불각에 의하기 때문에 마음이 움직이는 것을 설명하여 업(業)이라 이름 한다. 깨달으면 곧 움직이지 않는다. 움직이면 곧 고통이 있으니, 과보는 원인을 떠나지 않았기 때문이다.

무명업상을 간단히 업상(業相)이라고도 한다. 어두운 길에서 꿈틀거리는 미혹의 시작이다. 이때 주관이나 객관은 전혀 의식되지 않는다. 어리석은 마음이 처음으로 일어나는 혼돈스러운 상태이다. 무명의 망념이 움직이는 것, 그것이 업상이다. 마음이 움직인다는 것은 아직 대상은 확실하지 않지만 무엇인가에 집착해 가는 것이다. 인간은 확실한 목적의식을 가지고 행동할 때도 있지만, 아무런 목적도 없이 더욱이 확실한 의지도 없이 행동하는 경우도 있다. 의식의 배후에는 한없이 어두운 충동이 있다. 자신을 움직이게 하려고 하는 무엇인가가 있다. 그것이 무명업상인 것이다. 그것은 자신도 무엇인지를 모른다. 정림이 태산으로 갔던 것도, 또한 비구니들과 교리를 논의한 것도 무엇인가가 정림의 행동을 강요하는 것이 있었기 때문이다.

인간은 사물을 분명히 의식하고 행동하는 것은 아니다. 지성의 배후에 있는 충동적인 움직임이나 판단력이 없는 의지, 지성으로서

가 아닌 감정적인 사고, 이와 같이 가장 근원적이며 구체적인 것들을 무명업상이라고 한다.

　판단력이 없는 무분별한 무명업상은 마음의 움직임에 따라 사물을 보는 작용을 일으킨다. 이것이 두 번째의 능견상(能見相)인 것이다. 능견상은 유식에서 설명하는 견분(見分)에 해당되고, 다음의 경계상(境界相)은 상분(相分)에 해당된다. 능견상을 간단히 견상(見相), 경계상을 현상(現相)이라고도 부른다.

　보는 작용이 확실해지기 시작하면 그것에 따라 세 번째 경계상 즉, 객관의 대상이 뚜렷이 보이기 시작한다. 보는 작용이 없으면 보여지는 대상도 없다. 무명업상, 능견상, 경계상의 삼세(三細)를 거울에 비유하면 거울 면은 무명업상, 거울 면이 모든 대상을 투영하는 작용은 능견상, 거울에 투영된 여러 가지 모습은 경계상인 것이다.

미혹함이 만드는 것-육추(六麤)

　삼세의 세 가지 작용이 일어나면 이어서 육추(六麤)의 마음의 작용이 일어난다. 경계상이라고 하는 삼라만상에 대해 여섯 가지의 마음의 작용이 움직이기 시작하는 것이다. 여섯 가지란 (1)지상(智相), (2)상속상(相續相), (3)집취상(執取相), (4)계명자상(計名字相), (5)기업상(起業相), (6)업계고상(業繫苦相)이다.

(1)지상(智相)이란, 대상(對象)에 대해 이것은 좋다든가, 이것은 즐겁다든가 하는 시비(是非), 선악(善惡), 애정(愛情)의 생각을 일으키는 것이다. 여기에 지(智)란 좋은 의미로 쓰이는 것이 아니라 '분별한다'고 하는 의미이다. 거울에 비춰진 만상을 진짜 있는 것이라고 생각하여 이것저것 집착하는 것이 지상인 것이다.

(2)상속상(相續相)이란, 대상에 대해 한 번 좋다, 싫다하는 생각이 일어나면 좀처럼 멈추어지지 않는다. 사람도 처음 만났을 때 좋다고 생각하며 이 생각은 지속된다. 이것을 상속상이라고 한다. 비구니에게 좋은 감정을 가지고 있던 정림이 비구니의 모습을 보고는 무의식 중에 가까이 갔던 것이 그것이다. 정림은 비구니에 대해 상속상을 가지고 있었던 것이 된다.

(3)집취상(執取相)이라고 하는 것은, 호감이 가는 것이나 좋아하는 대상에 집착해 가는 것이다. 아무리 깨달음을 얻은 사람이라도 집취상을 떠날 수는 없다. 부처나 보살이 아니면 이러한 미혹을 떠날 수가 없다.

집착이 점점 더 강하게 되면 그 대상에 평판을 붙이게 된다. 싫은 것에는 나쁜 평판을, 좋은 것에는 좋은 평판을 붙인다. 평판이라고 하는 것은 임시적인 것이지만, 이 임시로 붙인 이름에 점점 빠져들어가게 된다. 이것이 (4)계명자상(計名字相)이다. 좋은 평판이든 나쁜 평판이든 모두 잘못된 것이며 망상의 소산에 불과하다. 악한으로 만드는 것도 계명자상이다. 그것은 무명으로 꿈틀거리고 있기 때문이며, 영롱하고 투명한 진여가 보이지 않기 때문이다.

선인 악인 등의 계명자상을 일으키면, 다시금 악인에 대해서는 악한 사람의 이미지를 떠올리고, 선인에 대해서는 선한 사람의 이미지를 떠올리게 된다. 그리하여 마침내는 입으로 악인을 욕하며 스스로를 정당화시키고, 공허한 대의명분을 들고 나와 악인을 공격하게 되고, 나아가서는 몸으로 악인을 비난하는 행동까지 하게 된다. 이것을 (5)기업상(起業相)이라고 한다. 아무 실체도 없는 헛된 말을 진실이라고 굳게 믿고, 입이나 몸으로 행동을 일으키는 것이 기업상인 것이다.

이 기업상을 일으킨 결과는 어떤 것인가. 스스로 자신을 속박해 가고, 거짓말을 진짜라고 굳게 믿게 된다. 그리하여 입이나 몸으로 행한 행동에 속박되어 자신을 괴롭히는 결과를 만드는 것이 눈에 띄게 된다. 그러나 일체 그 책임을 지려고 하지 않는다. 이것을 (6)업계고상(業繫苦相)이라 한다.

『기신론』에서는 미혹한 세계를 이상 서술한 삼세육추로 설명한다. 더구나 이 미혹한 세계는 진여를 진여라고 알지 못하는 근본무명의 작용을 근본으로 하여 일어난다. 이 삼세육추를 간단히 말하면, 삼세는 아려야식(阿黎耶識)의 작용이고, 육추는 제6의식(第六意識)의 작용에 불과하다. 삼세는 무의식의 충동이 꿈틀거리며 발현하여 가는 것이며, 육추는 미혹한 세계, 집착의 세계를 설명한 것이다.

삼세의 '세(細)'란 미세하다고 하는 의미이며, 육추의 '추(麤)'란 확실히 나타났다는 것을 의미한다. 삼세육추 가운데 최초의 무명업상이 가장 미세한 것이며, 이하 점차로 커지게 되는 것이다. 인간의 마음 깊은 곳의 작용이 어떻게 해서 노골적인 모습을 나타내는가를 삼세육추는 설명하고 있다.

우주의 근본생명인 진여를 알지 못할 때 인간은 근본무명의 어두운 길을 걷기 시작한다. 우리 인간의 생활은 어둠에서 어둠으로 가는 것이다. 다만 그것을 알지 못하여 태연하게 살아가고 있을 뿐이다. 우주의 근본생명인 진여를 보게 되면 인간은 자신의 모습에 가슴 섬뜩할 것임에 틀림없다. 인간의 행위는 개인이든 사회이든 오직 어두운 길을 계속 걷고 있을 뿐이다. 더구나 어둠에서 어둠으로 걷고 있는 것을 스스로 알지 못하는 것이다.

제12화

일체의 생각을 버린
혜능(慧能)

육조 혜능의 진신상(眞身像)

　　중국 광동성 곡강현(曲江縣) 소주(韶州)의 남쪽에 선종(禪宗)의 성지
인 남화사(南華寺)가 있다. 이 남화사에는 중국 선종의 기초를 세운 육
조 혜능(638~713)의 진신상이 안치되어 있다. 이 남화사는 옛날에는
보림사(寶林寺)라고 불렸던 절로서, 상령(象嶺)의 남쪽 산기슭에 있으
며, 앞으로는 맑은 조계(曹溪)가 흐르고 있다.

　　남화사의 대문에는 '조계(曹溪)'라는 두 글자가 힘차고 거침없는
필치로 씌여 있다. '보림도량(寶林道場)'이라는 금색 글자로 빛나는 보
림문에 들어서면 천왕전(天王殿)이 있으며, 계속해서 대웅보전(大雄寶
殿)에 다다른다. 이 대웅보전 안에는 유명한 오백 나한이 있다. 나한
의 표정은 각각 다르다. 동적인 것, 정적인 것, 용을 제압하고 호랑이
를 무릎 꿇게 만들듯한 위력을 가진 것, 친밀감 있게 깊은 미소를 띤
것 등이 있다. 대웅보전의 뒤에 있는 장경각에는 측천무후(則天武后)가
혜능에게 주었다고 하는 천불가사(千佛袈裟)가 보존되어 있다.

　　일찍이 육조 혜능의 진신을 모셨다고 하는 영조탑(靈照塔)은 장
경각 뒤에 있다. 이 보탑은 당나라 개원(開元) 원년(713)에 창건된 것
이다. 현재, 육조 혜능의 진신은 이 영조탑에는 없고, 그 뒤에 있는
육조전(六祖殿)에 안치되어 있다. 혜능의 진신상은 결가부좌(結跏趺坐)
한 모습으로 조용히 앉아 있다. 다갈색의 진신상은 중량감이 넘치고
마치 살아있는 듯하다. 눈은 반쯤 감겨져 있고, 두터운 입술은 굳게

다물어져 있다. 그 모습에서는 중국대륙에 뿌리를 내린 강인함을 느낄 수 있다. 그것은 중국불교의 혁명가로서의 강렬한 의지의 표현이었다.

오조(五祖) 홍인(弘忍)의 선(禪)은 장강유역에서 번성했으나, 그 제자 혜능은 문화의 불모지인 영남지방의 광주에서 선(禪)의 바람을 일으켰던 것이다. 7세기 후반의 문화의 중심은 수도 장안이었으며, 황하유역이 가장 불교가 번성한 지역이었다. 그때 문화의 불모지인 변두리 지역에서 중국불교를 혁명적으로 전환시켜 새로운 중국선을 만들어낸 이가 육조 혜능이다.

혜능은 광동성의 곡강현 소주 출신이다. 어려서 아버지를 여의고 어머니 밑에서 자랐으며, 집이 가난했기 때문에 땔나무를 팔아 생활하였다. 어느 날 황매산에서 온 나그네가 『금강경』을 독송하는 것을 듣고 크게 깨달았다. 그 나그네로부터 황매산에 있는 오조 홍인의 이야기를 듣고, 곧 어머니 곁을 떠나 황매산으로 가서 오조 홍인에게 사사 받았다.

육조는 홍인 문하에서 수행했는데, 그때 스승인 홍인과 불성(佛性)에 대해 문답을 주고 받았다. 그 문답이란 야만인인 영남(광동, 광서 두 곳과 베트남 북부지역을 가리킨다)의 사람들에게도 불성(佛性)이 있는가 하는 것이었다. 장강에서 아득히 먼 남방지방은 수도 장안에서 보면 문화의 불모지로서, 장려(瘴癘: 산천의 나쁜 기운 때문에 생기는 열병)와 같은 풍토병이 있는 고장이었다. 도시에 사는 사람들의 입장에서 보면 분명히 그곳은 야만인이 사는 곳이었다. 그러한 변두리 지역에서 살고 있는 사람들에게도 불성이 있는가를 질문했던 것이다. 그것은 관념적인, 어떻게 되더라도 상관없는 듯한 논의가 아니었다. 야만인도 구제될 수 있는가, 없는가 하는 절실한 '혼'의 구제에 대한 문제였다.

혜능은 오조 문하에서 무엇을 했는가? 그는 오로지 방아만을 찧고 있었다. 그것은 보통 사람이 할 수 있는 일이 아니었다. 좌선이나 경전을 읽는 것이 수행이라고 생각하는 사람이 잘 할 수 있는 일이 아니었다. 한산(寒山)이나 습득(拾得)이 부엌에서 묵묵히 설거지 하거나, 장작을 줍고 있던 것과 완전히 같은 것이었다.

676년, 광주의 법성사(法性寺, 혹은 光孝寺)에서 열반학자 인종(印宗)과 만났다. 인종이 『열반경』을 강의하고 있을 때 바람이 불어 깃발이 흔들렸다. 이것을 본 두 명의 승려가 바람이 부는 것인지, 깃발이 흔들리는 것인지에 대해 서로 논쟁하고 있었다. 그때 혜능이 마음이 움직이는 것이라고 말했다. 인종은 그 자리에서 혜능의 제자가 되었다.

일체의 선악(善惡)은 없다

혜능의 깨달음에는 밝고 어두움, 지혜와 번뇌, 선과 악의 대립은 일체 없었다. "도(道)는 명암이 없다"(『경덕전등록』 권5)라고 하는 것이 혜능이 체득한 도(道)였다. 일반적으로 명(明)은 지혜, 암(暗)은 번뇌에 비유된다. 수행이란 지혜의 빛으로 번뇌를 비추어 번뇌의 어둠을 깨뜨리는 것이며, 번뇌를 제거해야 비로소 깨달음을 얻을 수 있다고 생각한다. 이러한 사고방식을 혜능은 전적으로 부정했다. 그는 지혜로써 번뇌를 비추고자 하는 것은 소승의 견해일 뿐이라고 생각했다. 대승의 견해로는 "명(明)과 무명(無明)은 그 본성이 둘이 아니다. 둘이 아닌 본성은 즉, 참다운 본성이다"라고 갈파한다. 이것은『열반경』에 근거한 가르침인데, 즉 명을 선(善), 무명을 악(惡)이라 한다면 선과 악은 둘이 아니라는 것을 주장하고 있다. 이 둘이 아닌 본성이야말로 진실한 본성이며, 부처의 본성인 것이다. 이 부처의 본성이야말로 아무리 혼탁한 가운데 있더라도 더러워지는 일이 없다. 혜능은 이 부처의 본성인 진실한 성품을 파악하고 있었던 것이다. 이 진실한 성품인 부처의 본성을 다른 말로 하면 진여가 된다. 그러므로

진여의 자성이 곧 참다운 부처다.(『육조단경』)

라고 단언할 수 있었던 것이다. 혜능은 선과 악이 둘이 아니라고 간주하는 참다운 부처의 본성이 진여 그 자체라는 것을 확실히 인식하고 있었던 것이었다.

혜능은 불교의 근본을 다음과 같이 설명했다.

그대가 만약 마음의 요체를 알고자 한다면 오직 일체의 선악을

헤아려 생각하지 말라. 그러면 저절로 청정한 마음의 본체로 들어갈 수 있으며, 잠연상적(湛然常寂)하고, 묘유항사(妙有恒沙)할 것이다.

이 혜능의 말은 내시 벽간(蘗簡)의 불법에 대한 질문에 대해 답한 것이다. 그대라고 하는 것은 벽간을 가리킨다. 그대가 만약 불법의 근본을 알고 싶다면 일체의 선악을 구별하거나 생각해서는 안 된다. 선이나 악을 생각하는 자체가 잘못된 것이다. 일체의 선악의 분별이나 생각을 버리면 저절로 청정한 마음의 본체로 들어갈 수 있는 것이다. 그 마음의 본체는 고요함으로 돌아가서 적연(寂然)하며, 더구나 무한한 작용이 그 속에서 용솟음치는 것이라고 대답했던 것이다.

이 혜능의 말을 들은 벽간은 확연하게 깨달았다. 벽간은 지금까지 명(明)과 무명(無明), 진실과 거짓, 깨달음과 어리석음, 광명과 암흑, 부처와 범부를 차별해서 보고 있었으며, 선과 악을 구별해서 보고 있었다. 혜능의 가르침에 따라 벽간은 그것이야말로 미망이라는 것을 깨달았던 것이다.

혜능이 말했던 '청정한 마음의 본체'를 다른 말로 하면 '직심(直心)'이 된다.

만약 일체처(一切處)의 행주좌와(行住坐臥: 가고, 머무르고, 앉고, 서는 것)에 있어서 순일직심(純一直心)이 되면, 도량(道場)에서 움직이지 않고도 곧바로 정토를 이루는 것을 일행삼매(一行三昧)라 이름한다.

인간은 자기가 생활하는 모든 장소에서 이 순수하면서도 하나인 직심, 즉 청정한 마음의 본체를 관철하게 되면, 이 장소에서 조금도 움직이지 않고 그 상태 그대로 자기가 있는 곳이 정토가 되는 것이라고 갈파하고, 이것이야말로 일행삼매라고 설한다.『기신론』에서는,

일체의 모든 부처님의 법신(法身)**과 중생신**(衆生身)**은 평등하여 둘이 아니다. 이것을 즉 일행삼매**(一行三昧)**라 이름 한다.**

라고 설하고 있다. 불신(佛身)과 중생신(衆生身)은 평등하여 둘이 아닌 것이 일행삼매라고 한다. 일행삼매란 진여삼매(眞如三昧)를 말한다. 진여가 살아있는 것이다. 진여가 이야기하고, 진여가 걷고, 진여가 휴식하고 있는 것이다.

혜능의 일행삼매는『유마경(維摩經)』의 가르침을 근거로 설해져 있지만, 말하고자 하는 의미는『기신론』의 일행삼매와 완전히 같은 것이다. 부처가 움직이고, 부처가 말하고, 부처가 앉아있는 곳이 정토가 아닐 수가 없다. 그것은 강인한 의지로써 끊임없이 만들어지는 정토인 것이다. 일상적인 우리의 생활은 어떻게 해야 진여삼매가 될 수 있을까. 혜능이 매일 단지 방아를 찧는 일만을 계속할 수 있었던 것은 진여삼매로 살아가고 있었기 때문이었다. 비난하는 일에도, 칭찬하는 일에도 마음을 움직이는 일이 없었다. 불법을 깨닫는다고 하는 생각도 없었다. 물론 명성을 얻고자 하는 마음도 전혀 일어나지

않았다. 물처럼 고요하고 깨끗한 경지 속에서 한 없이 발현하는 생명의 에너지를 간직하고 있었다. 진실과 거짓, 깨달음과 미혹, 선과 악, 광명과 암흑, 부처와 범부에 아무런 차별도 없다고 보았던 혜능은, 『기신론』에서의 각과 불각이 같으면서도 다르다는 것을 알고 있었던 것이다.

깨달음과 미혹은 같은 것 - 동상(同相)

『기신론』에서는 지금까지 생멸의 마음에 대해서 각과 불각으로 나누고, 다시금 각에는 본각과 시각이 있으며, 불각에는 근본불각과 지말불각이 있다고 설명해 왔다. 여기서는 각(覺)과 불각(不覺)의 관계에 대해 설명한다.

각과 불각, 진실과 거짓, 선과 악, 깨달음과 미혹은 완전히 상반되는 성질의 개념들이다. 이 상반되는 성질의 개념들을 두 종류의 관계에서 본다. 두 종류의 관계란, 동상(同相)과 이상(異相)을 말하는 것이다. 동상이란 진여삼매의 측면에서 보는 견해로서, 각과 불각, 선과 악을 완전히 동일한 것으로 보는 것이며, 이상이란 현실의 측면에서 보는 견해로서, 각과 불각을 전혀 다른 것으로 보는 것이다. 라고 『기신론』은 설한다.

동상(同相)이란 비유해서 말하면, 여러 종류의 토기는 모두 똑같은 미세한 흙가루가 그것의 성품과 모습인 것과 같다. 이와 같이 무루(無漏)와 무명(無明)의 여러 가지 업환(業幻)도 모두 똑같은 진여의 성품과 모습이다.

혜능이 일행삼매에 머물면 이 현실이 바로 정토가 되고 선악의 구별이 일체 없다고 말했듯이, 동상이란 진여 그 자체에 입각하면 각과 불각, 더러움과 깨끗함도 모두 동일한 것이 되는 것을 말한다. 예를 들면 도자기에는 꽃병, 다기(茶器), 접시, 바릿대 등 여러 가지가 있다. 그 모습도 용도도 각기 다르다. 그러나 그것들은 다 같이 흙가루로 만들어진 것이다. 흙이라는 한 측면에서 이러한 여러 가지 도자기를 보면 전부 동일하다고 할 수 있다.

이와 마찬가지로 '무루의 업환'이나 '무명의 업환'도 모두 진여의 모습에 지나지 않는다. 무루란 번뇌가 없는 것, 즉 깨달음을 말하는 것이며, 무명이란 불각을 말하는 것이다. '업환'이란 인간의 생활, 즉 행하는 것은 모두 인연에 의해 생겨난 산물이므로 환상에 불과하다는 것을 말한다. 인간은 자신이 하는 일이나 행위가 영원히 남을 것이라고 생각하여 목숨을 걸고 하고 있지만 그것은 모두 환상에 불과하다는 것을 말하는 것이다.

'무루의 업환'이라고 하는 말은 좋은 말이다. 본각이다, 시각이다 하고 열심히 수행하지만 그렇게 행한 것도 역시 환상에 지나지 않다는 것을 명심할 필요가 있다. 깨달은 고승도 여자에 미칠 때가 있고, 미혹함도 고뇌도 있다. 인간의 행위 모두가 업환에 지나지 않는 것이다.

깨달음의 세계와 미혹의 세계에 나타난 모든 것은 진여의 모습에 불과하다. 그렇게 되면 깨달음도 미혹도 모두 동일하다고 하는 것이 된다. 진여삼매 속에 살게 되면 선도 없고 악도 없고, 아름다움도 없고 추함도 없다. 인간이 죽는 것도 불행이 아니고, 인간이 결혼해도 행복이 아니다. 진여라는 바다의 파도에 불과한 것이다.

『기신론』은 선과 악, 깨달음과 미혹이 동상(同相)이라는 것을 증명하기 위해 경전의 문구를 인용한다. 『대품반야경(大品般若經)』이나 『유마경(維摩經)』 등의 의미를 인용해서 일체중생이 본래 부처라는 것을 밝히고 있다. 동상이란 중생이 본래 부처라고 해도 좋다. 본래 부처라면 굳이 수행할 필요가 없다. 아무리 수행해도 새롭게 얻을 수 있는 것은 아무 것도 없다. 본래 부처인 까닭에 악도 없고 선도 없는 것이다.

진여에는 형상이 없다

진여의 본체에서 보면 선과 악, 진실과 거짓 등 일체가 동일하다고 하는데, 도대체 진여의 본체에는 형상이 있는 것인가? 하는 것이

다음 문제이다.

　　또한 모습(色相)을 볼 리가 없다. 그러나 모습을 볼 경우가 있는 것은, 그것은 단지 수염업환(隨染業幻)이 만들어낸 것이다. 이 지(智)에 색불공(色不空)의 성품은 없다. 지상(智相)을 볼 리가 없기 때문이다.

　　진여 그 자체에서 보면 진여에는 형태도 색깔도 없다. 그것은 모습이 없는 것이다. 그러나 우리의 긴 인생에서 한번쯤 종교적인 전환을 경험했을 때, 훌륭한 종교인은 문수보살을 만나기도 하고, 관음보살의 모습을 보기도 한다. 모습이 없는 진여가 모습과 형태를 가지는 것은 무슨 이유에서일까? 그 답이 "모습을 볼 경우가 있는 것은, 그것은 단지 수염업환이 만들어낸 것이다"인 것이다. 모습이 없는 진여의 형태를 볼 수 있는 것은 "수염업환이 만들어낸 것이다"라고 하는 것이다. '수염업환'이라고 하면 전혀 알 수 없을듯한 난해한 말이지만, 달리 어려운 것을 말하는 것이 아니다. '염(染)'이란 우리 중생의 더러워진 마음 즉, 중생의 원(願)을 의미하는 것이다. 따라서 우리들 번뇌하는 중생의 바램에 따라서 형태나 모습을 나타내는 것이 수염업환인 것이다.
　　부처나 보살의 모습을 꿈속에서 보기도 하고, 공중에서 보기도 하고, 좌선 중에 보기도 하는 것은, 이상문(異相門)의 입장에서 말할 수 있는 것이며, 이 동상문(同相門)의 입장에서는 어디까지나 "이 지

(智)에 색불공의 성품은 없다. 지상(智相)을 볼 리가 없기 때문이다"가 되지 않으면 안 된다. 동상문에서의 진여에는 형태도 색깔도 아무 것도 없다. 아름다움도 없고, 추함도 없다. 혜능이 "진여의 자성이 곧 참다운 부처"라고 말했던 참다운 부처란 전혀 모습도 없고, 색도 없는 부처인 것이다.

　부처는 전혀 모습이 없으며, 그것이 진여 그 자체라고 하는 동사문의 입장에서 보면, 우리는 부처에게 절을 할 필요가 없게 된다. 동상문 만으로 각과 불각의 두 가지를 설한다면 수행의 의미도 없게 되는 것이다. 우리들은 부처의 모습에 공손히 절하고 싶을 때가 있다. 절에 모셔져 있는 불상에게라도 좋고, 부처의 모습을 그린 그림이라도 좋다. 이와 같은 부처를 만들어내는 것은 "수염업환이 만들어낸 것"이라는 것은 이미 서술했다. 수행이 쌓이면 여러 보살의 모습을 볼 수가 있게 된다. 대부분의 「감응전(感應傳)」을 읽어보면 오대산에서 문수보살을 친견했다느니, 사천성의 아미산(峨嵋山)에서 보현보살의 불광(佛光)에 감응했다느니, 하는 여러 가지 감응에 대한 이야기가 있다. 인간은 동상문의 모습이 없는 진여만으로는 아무리 해도 종교적인 요구를 만족시킬 수가 없다. 이에 이상문이 언급되지 않을 수 없게 되는 것이다.

천차만별의 현실 – 각과 불각의 이상(異相)

진여의 본체에서 보면 선과 악, 진실과 거짓, 깨달음과 미혹, 부처와 범부, 이 모두가 동상이 되지만, 현실에 처해서 보면 그 형태는 여러 가지이다. 그러므로 차별의 측면에서 본 것이 이상(異相)인 것이다. 『기신론』에서는 이상을 다음과 같이 설명한다.

이상(異相)이라고 하는 것은, 여러 종류의 토기들이 각기 다른 것과 같다. 이와 같이 무루(無漏)와 무명(無明)이 수염환(隨染幻)의 차별과 성염환(性染幻)의 차별이 있기 때문이다.

진여 그 자체에서 보면 각과 불각, 깨달음과 미혹, 진실과 거짓, 선과 악은 모두 같은 것이 되지만, 현실의 범부의 입장이나 현상의 측면에서 보면 모두가 다른 것이 된다. 도자기로 만들어진 모든 것은 꽃병이면 꽃병, 다기면 다기라고 하듯이 그 형상이 모두 다르며, 그 쓰임도 또한 다르다. 그와 같이 각과 불각은 다른 것이며, 무루와 무명 또한 다른 것이다.

무루는 '수염환의 차별'인 것에 대해, 무명은 '성염환의 차별'이 된다. 시각이나 본각의 무루법은 본래는 자성청정한 것이다. 혜능이 말하는 "청정한 마음의 본체"인 것이다. 청정한 마음의 본체만을 유지하게 되면 차별은 없다. 그러나 중생의 망염(妄染)이나 중생의 바램에 따라 다르게 형태를 나타낼 수밖에 없다. 마치 달은 청정한 만월로 교교히 빛나고 있지만, 달이 물에 비치면 맑고 깨끗한 물에는 맑고 깨끗한 모습으로, 파도치는 수면에는 어지러운 모습으로 투영되는 것과 같은 것이다. 청정한 마음의 본체에는 밝음도 어둠도 없다. 그러나 중생의 망념에 따라 밝음도 되고 어둠도 된다. 그것을 수염환의 차별이라고 하는 것이다.

그런데 무명은 본래 진여를 깨닫지 못하고 헤매고 있다. 본래 미혹한 것이기 때문에 무명은 성염환의 차별이라고 하는 것이다. 그것은 본래 그 본성이 더러워져 있는 것이다. 본래 성품의 미혹함을 성염환이라고 한다. 수염환이나 성염환, 어느 쪽도 '환'이라는 글자가 사용되고 있는 것이 중요하다.

깨달음을 향한 일체의 노력도, 무명의 어두운 길을 걷는 일체의 괴로움도, 모두 진여가 연(緣)에 따라 나타나고 있는 것에 불과하다. 더구나 그것은 환화(幻化)인 것이며, 인연에 의해 생겨난 산물인 것이다. 환화라고 하더라도 그 자체에서 보면 일체의 모든 것을 차별이 있으므로 이상(異相)이 되는 것이다.

각과 불각-무한한 수행

각과 불각이 같은 것이냐, 다른 것이냐 하는 문제는 수행에 관한 문제이다. 각과 불각, 깨달음과 미혹, 진실과 거짓을 같다고 보게 되면 그것은 진여 그 자체가 된다. 거기에는 진실도 없고 거짓도 없으며, 선도 없고 악도 없다. 수행할 필요도 없다. 본래 성품의 청정한 세계가 있을 뿐이다.

그러나 돌이켜 이 현실의 인생을 보자. 어리석음도 있고 슬픔도 있다. 살아가는 것에 절망할 때도 있고, 죽음을 결심하는 일도 있다. 이 파란만장한 인생을 그대로 깨달음의 세계라고 말할 수 있을까? 그것은 깨달음이나 진실, 혹은 아름다움과는 완전히 다른 모습인 것이다. 살고 있는 현실에 깨달음이 없다면 어리석음도 없다. 어디까지나 불각(不覺)이 있으며 어리석음이 있을 뿐인 것이다.

각과 불각이 동상(同相)임을 아는 것은 우리에게 무한한 격려를 가져다준다. 현실은 깨달음과 전혀 다른 고뇌의 세계에서 살고 있지만, 각과 불각이 동상임을 알 때 우리의 미혹한 모습의 깊은 곳에는 고요히 빛나는 진여가 있다는 것을 아는 것이다. 그것을 알게 되면 그것을 체득하기 위해 노력하지 않으면 안 된다.

일체의 사물을 동상의 측면에서만 보아도 잘못이고, 일체의 사물을 이상의 측면에서만 보아도 잘못이다. 동상의 이면에는 이상이 있고, 이상의 이면에는 동상이 있다는 것을 『기신론』은 가르쳐 주고 있다. 이리하여 부처와 중생은 본래 동일하다고 가르치면서도 또한 이상의 측면에서 볼 때 무한한 수행이 필요하다는 것을 설해야만 했던 것이다.

혜능은 다음과 같이 설법했다.

이 마음은 본래 맑아서 취하고 버릴 것이 없다. 각자가 노력하여 연(緣)에 따라 좋게 하라.

이 마음이라고 하는 것은 청정한 마음의 본체이며, 진여 그 자체이다. 그것은 본래 청정하기 때문에 선과 악, 진실과 거짓, 깨달음과 미혹 따위를 취사선택할 필요가 전혀 없다. 이것은 동사문에서 본 것이다. 그렇기 때문에 각자가 스스로 노력하여 이 차별의 현실을 극복하며 살아가라고 말했던 것이다. 더구나 이 차별의 현실을 보다 잘 살아가기 위해서는 한없는 노력이 필요하다는 것을 배우는 이들에게 가르치고 있는 것이다.

깨달음도 미혹도 없고, 선도 악도 없다고 하는 진여 그 자체에서 보면 모든 것은 모습이 없게 된다. 진여에 모습이나 형태가 없기 때문이다. 그러나 모습이 없는 가운데서 산다는 것은 절대로 있을 수 없다. 인간이 살기 위해서는 타인과의 협조가 필요하다. 가족이 있고, 회사가 있고, 국가가 있다. 살아가기 위해서는 일하지 않으면 안 되고, 밥을 먹지 않으면 안 되며, 잠을 자지 않으면 안 된다. 이 일상생활을 모두 모습이 없다고 간주한다면 그것은 허무주의에 빠져버릴 수밖에 없다.

혜능이 이 인생을 노력하며 열심히 살아가자고 한 것은 이상문에서 이야기한 것이다. 동상과 이상이 겉과 속이 되어 있는 것을 잘 알 수 있지 않은가. 더구나 깨달음을 향해 수행하는 것도, 미망의 어두운 길에서 번민하고 고뇌하는 것도, 모두 '환(幻)'이라고 말하고 있는 것이 흥미롭다. 아무리 노력해도 인간의 행위는 환화(幻化)에 불과하다. 환화이기 때문에 인간은 잘 살지 않으면 안 되는지도 모른다.

인생이 환화와 같다는 것을 알면서도 여전히 노력하며 살지 않으면 안 된다고 하는 점에 인간의 비애로움이 있고 기쁨이 있다. 『기신론』은 살아가는 기쁨과 슬픔을 가르쳐 준다. 그러나 역시 노력하며 살지 않으면 안 된다고 마명보살은 설하고 있는 것이다. 중국의 불교인들이 『기신론』에 심취했던 것은 단지 이론이 정연하게 설명되어 있기 때문이 아니었다. 인간이 사는 모습을 너무나도 정확히, 훌륭하게 그려내고 있기 때문이었다.

제13화

객체가 되어
산 대매산(大梅山) 법상(法常)

흐름을 따라서 가다-대매산 법상(法常)

중국 호북성(湖北省)의 당양현성(當陽縣城)에서 서쪽으로 15Km쯤 가면 산의 정기가 그 주변 일대에 퍼져 있는, 초연하게 우뚝 솟은 산이 있다. 그 산이 바로 옥천산(玉泉山)이다. 기암괴석으로 뒤덮인 깊은 계곡이 끝없이 이어지고, 계곡의 냇물은 활처럼 굽어 있으며, 4백여 종의 나무들로 뒤덮인 명산이다. 이 옥천산의 동쪽 산기슭에 있는 것이 옥천사(玉泉寺)이다. 천태종(天台宗)의 대성자(大成者)인 천태대사(天台大師)가 입산했던 절로써 서하사(棲霞寺), 영암사(靈岩寺), 국청사(國淸寺)와 함께 4대 절경으로 꼽히는 대사찰로서 유명하다. 현존하고 있는 전당(殿堂)에는 천왕전(天王殿), 대웅보전(大雄寶殿), 비로전(毘盧殿), 동당(東堂), 서당(西堂), 반주당(般周堂), 장경루(藏經樓) 등이 있다. 높이 21m의 대웅보전 앞에는 1.5톤이나 되는 수대(隋代)의 화가 오도자(吳道子)가 그렸다고 하는 석각관음상(石刻觀音像)이 있다. 특히 절의 동쪽 언덕 위에 있는 옥천철탑(玉泉鐵塔)은 송(宋)의 가우(嘉祐) 6년(1061)에 주조된 것으로 매우 유명하다. 높이 17.9m의 탑신이 석양을 받으면 자줏빛 기운이 하늘로 올라가는 듯하다고 말해질 정도로 그 경관은 유달리 돋보인다고 한다.

수대(隋代)에 천태 지자대사(智者大師)가 머물렀던 이 옥천사에서 어려서 출가한 이가 대매산 법상선사(法常禪師, 752~839)이다. 법상은 4세기에 중국불교의 기초를 구축했던 도안(道安)이 있던 양양(襄陽)에서 태어났다. 현재의 호북성 양번시(襄樊市)가 그곳인데, 여기는 한수(漢水)와 맞닿은 수륙교통의 요충지이다. 양양에서 태어난 법상은 곧 옥천사로 갔다고 생각된다. 어쩌면 양친과 사별했는지도 모른다.

이윽고 법상은 마조도일(馬祖道一)이 있는 곳으로 갔다. 마조에 의해 '마음이 곧 부처(卽心是佛)'라는 것을 깨달은 법상은 강서성에서 절강성(浙江省)으로 옮겨 왔다. 천태현(天台縣) 여요(余姚)의 남쪽으로 70여리 되는 곳에 한 대(漢代)의 선인(仙人)이었던 매자진(梅子眞)이 살았던 곳이 있다. 법상은 그 오래된 집에서 살았다.

어느 날 염관(塩官)이라는 선승의 제자 운수(雲水)가 길을 잃고 헤매다가 법상이 사는 암자에 이르렀다. 운수는 "화상께서는 이 산에 들어온 지 몇 년이나 되었습니까?"라고 물었다. 법상은 "단지 사방의 산들의 나뭇잎이 푸르기도 하고, 황금색이 되기도 하는 것을 보고 있을 뿐입니다"라고 대답했다. 다시 운수는 "산에서 나가려면 어디로 가야 합니까?"라고 질문했다. 법상은 "흐름을 따라서 갑니다"라고만 대답했다. 산에 들어온 지 몇 년이 되는가 하는 따위의 시간개념은 머릿속에서 만들어지는 것에 불과했다. 참다운 존재는 봄이 오면 잎들이 푸르게 되고, 가을이 되면 황금색으로 변해갈 뿐이다. 중국의 불교인들은 역(易)의 유전변화(流轉變化)의 철학을 사랑하고 있었다. 참 시간이란 존재에 불과하다는 것이다. 운수는 염관의 곁으로 돌아가 법상과 주고받았던 말들을 보고했다. 염관도 일찍이 강서의 마조 밑에서 배웠던 적이 있었으므로 이미 법상을 알고 있었지만 지금은 소식을 알 수가 없었다. 필시 그 승려가 법상임이 틀림없다고 확신했다.

법상의 용모는 준엄하면서도 맑고 깨끗했으며, 강건한 의지와 곧고 강한 성품을 지녔다. 매자진이 은거했던 산에는 신통력을 가진 뱀이 항상 기(氣)를 내뿜고 있었고, 운무로 덮인 산골짜기는 짙은 어둠이 낮게 깔려 있었다. 어느 날 밤 꿈에 신인(神人)이 나타나서 "당신은 보통 사람이 아니다. 바위 창고 속의 도서(道書)를 받는 자는 저승의 주인이 되거나 제왕(帝王)의 스승이 된다"고 전했다. 법상은 이것을 듣고서 "도서(道書)는 내가 좋아하는 책이 아니다. 일찍이 파미르 고원 동쪽에서 진짜 선승이라고 불렸던 승조(僧稠)도 선경(仙經)을 버렸다. 나는 도교의 책에 의하지 않고도 불교의 열반의 평안함 속에 살고 있다. 불로장수를 구해서 무엇하겠는가?"라고 말했다. 신인(神人)은 "이 땅은 신령이 거처하고 있는 곳이기 때문에 속세의 기운이 있는 사람은 있을 수 없다. 당장에 괴이한 일이 일어날 것이다"라고 말했다. 법상은 "나는 다만 선인(仙人) 매자진이 거처하던 곳에 있을 뿐이다. 오래 있을 생각은 없다"라고 답했다.

법상은 매자진이 있던 산을 '매산(梅山)'이라 불렀다. 나무를 베고 담쟁이덩굴을 엮어서 초암을 만들어 살아온 지 40년, 이 일만 보더라도 법상이 보통 사람이 아닌 것을 알 수 있다. 신령이 머물고 신통력을 가진 뱀이 있고 운무로 뒤덮인 산에서의 40년, 법상이야말로 매령에 살았던 초인이었다.

객체가 되어 살다-만법(萬法)이 여여(如如)하다

매령에 살았던 대매산 법상은 마조가 "매실이 무르익는다"라고 할 정도로 훌륭하고 원숙한 경지를 보였다. 많은 수도승들이 법상의 문하로 모여 들었다. 어느 날 대중들에게 가르침을 설했다.

너희들 모든 사람은 각각 스스로 마음을 돌려 그 근본에 이르러야지 그 말(末)을 쫓지 말라. 다만 그 근본을 얻으면 그 말(末)은 저절로 이루어진다. 만약 근본을 알고자 한다면 오직 자신의 마음을 깨달아라. 이 마음은 본래 일체의 세간·출세간법의 근본이다. 그러므로 마음이 일어나면 여러 가지의 법이 일어나고, 마음이 멸하면 여러 가지의 법이 멸한다. 마음은 일체의 선악에 붙어서 일어나지 않는다. 만법은 원래 스스로 여여(如如)하다.(『경덕전등록』 권7)

이것이 법상의 가르침이었다. 근본(本)을 잊고 그 껍데기(末)를 추구해서는 안 된다. 그 근본만 얻으면 껍데기는 저절로 알 수 있다고 설했다. 그러면 근본을 알기 위해서는 어떻게 해야 좋은가? "오직 자신의 마음을 깨달아라"라고 하는 것이 그 답이었다. 자신의 근본 마음을 알게 되면 좋다고 하는 것이다. 법상은 이 근본 마음을 다시 설명해 나간다. "이 마음은 본래 일체의 세간·출세간법의 근본이다"라고 하였다. 이 법상이 설한 일심(一心)이란 바로 『기신론』의 「입의분

(立義分)」에서,

> **법이라고 하는 것은, 이른바 중생심이다. 이 마음은 즉 일체의 세
> 간 · 출세간법을 포섭한다.**

라고 하는 중생심이 아닌가. 법상은『기신론』을 이해하고 있었던
것이다. 그렇기 때문에 중생심이야말로 일체의 세간과 출세간의 법
을 포섭한다는 것을 알고 있었다. 법상이 대중들에게 설했던 근본(本)
이란『기신론』의 중생심인 것이다.

법상은 다시 "마음이 일어나면 여러 가지의 법(法)이 일어나고,
마음이 멸하면 여러 가지의 법이 멸한다"라고 설법했다. 이 문장은
『기신론』가운데 앞으로 설명한 '생멸인연(生滅因緣)의 법'을 설명한 단
락으로서, 유심(唯心)을 나타내기 위해 설한 가르침이다. 법상은『기
신론』을 암송하고 있었음에 틀림없다. 그렇기 때문에 설법 중에『논』
의 문구를 자유롭게 인용할 수 있었던 것이다. "자신의 마음을 깨달
아라"라고 한 법상의 가르침은 삼계유심(三界唯心)이라는 것을 알게 하
기 위함이었다. 이 진리를 깨닫지 못하고서 껍데기(末)만을 추구하는
것이 미혹한 중생인 것이다. 이 근본의 일심에는 선도 악도 없다. 법
상은 세속적인 선이나 악을 완전히 떠난 사람으로서, 스스로 명료하
게 알 수 있는 사람이었다.

"만법은 원래 스스로 여여(如如)하다"라고 법상은 설하고 있다.

여여(如如)란 바로 진여(眞如)를 말하는 것이다. 만법의 근본은 진여이며, 진여가 되어 살았던 것이 법상이다. 대매산의 산도 계곡도, 삼림도 나무도, 새도 짐승도, 진여 그 자체의 현현(顯現)이었다.

　법상이 처음으로 도를 얻은 것은 마조 문하에 있을 때였다. 얻은 것은 '마음이 곧 부처(卽審是佛)'였다. 근본인 일심이 그대로 부처임을 깨달았다. 대매산에서 수행을 계속했던 법상은 마조로부터 "매실이 무르익는다"라는 말을 들을 정도로 원숙한 경지에 도달했다. 법상은 이윽고 죽음이 임박했음을 깨달았다. 그때가 당년 88세였다. 제자들을 모아 놓고 말했다.

이 객체(物)에 즉(卽)하면 다른 객체(物)가 아니다. 너희들 모두는 이것을 잘 유념해라. 나는 이제 갈 것이다.

　법상이 마지막으로 설했던 가르침은 객체는 객체라는 것이었다. '객체는 다른 객체가 아니다'라고 하는 것이 법상의 깨달음이었다. 그 객체는 그 객체일 뿐이며 다른 객체가 아니다. 어떠한 객체도 그 객체는 진여가 되어 살아가고 있는 것이었다. 아니, 진여가 객체가 되어 있는 것에 불과하다. 마음이 곧 부처라는 것도 관념적인 것을 말하고 있는 동안은 진짜 객체가 아니다. 마음이 곧 부처라는 것은 실없는 말에 불과하다. 객체가 되어 살고 있는 것을 깨달은 법상이야말로 진짜 선승이었다. 그것은 법상 자신도 객체가 되어, 다만 자신은 죽음을 향해 갈 뿐인 것이다. 죽음으로 가는 자에게는 선도 없고 악도 없다. 죽음으로 향해가는 것이 있을 뿐이며, 그것은 슬프다든지 쓸쓸하다든지 하는 감정의 개입을 일체 허락하지 않는 것이다. 다만 죽음으로 향해 갈 뿐이다. 이 경지가 되면 태어나는 것도 진여, 늙어가는 것도 진여, 병도 진여, 죽음도 진여 그 자체가 된다. 유심(唯心)에서 유물(唯物)로 된 법상 앞에는 생사라는 것이 없었으며, 부처도 없고, 마음도 없었다.

삼계는 오직 마음이 만들어 내는 것 – 오의(五意)

깨달음의 세계와 미혹의 세계를 설명하기 위해서 『기신론』에서는 각과 불각에 관해 서술하였다. 여기서는 불생멸의 진여가 움직여 아려야식이 되고, 다시 이 아려야식에서 어떻게 미망의 세계가 생멸하는가의 인연을 밝힌다. 이것이 이 단락의 '생멸인연의 뜻'인 것이다. 『논』은 먼저,

또한 다음으로 생멸(生滅)의 인연이란, 이른바 중생은 마음에 의해 의(意)와 의식(意識)으로 바뀌기 때문이다.

라고 하는 문장으로 시작한다. 여기서 '생멸의 인연'이라고 하는

것은 「입의분」에서 "이 심생멸인연의 모습은 능히 마하연(摩訶衍) 자체의 체(體)·상(相)·용(用)을 나타내는 까닭에"라고 한 것을 설명한 것이다. 생멸의 인연이란 우리들 미혹한 중생이 태어나는 인연을 설명한 것이라고 생각하면 된다. 중생이란 무엇인가? 미혹한 마음을 지닌 것이다. 그러면 미혹한 마음이란 무엇인가? 그 답은 명쾌하다. 의(意)와 의식(意識)이 미혹한 마음인 것이다. 이 미혹한 마음이야말로 곧 중생인 것이다. 미혹한 마음에 인격을 부여한 것은 오직 『기신론』뿐이다. 미혹한 마음을 관념으로 이해해서는 안 된다. 어디까지나 살아있는 인격으로서 받아들이지 않으면 안 된다.

미망의 의와 의식이 일어나는 것은 아려야식 속의 무명에 의해서 이다. 그러면 의(意)란 무엇인가? 『논』은 다음과 같이 설한다.

불각이 일어나, 능견(能見)·능현(能現)과 능히 경계를 취하면 망념을 일으켜 상속한다. 그러므로 설하여 의(意)라 한다.

중생이란 의와 의식을 지닌 인격이라고 했는데 이 의(意), 즉 오의(五意)는 어떻게 해서 일어나는 것인가를 설한다. 먼저 '불각이 일어난다'고 하는 것은 진여의 깨달음 그 자체는 무명의 연에 의해 움직여가는 것으로서, 이것을 '업식(業識)'이라 부른다. 이것은 앞서 서술했던 삼세육추(三細六麤) 중의 업상(業相)과 같은 것이다.

오의(五意)의 두 번째 전식(轉識: 能見相)이란 주관의 인식작용이다.

주관이 대상을 분별하게 되면 당연히 대상으로서의 일체의 모든 경계가 나타나게 된다. 그것은 주관이라고 하는 명료한 거울에 투영된 색상(色像)과 같은 것이다. 이것이 세 번째 현식(現識: 境界相)인 것이다. 주관과 객관은 동시에 일어나며, 현식이 활동하는 한 일체의 모든 시간에 걸쳐서 단절되는 일이 없다. 또한 대상으로서 나타난 일체의 경계가 청정하다던가, 잡되고 더럽다고 판단하는 것이 네 번째의 지식(智識: 智相)이다. 대상에 대해 좋다, 싫다라고 생각하는 것은 지식의 작용이다. 좋은 것이 있으면 이것에 집착하고 망상을 품는다. 더욱이 그 망상을 계속해서 품어, 그것이 단절되는 일이 없다. 이것을 다섯 번째의 상속식(相續識)이라 부른다.

중생은 의(意: 五意)와 의식(意識)을 지닌 존재이기 때문에 먼저 오의(五意)에 대해 설명하였다. 대상을 스스로 만들어 그것에 집착하고, 그것이 환영(幻影)이며 허영(虛影)이라는 것을 알지 못하고 집착을 계속해 가는 것이 중생인 것이다. 이 오의는 근본을 바로 잡으면 일심에 귀착한다. 법상이 껍데기(末)를 추구해서는 안 된다. 근본으로 돌아가야 한다라고 말했던 것은 바로 이런 이유에서였다. 『기신론』에서는,

이런 까닭에 삼계는 허위(虛僞)로서 유심(唯心)이 만들어낸 것이다. 마음을 떠나면 즉 육진(六塵)의 경계는 없다.

고 설한다. 진여가 무명 때문에 움직여 업상이 되고, 다시 주관과 객관이 된다. 이 객관은 결코 진짜 객관이 아니다. 아려야식 위에 투영된 허영(虛影)의 객관일 뿐이다. 이 허영을 마음 밖에 존재하는 실재라고 생각하고 그것에 계속 집착해 가는 것이 중생인 것이다. 삼계란 객관의 허영이나 실재의 그림자에 불과하다. 그 허영은 완전히 허위(虛僞)이며, 단지 마음이 만들어낸 것에 불과하다. 만약 이 마음을 떠나게 되면 색·성·향·미·촉·법(色聲香味觸法)의 육진(六塵)의 경계는 존재하지 않게 된다. 일체의 경계는 일심이 만들어낸 환영(幻影)에 불과하다.

법상은 만년에 진짜 객체를 관했다. 진짜 객체란 소위 마음이 만들어낸 환영이 아니라 순수객관을 말한다. 거기에는 선과 악, 어리석음과 깨달음이 없다. 순수주관인 진심 곧 진여와 같은 것으로서, 그것은 절대 진실이다. 법상은 "삼계는 허위로서 유심이 만들어낸 것이다"라고 하는 것을 몸으로 체득하고 있었던 것이었다. 그렇기 때문에 객체를 관하고, 객체가 되어 살 수 있었던 것이다.

망념이 만들어낸 환영이란

'삼계는 유심(唯心)이다'라고 하면 의문을 품는 사람이 있을 것이다. 눈을 뜨면 산이나 하천, 풀이나 나무들이 있고, 입을 벌리면 맵고

시큼하고 달콤한 것들이 있으며, 귀를 열면 여러 가지 소리들이 들려온다. 일체의 경계가 존재하고 있는데 억지로 없다고 하는 것은 무슨 이유에서일까? 라고 하는 것이 범부의 소박한 의문일 것이다.

『기신론』에서는 일체의 경계는 마음이 만들어낸 것이라고 생각한다. 그것은 망념에 의해 일어난 것이라고 간주한다. 그러므로 대상을 분별하는 것은 자기의 마음을 분별하는 것에 불과하다. 『논』은,

일체의 법은 모두 마음을 따라 일어나 망념에서 나왔으므로, 일체의 분별은 곧 자기의 마음을 분별하는 것이다. 마음으로 마음을 보지 못하면 모습을 얻을 수가 없다.

라고 서술하고 있다. 대상을 분별한다고 생각하고 있었는데, 사실은 자신의 마음을 분별하고 있었던 것이다. 마음 이외의 일체의 만상(萬象)이 존재한다고 생각하는 것은 망념, 망상이 그렇게 생각하는 것에 불과한 것이다. 현식(現識) 위에 나타난 허영이나 환영을 마음 밖에 실제로 있는 것이라고 오인했던 것이다. 만상(萬象)이란 자기의 마음이 자기의 마음을 분별한 것에 불과하다. 이 도리를 알게 되면 마음 밖에 존재하는 실재는 마음의 환영이라는 것을 알 수 있게 되고, 삼계가 다만 일심(一心)이라는 것이 명확해진다.

삼계가 다만 이 일심이라는 것을 알게 되면 마음은 마음을 보는 일이 없으므로 마음의 망상(妄相)은 완전히 없어져 주도 객도 없는 민

절무기(泯絶無寄)의 평등한 세계로 들어갈 수 있게 된다. 법상(法常)이 "만약 근본을 인식하고자 한다면 오직 자신의 마음을 깨달아라"라고 말했던 것은 바로 이 의미인 것이다.

『기신론』은 다시 계속해서,

당연히 알아야만 한다. 세간의 일체의 경계는 모두 중생의 무명망심(無明妄心)에 의해 머무름을 유지할 수 있다. 그러므로 일체의 법은 거울 속에 나타난 모습과 같아서 체(體)를 얻을 수가 없다. 오직 마음일 뿐 허망(虛妄)하다. 마음이 생기면 곧 갖가지 법이 생겨나고, 마음이 없어지면 곧 갖가지 법도 없어지기 때문이다.

라고 설하고 있다. 우리가 마음 밖에 있는, 만상이라고 인식하고 있는 대상(物)도 사실은 현식 위에 나타난 환영에 불과하다. 세간의 산천초목, 일월성신(日月星辰) 등 일체의 경계는 중생의 망심에 의해 집착된 것으로써, 마치 거울 속에 비친 모습과 같아서 붙잡을 수 있는 실체가 없다. 망심이 일어나기 때문에 여러 가지 대상이 생기고, 망심이 없어지면 일체의 대상도 없어질 뿐이다. 이『기신론』인용문의 마지막 "마음이 생기면 갖가지 법이 생겨나고…"의 문장은 법상이 설법할 때 인용한 것이었다.

여기서 주의하지 않으면 안 되는 것은, 삼라만상은 마음이 만들어내는 것이므로 모든 것은 오직 마음(唯心)이라고 하는 것은, 이른바 관념론이나 유심론과는 완전히 다른 것이다. 『기신론』의 표현 자체는 유심론으로 받아들이기 쉽게 기술하고 있지만, 『기신론』에서 말하고자 하는 것은 망념에 의해 분별하고 집착하기 때문에 자기 자신에 있어서의 하나의 객관적 대상이 성립한다는 것을 말하고 있는 것이다. 진정한 객관세계인 산천초목이나 일월성신을 마음이 만들어낸 것이라고 하는 점을 말하고 있는 것은 아니다. 산천초목이나 일월성신 중의 어느 것 하나에 집착할 때, 그 대상은 환영에서 자신의 마음속에 만들어지게 된다는 것이다. 일체의 망념과 집착을 끊어버렸던 법상의 눈에는 환영은 보이지 않았다. 진정한 객관인 객체가 어떠한 집착도 시비선악도 없이 다만 명확한 모습으로서 존재하고 있을 뿐이었다. 이것을 "일체의 경계는 모두 중생의 무명망심에 의해 머무름을 유지할 수 있다"라고 『논』에서 말하고 있을 뿐인 것이다. 망념에 의해 만들어진 참다운 실재(實在)의 환영(幻影)을 참다운 존재로 오인하고 있는 것이 중생이며, 그 오인을 오인으로 알고 버린 것이 부처이며 성자인 것이다. 그것이 오인이라는 것을 안다는 것은 머리로 아는 것이 아니다. 자신의 전 존재를 바쳐 몸과 마음으로 알지 않으면 안 된다. 그렇게 되기 위해서는 40년, 50년의 끊임없는 수행이 필요하다.

미친 듯 날뛰는 망집(妄執)이란-오의(五意) 속의 의식(意識)

　중생이란 의와 의식에 인격을 부여한 존재라는 것을 설명해 왔는데, 의(意)란 오의(五意)를 말하는 것이라고 이미 서술한 바 있다. 다음에 의식(意識)이란 무엇인가?

　또한 다음에 의식이라고 하는 것은 즉 상속식(相續識)이다. 모든 범부가 집착하는 것이 한결 더 깊어짐에 의하여, 나와 나의 것을 분별하여 갖가지로 헛되이 집착하고, 일을 따라 반연(攀緣)하여 육진(六塵)을 분별한다. 이것을 이름하여 의식(意識)이라 한다.

　의식이란 상속식을 말하는 것이다. 앞의 지말불각의 부분에서 설명했던 삼세육추로 말하면 ⑶집취상(執取相), ⑷계명자상(計名字相), ⑸기업상(起業相) 등에 해당되는 것이 이 상속식인 것이다. 오의(五意) 속의 상속식(相續識)을 새삼스레 구별해서 정리한 것이 의식(意識)이라고 생각한다면, 의식이란 오의(五意) 중에 들어가게 된다. 다만 오의 중 다섯 번째 상속식이 다시 미혹의 세계로 빠져 들어가, 고뇌하는 중생의 적나라한 모습을 나타내기 위해 일부러 상속식을 의식이라는 이름으로 고친 것이며, 의식이라 하더라도 법상종(法相宗)에서 설하는 제6의식(意識)과는 다른 것이라는 사실에 주의하지 않으면 안 된다.

　범부의 집착은 끝을 모를 정도로 깊다. 나의 몸, 나의 소유물에 깊이를 모를 정도로 집착해 간다. 자신과 자신의 소유물에 집착하면 여러 가지의 환영(幻影)을 낳는다. 그 환영을 진짜라고 생각하고 더욱 더 강하게 집착해 간다. 눈에 비친 여성의 피부나, 귀에 들리는 유혹의 목소리나, 코를 자극하는 향수의 향기나, 혀로 느껴지는 입맞춤의 달콤함이나, 피부에 전해지는 여성의 감촉이나, 망상으로 떠오르는 이성에 대한 생각 등, 색·성·향·미·촉·법의 육근(六根)의 경계에 대해 더한층 헛되이 집착해 간다. 이 헛된 집착을 『기신론』에서는 의식이라 부르고 있다. 앞의 오의에 의해 깊게 집착하고 망집하는 식(識)이기 때문에 의식이라 부르는 것이다.

이 의식은 육근의 대상에 의해 여러 가지로 활동한다. 감각기관 각각에 유혹의 대상은 계속해서 여러 가지로 나타난다. 그래서 이 의식을 분리식(分離識)이라고도 부른다. 또한 과거의 일이나 미래의 일, 있지도 않을 일 등 온갖 일들을 분별하기 때문에 분별사식(分別事識)이라고도 부르는 것이다.

이 의식은 무엇에 의해 생성되고 성장하는 것인가? "이 식은 견애번뇌(見愛煩惱)에 의하여 증장한다"고 『논』에서 설하고 있듯이, 견번뇌(見煩惱)와 애번뇌(愛煩惱)에 의해서 생성되고 성장해 간다. 견번뇌란 지적(知的)인 어리석음, 애번뇌란 정적(情的)인 어리석음인데, 견번뇌 쪽이 끊기 쉽다. 감정적 망상인 애번뇌는 너무나도 미친 듯 거세기 때문에 아무리 지성으로 이해할 수 있어도 이것을 끊기는 어렵다. 그것은 이성을 사랑한 남녀가 아무리 이성(理性)이나 지성에 의해 헤어지자, 단념하자고 생각해도 정념(情念)은 끝이 없이 미쳐 날뛰는 것과 같은 것이다. 의와 의식을 가진 자, 그것이 중생이라고 하는 『기신론』의 의미를 잘 알 수 있지 않은가. 미혹되어 있는 모습이 범부이며, 이 세상에 살고 있는 우리의 모습인 것이다. 의와 의식을 가지는 한 중생인 것이다.

어느 정도 좌선하거나, 염불하거나, 경전의 명칭을 외우거나, 독경하거나, 경전을 베낀다고 해서 이 망념을 끊을 수는 없다. 그 정도로 중생에서 부처로 되는 것은 용이한 일이 아니다. 대매산 법상은 88세로 입적했는데, 법랍(승려가 된 이후의 연수)은 69년이었다. 근 70년간의 수행의 결과 만법의 진원(眞源)을 규명하여 객체란 무엇인가를 깨닫고 객체가 되어 살 수 있었던 것이었다. 객체가 되어 살기 위해서는 의와 의식을 두들겨 부숴버리지 않으면 안 된다. 모든 집착을 끊어버려야 하는 것이다. 속세의 권력이나 명예, 재산은 말할 것도 없이 여성을 끊고, 최후로는 도를 구하는 것도 끊고, 다만 객체가 되어 살아가지 않으면 안 된다. 그것을 위해서 대매산 법상은 70년의 세월을 허비했던 것이다. 하물며 우리 범부에 있어서야 말할 것이 있겠는가. 명료한 일월성신이 바로 진여인 것을 깨닫는 지, 못 깨닫는 지.

제14화

운명을 예지한
남양혜충(南陽慧忠)

밝은 달의 맑고 깨끗함을 보다-남양 혜충

　　절강성(浙江省)의 소흥(紹興)에서 태어난 남양혜충(南陽慧忠. ?~775)
은 사조(四祖)인가 육조 밑에서 수행하였는데, 스스로 깨달은 바가 있
어 남양(南陽. 하남성 서남부. 현재의 남양시)의 백애산(白崖山) 당자곡(黨子谷)
에 머무르게 되었다. 스승 아래서 수행하지 않고, 스승 없이 혼자서
깨달음을 목표로 하여 이 백애산에서 40여 년간 밖으로 나가지 않았
다. 온몸을 다 바쳐 묵묵히 수행에 전념하였다. 스승이나 제자는 진
정한 수행자에게는 사악한 마귀일 뿐, 수도에 방해가 되었다. 인간은
모두 소용이 없었다. 혜충이 백애산에 처소를 짓기 전까지는 산악의
신령스러운 힘을 구하고자 혼자서 오령(五嶺), 나부(羅浮), 사명(四明),
천목(天目) 등 여러 산을 돌아다녔다. 이 중의 나부산은 광동성 박라
현(博羅縣)에 있는 명산으로서, 진대(晉代)에 갈홍(葛洪)이 이 산에서 수
행한 이래 도교의 영지가 되었지만, 양(梁)의 무제(武帝) 때 불교가 들
어와 화수(華首), 명월(明月), 용화(龍華), 연상(延祥), 보적(寶積) 등 다섯
사찰이 건립되었다. 혜충이 만년에 백애산 부근에 있는 도교의 영산
인 무당산(武當山)에 입산했던 것으로 보아, 신선이 있을 듯한 영산을
찾아 다녔던 것 같다.

　　백애산의 당자곡에 은거했던 혜충은 소나무 아래서 근 90여 일
간 좌선을 하기도 하며, 동굴 속에서 선정력(禪定力)을 단련시켰다. 마
음을 교교히 빛나는 밝은 달처럼 만들려고 전심전력을 다했던 것이

다. 이리하여 유리 같은, 거울 같은 청정무구(淸淨無垢)한 마음의 본체가 되었다. 그 모습은 수미산같이 높고, 동요하지 않으며, 온갖 유혹에도 움직이지 않는 자가 되었다. 백애산에 오직 혼자 우뚝 솟은 거대한 봉우리가 된 것이다. 한 때는 무당산(호북성 均縣)의 72봉을 돌아다니기도 했었다. 주봉인 천주봉(天柱峰)은 해발 1612m로서 그렇게 높은 편은 아니었지만, 기이한 봉우리와 산세가 험한 산으로 동굴이 많았으며, 유수(幽邃)한 산의 정기는 도교의 영산이라는 이름에 걸맞았다. 현재에도 자소궁(紫霄宮)을 위시하여 많은 도관(道觀: 도교의 사찰)이 있다. 혜충은 주위가 4백km나 되는 무당산 속에서 사슴과 놀기도 했다. 인간보다는 사슴 쪽이 마음이 편안했기 때문이었다. 혜충은 경치가 아름답고 고우면서도 온화한 논이 펼쳐져 있는 자신의 고향 강남 지방보다도 백애산이나 무당산 같은 깊은 산을 좋아했다. 그것은 남악의 혜사선사(慧思禪師)가 도를 구하고자 한다면 남악 형산이나 무당산이 좋다고 사람들에게 가르쳤던 것을 알고 있었기 때문이었다.

혜충이 백애산에 있을 때 도적이 들어왔다. 사람들은 혜충에게 도망하기를 권했으나 혜충은 수락하지 않았다. 번쩍이는 칼날 앞에서도 얼굴색 하나 변하지 않았다. 좌선을 한 상태 그대로였다. 도적의 두령은 그 기풍이 높고 평연하게 미동조차 하지 않는 모습을 보고 무의식 중에 검을 버리고 예를 올리며 스승이 되어 줄 것을 간청했다.

안사(安史)의 난이 일어났을 무렵이다. 전란이 잇따르고 도적의 무리들이 여러 나라를 황폐하게 했다. 얼마 안 되어 또다시 당자곡에 도적의 무리들이 들어와 함부로 날뛰게 되었다. 그때 혜충은 그전처럼 그대로 머물러 있어서는 안 된다고 생각하여 당자곡에서 개천을 따라 아래로 난을 피했다. 앞서 혜충의 덕택으로 살해되지 않았던 사람들은 이번에도 괜찮을 것이라 생각하고 그대로 피난하지 않은 사람들이 있었지만 모두 도적들에게 살해되었다. 혜충에게는 운명을 예지할 수 있는 불가사의한 영력이 갖추어져 있었던 것이다.

혜충은 단지 좌선만 했던 것이 아니었다. 널리 경전과 율전도 배웠다. 혜충은 항상 대중들에게 선종의 수행자는 경에 설해진 부처의 말씀을 따라 자기의 본래의 마음을 규명하지 않으면 안 된다. 경을 배우지 않는 자는 용서할 수 없다고 말하였다. 그러므로 혜충 자신은 경·율을 연구했던 것이다.

식사는 새벽에만 하고, 밤에는 달을 보며 마음을 깨끗이 했다. 달을 자기 자신의 마음의 투영이라고 간주했기 때문이었다. 달을 보고 있으면 저절로 마음이 맑고 깨끗해졌다. 그 맑고 깨끗한 품격은 가을의 찬서리와 한여름의 내리쬐는 태양 같은 격렬한 기백을 간직하였으며, 강인한 불굴의 의지는 대나무처럼 곧았다. 아무리 권력이나 위력이 혜충을 핍박해도 전혀 동요되는 일이 없었다. 또한 이익을 위해 흔들리는 일도 없었다. 혜충은 항상 "이른바 사람의 스승이 되는 자로서, 만약 명리를 좇아 움직이며 달리 이단(異端)을 연다면 자신과 타인 모두에게 아무런 이익이 없을 것이다"(『경덕전등록』 권5)라고 가르쳤다. 사람과 하늘의 스승이 되는 자는 명리를 구하여 일가(一家)를 유지하면 안 된다. 그것은 자신을 손상시키고 다른 사람을 기만하는 일이 되는 것이다. 명성을 더 높이고 이익을 얻기 위해서 움직이면 안 된다고 훈계했던 것이었다. 수행은 명리를 위해서 하는 것이 아니라 다만 실행하는 것이다. 단지 실천할 뿐인 것이다. 이 선승의 위대함은 수도에까지 퍼졌다. 당나라의 숙종(肅宗)과 헌종(憲宗)은 혜충에게 깊이 귀의했다.

부처와 중생을 버려라

당나라 황제 헌종은 어느 날 혜충에게 질문했는데 혜충은 이것을 일체 무시했다. 이에 헌종은 "나는 대당국의 천자이거늘 당신은 어찌하여 일부러 무시하는 것인가?"라고 말했다. 혜충은 "허공이 보이십니까?"라고 물었다. 이에 헌종은 보인다고 답했다. 그러자 혜충은 "허공이 눈을 돌려서 폐하를 봅니까, 어떻습니까?"라고 물었다. 혜충은 자신을 허공에 비유했던 것이다. 허공은 의연하게 움직이지 않는다. 천자가 왔다고 해서 두리번두리번 눈을 돌리거나 뒤돌아보는 일은 없는 것이다. 혜충의 눈은 허공을 응시하고 있었다. 천자도 서민도 도적도 일체의 모든 것이 눈에 들어오지 않았다. 의연하게 텅 빈 공간만 보고 있었다.

그러나 혜충은 단지 텅 빈 공간만 본 것은 아니었다. 텅 빈 공간 속의 더럽지도 깨끗하지도 않은 것(不垢不淨)을 포착하고 있었다. 한 수행자가 "부처란 무엇입니까?"하고 물었다. 혜충은 "마음이 곧 부처(卽心是佛)"라고 대답했다. 그러자 제자는 "마음에 번뇌가 있습니까, 없습니까?"라고 거듭 질문했다. 이에 대해 혜충은 "번뇌는 본래 없다"라고 대답했다. 제자는 부처와 번뇌를 상대적인 대립관계에 있는 것이라고 보았기 때문에, 번뇌는 끊어야만 할 것으로 생각하고 있었다. 혜충은 본래 번뇌는 없는 것이라고 했던 것이다. 거기에는 부처도 없고, 어리석음도 없다. '마음이 곧 부처'라고 말했다고 해서 범부의 마음이 그대로 부처라는 것은 아니다. '마음이 곧 부처'라 말하기 위해서는 끊임없는 혼자만의 고독한 수행이 필요한 것이다. '마음이 곧 부처'이기 때문에 필사의 수행이 필요한 것이다.

'마음이 곧 부처'라는 말을 참으로 이해했던 혜충은 무정(無情: 나무나 돌이나 산)도 역시 설법한다고 말했다. 무정인 객체도 역시 끊임없이 법을 설하고 있는 것이다. 객체가 되어 살아갈 때 객체의 소리를 들을 수가 있다. 객체가 되어 살기 위해서는, 명예나 이익이라든지 욕망이라든지 이성이라든지 하는 일체의 모든 것을 버리지 않으면 안 된다. 객체가 되어 산다는 것은 진여가 되어 산다는 것이다.

마음이 그대로 부처라고 할 때의 마음이란, 단순한 의식이나 마음의 깊은 곳이라는 의미가 아니다. 마음이란 객체인 것이다. 추상적으로 파악된 마음이나 객체는 진정한 존재가 아닌 것이다. 지성이나 분별로써 사고된 마음이나 객체도 진정한 실재가 아니다. 한 승려가 혜충에게 "어떻게 하면 성불할 수 있습니까?"라고 질문했다. 혜충은 "부처도 중생도 동시에 버려버리면 당장에 해탈할 수 있다"라고 대답했다. 부처도 범부도 함께 버려버리라고 말했던 것이다. 부처라든가, 번뇌라든가 하는 것을 따질 이유는 일체 없다. 선이다, 악이다, 라고 구분하여 선을 추구하고자 하는 한 구원은 없다.

부처도 중생도, 선도 악도, 진여도 무명도, 일체를 버리고 살았던 혜충은 백애산이나 무당산의 산봉우리와 죽림과 송백과 계곡의 소리를 들을 수 있었다. 그 소리는 너무나도 뚜렷하게 들려왔다. 인간의 소리보다도 선녀의 소리보다도 그것은 아름다운 소리였다. 소리 없는 소리였다. 그 소리는 귀로 듣는 것이 아니었다. 마음으로 듣는 것도 아니었다. 온 몸을 바쳐 몸으로 듣는 것이었으며, 눈으로 듣는 것이었다. 그것을 혜충은 무정설법(無情說法)이라 이름하였다.

진여의 불변이란-평상심(平常心)

우리의 미망의 의식(意識)이 어떻게 작용하는가를 앞장에서는 '생멸 인연의 뜻'으로서 파악하여 미망의 세계에 유전(流轉)하여 가는 모습을 설명하였다. 여기서는 '생멸인연의 본래의 모습(體相)'을 밝히고자 한다. 생멸인연의 본래의 모습은 3가지 요소로서 성립한다. 첫 번째는 자성청정(自性淸淨)한 진여로서, 이 진여는 연기의 인(因)이 된다. 두 번째는 무명이다. 이 무명이 연(緣)이 되어 유전(流轉)의 세계가 전개된다. 세 번째는 염심(染心)이다. 이것은 망심이며, 연기의 모습이다. 이들 3가지 요소에 의해 청정한 세계와 망념의 세계가 움직여간다.

범부는 생멸인연의 본래의 모습을 알 수가 없다. 부처만이 이것을 잘 알고 있다고 하는 것을 『기신론』에서는 설명해 간다. 청정한 진여에 무명이 훈습하여 일어나는 업식(業識), 전식(轉識), 현식(現識)의 삼세(三細)는 범부가 잘 알 수 있는 것이 아니다. 성문(聲聞)이나 연각(緣覺)의 이승(二乘)의 지혜에 의해서도 이것을 깨달을 수가 없다. 범부나 이승은 마음의 표면의 움직임인 의식(意識)의 세계까지는 알 수 있지만, 의식의 배후에 있으며 인간의 행동을 지배하고 있는 심층의식(深層意識)인 아려야식(阿黎耶識)의 움직임은 아무리 해도 알 수가 없다. 거기까지 도달하지 못한 범부의 눈에는 깊고 미묘한 마음의 움직임이 보이지 않는 것이다.

보살이라면 십신(十信)의 처음인 정신(正信)에서부터 수행을 쌓아 십주(十住), 십행(十行), 십회향(十廻向)으로 깨달음의 단계를 높여서 가까스로 십지(十地)의 최초인 초지(初地)에 도달하면, 무명의 훈습에 의해 일어나는 아려야식의 모습이 조금은 보이게 된다. 다시 수행을 쌓아서 보살의 궁극적 경지인 등각위(等覺位)에 올라도 여전히 근본무명(根本無明)의 잔재가 조금은 남아 있어서 완전히 깊은 마음의 움직임을 알 수는 없는 것이다. 무명이 훈습하여 일어나는 아려야식의 모습을 진정으로 아는 것은 묘각위(妙覺位)에 있는 부처뿐인 것이다. 어둠 속 깊은 곳에 잠겨있는 마음의 미세한 움직임을 아는 것은 깨달음을 얻은 부처뿐인 것이다. 그 이유는 무엇인가.

진여의 일심 그 자체는 본래 자성청정한 것이다. 생멸연기의 인(因)이 되는 것은 청정이지만, 연(緣)으로서 작용하는 무명 때문에 훈습되어 오염되어 간다. 이리하여 아려야식이라고 하는 염심(染心)이 일어난다. 염심이 일어났다고 해서 자성청정의 진여가 본성을 잃지는 않는다. 혜충이 '마음이 곧 부처'라고 하는 일심이란, 이 진여의 청정한 일심인 것이다. 그 본성인 진여나 일심은 항상 불변한다. 전혀 변하는 일이 없다. 불변이라고 하는 것은 계속된다는 것을 의미한다. 혜충과 같이 40년 동안 산을 내려오는 일 없이 진여가 되어 사는 경우인 것이다. 깨끗하고 맑은 보석을 밤의 어두움 속에 남겨둔다고 하자. 아무리 깜깜한 어두움 속에서도 보석의 청정함은 변하지 않는다. 단지 어둠 때문에 청정한 보석이 보이지 않을 뿐이지 보석 그 자체의 청정성은 변하는 것이 아니다. 진여라든가, 일심이라든가 하는 것은 바로 이 밤의 어둠 속의 보석인 것이다.

청정한 진여에 무명이 훈습되어 염심이 일어나도 자성청정한 진여의 본성은 전혀 변하지 않는다고 하는 이 부사의한 모습을 알고 있는 것은 부처뿐인 것이다. 범부에게는 그 미묘한 움직임이 이해될 리가 없다.

『기신론』은 진여의 본성인 불변함과 무명과의 관계를 다음과 같이 설명한다.

이른바, 마음의 본성은 항상 망념이 없기 때문에 이름하여 불변(不變)**이라 한다.**

마음의 본성인 진여는 망념이나 망상과 깊이 관계하면서도 그 자체는 어디까지나 청정하며 조금도 변하지 않는다. 그러므로 불변이라고 하는 것이다. 아무리 미혹의 한 가운데 있어도 평상심(平常心)을 잃지 않는 것이 불변인 것이다. 도적의 번쩍이는 칼날 아래에서도 미동조차 하지 않던 모습을 불변이라고 하는 것이다. 잘 정리된 지성이나 관념에 의해 사고된 불변의 진여가 존재한다고 하는 일은 절대로 없는 것이다.

홀연히 망념이 일어나다-무명(無明)

다음은 무명의 설법으로 넘어간다.

일법계(一法界)**를 알지 못하기 때문에 마음이 상응**(相應)**하지 않아, 홀연히 망념이 일어남을 이름하여 무명이라 한다.**

이 문장은 『기신론』에서도 유명한 부분 중의 하나이다. 진여가 무명에 훈습되어 염심(染心)을 일으키는 것은 이미 설명했다. 그렇다면 이 근본무명은 어떻게 해서 일어나는가? 그 답이 바로 위의 한 문장인 것이다.

진여를 그대로 진여라고 알 수 있다면 좋지만, 진여를 진여라고 알 수 없을 때 근본무명이 일어난다. 그것은 직접적으로 진여에 미혹한 어리석음이고, 가장 미세한 어리석음이기 때문에, 심왕(心王: 마음의 본체)·심소(心所: 마음의 작용)와 같은 구체적인, 그리고 확실한 마음의 작용을 지니지 못한다. "홀연히 망념이 일어난다"라고 표현할 수밖에 없다. "홀연히 망념이 일어난다"란 시간적으로 별안간 일어났다고 하는 의미는 아니다. '홀연히'란 망법(妄法)은 본체가 없다는 것을 말하는 것으로서, 무명은 진여에 의하여 존재하고 있을 뿐이라는 것을 의미한다. 진여는 본래적으로는 자성청정하고 불변하지만, 현실적으로는 무명을 일으키고 있다는 것을 말하는 것이다. 본래적으로는 무명은 없다고 하는 것이 홀연히 생각이 일어난다고 하는 의미이다. 그러나 인간이 현재 살아있는 한 무명은 진여와 깊이 관계하면서 삶을 지속시키지 않으면 안 되는 것이다.

그러면 다음에 무명에 의해 일어나는 염심이란 무엇인가? 염심에는 6종류가 있다고 한다. 6종류란 (1)집상응염(執相應染), (2)부단상응염(不斷相應染), (3)분별지상응염(分別智相應染), (4)현색불상응염(現色不相應染), (5)능견심불상응염(能見心不相應染), (6)근본업불상응염(根本

業不相應染)이다.

(1)집상응염(執相應染) : 거칠고 큰 아집(我執)을 말하며, 앞서 서술했던 9상(九相) 중의 집취상(執取相)과 계명자상(計名字相)이 이것에 해당한다. 성문, 연각의 이승으로서 해탈한 경지인 무각위(無覺位)에 도달한 자와, 신근(信根)이 확립되어 불퇴전의 단계에 들어가 십주(十住) 이상으로 나아간 보살은 이 집상응염에서 떠날 수가 있다. 수행의 최초의 단계에서 끊을 수 있는 염심이며, 망상이다.

(2)부단상응염(不斷相應染) : 9상 중의 상속상(相續相)에 해당한다. 십주(十住) 이상의 단계에서 점차로 끊기 시작하여 십지(十地)의 최초인 초환희지(初歡喜地)에 오르면 이 염심을 제거할 수 있다.

(3)분별지상응염(分別智相應染) : 9상 중의 지상(智相)에 해당한다. 제2지에서 제7지 사이에서 이것을 끊을 수 있다.

(4)현색불상응염(現色不相應染) : 9상 중의 경계상(境界相)에 해당한다. 제8지에 이른 보살이 유심(唯心)의 도리를 깨닫게 됨으로써 이 염심을 끊을 수 있다. 이 경지가 되면 일체의 객체를 자유롭게 변화시킬 수 있다. 객체의 소리가 들리게 되고, 일체의 객관세계가 정토가 된다. 혜충의 무정(無情)설법은 이 단계에서 처음으로 들리게 되는 것이다.

(5)능견심불상응염(能見心不相應染) : 9상 중의 견상(見相)에 해당한다. 제9지의 보살이 되면 마음이 자재로운 경지에 이르기 때문에 이 염심을 제거할 수가 있다. 마음이 자재로운 경지에 이른다는 것은, 마음

이 자유자재하게 작용하여 자신의 마음도 타인의 마음도 모두 꿰뚫어 볼 수가 있게 된다는 것이다.

⑹근본업불상응염(根本業不相應染) : 9상 중의 업상(業相)에 해당한다. 최고의 경지인 여래지(如來地)에 이른 자가 이 염심을 제거할 수 있으며, 미혹의 세계에서 깨달음의 세계로 수행이 완성되기에 이른다.

이 6가지의 염심 중에서 처음의 3가지 염심은 추잡한 혹심(惑心)이며, 뒤의 3가지는 미세한 혹심(惑心)이다. 매우 거친 번뇌에서 미세한 번뇌로 순차적으로 퇴치해 간다. 매우 크고 거칠며 뚜렷한 미혹은 끊기 쉽지만, 미세한 번뇌는 끊기가 대단히 어렵다. 마치 세탁할 때 큰 더러움은 곧잘 없어지지만 미세한 더러움은 좀처럼 없어지지 않는 것과 같은 것이다. 큰 미혹은 이승(二乘)이라도 끊을 수가 있지만, 작은 미혹은 수행을 쌓은 보살도 겨우 끊을 수 있으며, 결국에 가서는 부처가 되지 않으면 끊을 수 없게 된다. 이 육염(六染)은 번뇌를 끊는 순서대로 서술되어 있으며, 깨달음을 향한 환멸문(還滅門)의 입장에서 설해져 있다.

지금까지 『기신론』의 법수(法數)를 배운 것으로는 삼세(三細), 육추(六麤), 오의(五意), 육염(六染)이 있는데 이 육염은 9상(九相) 중 앞의 6상에 해당한다. 9상과 오의는 미세한 것에서 거칠고 큰 것의 순서로 설명했지만, 지금은 반대로 거칠고 큰 염심에서 미세한 염심으로 순서를 바꾸어 설명하고 있다. 이 육염이란, 간단히 말하면 혹심(惑心)

을 순차적으로 단멸할 수 있는 방법을 설명한 것이다. 미혹함을 돌려 깨달음을 열기 위한, 즉 해탈을 목적으로 하여 끊기 쉬운 염심에서 끊기 어려운 염심의 순서로 설명하고 있는 것이다.

무심(無心)으로써 비추다-번뇌애(煩惱礙)와 지애(智礙)

『기신론』은 지금까지 서술한 단혹(斷惑)에 대하여 다시 한번 반복해서 설명한다. 이미 여섯 종류의 염심을 어떻게 단멸해 가는가의 순서는 설명했지만, 아직 근본무명의 단멸에 대해서는 설명하고 있지 않다. 이에,

일법계(一法界)의 뜻을 알지 못하는 자도 신상응지(信相應地)에서 관찰하여 배워서 끊고, 정심지(淨心地)에 들어가 단계에 따라 벗어남을 얻어, 내지 여래지(如來地)에 이르러 마침내 능히 벗어나기 때문이다.

라고 설한다. 일법계라고 하는 것은 진여를 말하는 것이다. 진여를 그대로 진여라고 알지 못하는 근본무명은, 신상응지인 십주(十住)의 단계에서 관찰하고 수행하여 끊는 것을 배워서 수행의 더 높은 단계로 나아가고, 마침내 정심지(淨心地)인 초지(初地)에 들어, 다시금 조금씩 무명을 떠나, 최후로 불과(佛果)인 여래지(如來地)에 이르러 완전

히 무명을 단멸할 수가 있는 것이다. 근본무명은 한꺼번에 단멸할 수가 없다. "관찰하고 배워서 끊는다"고 하는 것이 중요한 것이다. 조금씩 끊어나가면 최후에 근본무명을 끊는 것에 이른다. 조금씩 끊어나가는 것이 얼마나 중요한 것인가를 우리에게 가르쳐 준다. 혜충은 백애산에서 관찰하고 배워서 끊기를 40년 동안이나 했던 것이다.

계속해서 『기신론』은 상응(相應)의 뜻과 불상응(不相應)의 뜻을 설명한다. 육염(六染) 중의 앞의 3가지 염법(染法)에는 상응의 뜻이 있고, 뒤의 3가지 염법에는 불상응의 뜻이 있다고 한다. 상응이란 심왕(心王)과 심소(心所)의 관계로서, 심왕이 깨끗하면 심소도 깨끗하고, 심왕이 더러워지면 심소도 더럽게 되는 관계이다. 혹은 주관이 깨끗하면 객관도 깨끗하게 된다는 관계라고 이해하면 된다. 무정(無情)설법에 의해 객체의 소리를 들을 수 있었던 것은, 자기의 마음이 어디까지나 청정함과 동시에 객체도 또한 청정하지 않으면 안 되는 것이다. 뒤의 3가지 염심은 매우 미세한 움직임이고, 심왕도 심소도, 주관도 객관도 없는 것이기 때문에 당연히 상응이라고 하는 것은 일어나지 않는다. 그것은 범부가 알 수 없을 정도로 깊고 미세한 마음의 활동이기 때문이다.

다음에 『논』은 '염심(染心)의 뜻'을 설명한다. 염심을 '번뇌애(煩惱礙)', 무명을 '지애(智礙)'라고 설한다. 6종류의 염심의 경우를 번뇌애라고 하는 것이다. 번뇌장(煩惱藏)이라고 해도 좋다. 이것은 진여를 깨닫는 근본지(根本地)의 작용을 방해하기 때문에 번뇌애라고 하는 것이다. 번뇌가 곧 장애가 된다고 하는 의미인 것이다.

다음에 무명의 경우를 지애(智礙)라고 하는 것은, 무명이 후득지(後得智)의 장애가 되기 때문에 후득지를 방해하는 것이라는 의미에서 지애라고 하는 것이다. 후득지란 깨달음을 얻은 후 중생을 구제하기 위해 작용하는 지혜를 말하는 것이다. 40년의 좌선에 의해 근본지를 얻은 혜충은, 후에 숙종의 요청에 의해 수도로 나가 설법을 하기도 했다. 이것을 후득지의 작용이라고 하는 것이다. 이 중생 제도의 지혜를 방해하는 것이 무명인 것이다. 그러므로 무명을 지애라고 부르는 것이다.

어느 날 혜충과 승려들이 문답을 주고받았다. 한 승려가 "마음에 번뇌가 있습니까, 없습니까?"라고 질문했다. 이에 대해 혜충은 "번뇌의 본성은 스스로 떠난다"라고 대답했다. 이것에 의해 알 수 있듯이, 번뇌는 수행에 의해 점차로 없어지게 할 수 있다. 번뇌가 장애가 되면 근본지를 깨달을 수가 없다. 백애산에서의 40년간은 번뇌를 끊기 위한 수행이었다. 오로지 달을 보며 밝은 달의 교교하고 청정함과 같이 되도록 자신의 마음을 단련하였던 것은 근본지를 얻기 위해서였다. 근본지를 닦기 위해서는 온갖 번뇌를 두들겨 부숴버리지 않으면 안 되었다. 수행에 장애가 되는 어떠한 것도 자기 가까이에 접근시켜서는 안 되었다. 자신의 수행을 완성시키기 위해서는 스승도 필요 없었으며, 제자도 시주도 필요 없었다. 혜충의 수행을 위한 싸움은 번뇌애(煩惱礙)인 염심을 끊는 것에 있었다.

이리하여 근본지를 얻은 혜충은 국왕이나 대신이 청하는 대로 가르침을 설했다. 이 설법을 방해하는 것이 지애(智礙)였으며, 무명의 작용이었다. 무명은 설법을 할 수 없도록 한다. 혼자서만 깨달으면 좋은 것이다. 아무도 구제할 필요는 없다라고 속삭이는 소리가 무명인 것이었다.

혜충은 무명의 유혹에는 말려들지 않았다. 백애산이나 무당산의 심산유곡에 있든, 수도 장안에 나가 국왕이나 대신에게 가르침을 설하든 언제나 마찬가지였다. 천자(天子)인 숙종이 질문했을 때도 상대가 국왕이라는 사실을 전혀 의식하지 않았다. 근본지에 의해 뒷받침되는 후득지의 작용이 있기 때문에 이와 같은 평상시의 태도로 일관할 수 있었던 것이었다.

국왕이나 대신에게 초대되면 예, 예하면서 개가 꼬리를 흔들 듯이 나아가는 것이 우리 범부이며, 보통의 승려이다. 혜충은 전혀 그렇지 않았다. 국왕도 서민도 없었다. 더구나 산천초목과 인간의 구별도 없었다. 번뇌애도 지애도 끊어진 혜충에게는 부처도 중생도 없었다. 부처도 중생도 사라진 경지에서 비로소 산천초목의 소리를 들을 수 있었던 것이었다.

그것은 무한한 후득지의 작용이었다. 인간의 능력을 초월한 후득지는 마침내 산천초목에까지 이르렀던 것이었다. 그것은 밝은 달이 온갖 것을 투영하고 있는 모습과 완전히 같은 것이다. 달은 무심으로 일체를 비춘다. 그것을 방해하는 것은 아무 것도 없다. 진여란

바로 달빛 그 자체에 불과하다. 백애산의 달은 지금도 교교히 그 산
봉우리를 비추고 있음에 틀림없다.

제15화

나무위에서 홀로산
조괴화상(鳥窠和尙)

소나무 가지에서 살다-조과화상

절강성(浙江省) 소흥현(紹興縣)의 동남쪽 40여리 되는 곳에 절강의
명산인 진망산(秦望山)이 있다. 절강성은 비가 많은 지역으로서 산에
는 수목이 울창하다. 특히 이 진망산에는 큰 소나무들이 자라고 있으
며, 이 가지들은 무성하여 마치 우산처럼 펼쳐져 있다. 이 소나무의
가지 위에서 새처럼 살고 있던 선승이 있었다. 사람들은 이 승려를
조과화상(鳥窠和尙)이라 불렀다. 까치가 그 옆가지에 둥지를 틀고 살
고 있었다. 새와 사람이 친숙해져서 마치 친구처럼 지내고 있었으므
로 사람들은 이 선승을 작소화상(鵲巢和尙)이라고도 불렀다. 사람도 새
도 무심의 상태로 놀며 서로 감응하고 있었다.

조과도림(鳥窠道林, 741~824)은 절강성 부양현(富陽縣)의 사람으로
서, 성은 번씨(藩氏)였다. 어머니는 햇볕이 입 안으로 들어오는 꿈을
꾸고 임신했다. 태어날 때 이상한 향기가 방 안에 가득했으므로 어
릴 때의 이름을 향광(香光)이라 불렀다. 아홉 살 되던 해에 출가하여,
21살 때 형주(荊州: 호북성 강릉현)의 과원사(果願寺)에서 계(戒)를 받았다.
그 후 수도 장안으로 와 서명사(西明寺)의 복례(復禮)에게서『화엄경』과
『기신론』을 배웠다. 복례는 도림에게 '진망송(眞妄頌)'을 가르치고 좌선
을 시켰다. 도림은 복례에게 "이 진망송을 어떻게 관(觀)하고, 어떻게
마음을 가지면 됩니까?"하고 질문했다. 이에 대해 복례는 한마디도
답하지 않았다. 그러자 도림은 삼배를 올리고 복례 곁을 떠났다.

'진망송'이라고 하는 것은『기신론』에 의해 진여와 무명의 관계를 서술한 것으로서, 화엄종의 징관(澄觀)이나 종밀(宗密)도 그 견해를 글로 써서 남겨 놓고 있다. 진과 망의 관계에 대해 제각기 자신의 교학적 입장에서 해답을 내고, 그것을 게송으로 한 데 모은 것이 '진망송'이다. 이 '진망송'에 의해 그 사람의 학문의 깊이는 알 수 있지만 진정으로 그 의미를 몸으로 체득했는지, 어떤지는 지성으로써는 알 수 없는 것이다.

조과화상은『화엄경』과『기신론』을 아무리 배웠어도 평안한 마음의 경지를 얻을 수가 없었다. 진여와 무명의 관계를 머리로써 아무리 이해했어도 미쳐 날뛰는 마음은 가라앉지 않았다. 이윽고 화상은 우두선(牛頭禪)의 제1인자였던 경산도흠(徑山道欽)이 있는 곳으로 갔다. 경산도흠은 당시의 황제였던 대종(代宗)에게 초대되어 장안에 와 있었다. 이 경산도흠에게 사사받고 조과화상은 깨달음을 열었다.

조과화상은 이윽고 강남의 진망산에 올라 나무 위에서 좌선을 하게 되었다. 세속이 싫어지고, 인간이 싫어지게 되었으며, 인간의 말은 잡음으로 밖에 들리지 않았다. 인간보다도 새와 수목을 사랑했다. 이리하여 진망산의 나무 위에서 홀로 살게 되었던 것이다. 사람의 소리가 나무 위까지는 들리지 않았다. 나무 끝을 스치는 바람소리가 사람의 말보다 훨씬 나았던 것이다.

순수하게 고행하기 60년

조과화상은 『화엄경』과 『기신론』을 배웠지만 일체의 교학을 헌신짝처럼 버렸다. 오직 몸으로만 수행을 계속하기 위해서였다. 각고의 노력으로 수행하는 것이 화상의 일상생활이 되었다. 인간들과의 만남은 일체 필요없게 되었다. 조과화상의 눈에는 진망산의 수목과 까치만이 보일 뿐이었다.

그러한 조과화상이 있는 곳으로 한 사람의 출가 희망자가 찾아왔다. 그의 이름은 회통(會通)이라고 하였다. 어떻게 해서라도 출가하고 싶다고 나무 아래서 청했다. 회통은 7살 때부터 채식만 하였고, 11살에 5계(五戒)를 받았으며, 지금 22살이라고 했다. 아무쪼록 승려가 되게 해 달라는 회통의 청원을 일언지하에 거절했다. 출가하여 승려가 되어도 생명을 걸고 열심히 노력하는 자는 없다. 단지 잘 조절하면서 수행할 뿐이라고 하는 것이 출가를 허락하지 않은 이유였다. 그가 출가해도 보통의 승려가 될 뿐이므로 출가할 필요가 없다고 하는 것이었다.

재삼 출가를 간청해도 허락하지 않았다. 그때에 회통을 천거하는 승려가 나타나서 조과화상에게, 이 회통이라고 하는 남자는 아직까지 한 번도 여자와 관계했던 적도 없고 시녀를 곁에 둔 적도 없다고 말했다.

이 말을 들은 조과화상은 회통의 출가를 허락했다. 여자와의 접촉이 없는 회통을 출가하기에 적격인 사람이라고 인정했던 것이다. 조과화상은 여성을 일체 가까이 하지 않았다. 여성은 수행에 장애가 된다는 것을 몸으로 알고 있었다. 나무 위에서 살게 되었던 것은 여성을 피하기 위해서였다. 인간을 멀리했으며 특히 여성을 싫어했다. 회통이 22살까지 여성과 접촉했던 적이 없었기 때문에 출가를 허락하고 삭발시켰던 것이다. 회통은 아침 한 번의 식사만으로 밤낮을 가리지 않고 수행에 전념했다.

　어느 날 군수였던 백거이(白居易)가 조과화상을 방문했다. 불법의 큰 뜻을 묻자 "모든 악은 짓지 마라. 모든 선은 받들어 행하라"라고 답했다. "세 살 난 어린 아이도 그러한 것을 알고 있습니다"라고 백거이가 말하자, "세 살 난 어린 아이가 말할 수 있다고 하더라도 80살의 노인조차도 이것을 행하기는 어렵다"고 답했다.

　알고 있는 것과 실행할 수 있는 것은 완전히 다른 것이다. 조과화상이 구하는 것은 다만 실행하는 것이었다. 실행하는 것에 의해서만이 몸으로 감득할 수 있었던 것이었다. 『화엄경』과 『기신론』을 아무리 읽는다고 해도 무엇하나 체득할 수가 없었다. 그는 실행하기 위해 60년의 세월을 바치지 않으면 안 되었다. 이리하여 조과화상의 앞에는 불법도 사라져 버리고 자신의 존재도 소멸해버렸다. 모든 것은 솜털처럼 날아가 버렸던 것이다. 거기에 존재하는 것은 나무 위에서 좌선하고 있는 조과화상과 까치뿐이었다. 스산하게 스쳐가는 나무 위의 바람소리뿐이었다.

염심(染心)의 작용-거친 것(麤)과 미세한 것(細)

.   조과화상은 『기신론』을 배운 적이 있었다. 『기신론』의 법수(法數)인 삼세육추(三細六麤: 九相), 오의(五意)와 의식(意識), 앞서 설명했던 육염(六染) 등도 알고 있었음에 틀림없다. 복례법사는 화엄교학에 정통해 있었기 때문에 화엄학에 관한 지식도 조금은 있었는지 모른다.

지금까지 『기신론』의 심생멸문(心生滅門) 중의 염정생멸(染淨生滅)에 관해 설명해 왔다. 생멸의 마음이란 아려야식(阿黎耶識)이며, 그것은 각과 불각의 두 가지로 나누어 설명되었다. 생멸의 인연을 설명하는 단락에서는 오의(五意)와 의식(意識) 및 육염(六染)이 설명되었다. 그 다음, 「입의분(立義分)」 중에서 "이 심생멸인연의 모습은 능히 마하연(摩訶衍) 자체의 체(體)·상(相)·용(用)을 나타내기 때문에"라고 하는, 이 심생인연의 '모습'을 밝히는 것이 이 단락의 생멸의 모습인 것이다. 앞에서 설했던 9상(九相), 육염(六染)에 관해 거친 것(麤)과 미세한 것(細)의 두 가지 관점에서 이것을 논하는 것이 생멸의 모습을 밝히는 목적인 것이다.

또한 다음에 생멸의 모습을 분류하면 두 가지가 있다. 무엇을 두 가지라 하는가? 첫째는 거친 것(麤)이니, 마음과 상응하기 때문이다. 둘째는 미세한 것(細)이니, 마음과 상응하지 않기 때문이다.

생멸의 모습을 우선 두 가지로 나눈다. 하나는 거친 것이다. 앞에서 설명했듯이 염심을 여섯 가지 염심(六染心)으로 나누었는데, 거친 것이란 앞의 세 가지 염심을 말한다. 이 거친 염심은 주(主)와 객(客)이 분리되어 있다. 대상이 더러우면 마음도 더럽고, 대상이 깨끗하면 마음도 깨끗하게 된다. 주객이 서로 나눠지면서, 또한 서로 깊은 관계에 있기 때문에 상응하는 마음이라고 하는 것이다. 이것은 6식(六識)의 범위 안에서 일어나는 것으로서 범부라도 인식할 수 있는 것, 즉 거칠고 나타나는 것을 말한다. 6염 중의 최초의 3염이란 앞에서 설명했듯이, (1)집상응염(執相應染), (2)부단상응염(不斷相應染), (3)분별지상응염(分別智相應染)의 세 가지 염심이며, 9상에서 말하면 (1)집취상(執取相)과 계명자상(計名字相), (2)상속상(相續相), (3)지상(智相)에 해당한다. 간단히 말하면 아집(我執)과 법집(法執)으로서 자기 자신과 온갖 것에 집착하는 것을 말한다. 그것은 아름다운 것을 보면 욕심이 생기고, 좋은 향수의 냄새를 맡으면 색욕이 일어난다. 이와 같은 더러운 마음은 범부라도 알 수 있다. 아! 색기(色氣)가 일어나는구나, 식욕이 생기는구나 하는 것은 우리 범부로서도 스스로 알 수 있다. 그렇기 때문에 거친 것(麤)이라고 하는 것이다.

이에 반해 미세한 것은 자각할 수 없다. 6식(六識)의 작용이라면 알 수가 있지만, 미세한 염심은 아려야식 속에서 일어난다. 아려야식에는 주객의 대립이 없다. 깊은 잠재의식의 영역은 지성으로는 알 수가 없으며 자각할 수도 없다. 6염심 중 나중의 세가지 염심인 (4)현색불상응염(現色不相應染: 境界相), (5)능견심불상응염(能見心不相應染: 見相), (6)근본업불상응염(根本業不相應染: 業相)이 이것에 해당한다. 대상에 속박되지 않고 자유자재한 경지를 얻거나, 주관적인 마음으로부터 자유롭게 되고, 머무르는 곳마다 주인이 되며, 나아가 부처의 경지가 되지 않으면 이 세 가지 염심에서 벗어날 수가 없다. 이것은 범부로서는 불가능하다. 보살이라도 8지(八地) 이상의 보살이 아니면 안 된다.

조과화상이 진망산의 나무 위에서 생활하게 되었던 것은 이 나중의 세 가지 염심을 끊어버리기 위해서였다. 일체의 객관세계, 특히 인간이나 여성을 미련없이 버리고 자유자재한 마음의 경지에 머물기 위해서였다. 그것은 『기신론』의 입장에서 말하면 나중의 세 가지 염심을 끊어버리기 위해서였으며, 범부로서는 붙잡을 수 없는 미세한 마음의 움직임을 응시하기 위해서였다. 『기신론』을 배운 적이 있던 조과화상은 이 미세한 염심의 움직임을 잘 알고 있었다. 복례법사 밑에서 배우고 있을 당시는 머리로써 이해하는 것이 고작이었다. 그러나 진망산에서는 새와 친숙하게 지내면서 몸으로써 자각하기 위해 자신의 전 존재를 걸었던 것이다.

염심에는 거친 것과 미세한 것이 있다는 것을 알았다. 또한 거친 것 중에도 다시 거친 것과 미세한 것의 두 가지가 있으며, 미세한 것 중에도 다시 거친 것과 미세한 것의 두 가지가 있다. 그것은 인간의 마음의 움직임을 응시했던 마명보살(馬鳴菩薩)에 의해 비로소 알 수 있었던 것이었다. 그렇다면 가장 못쓰는 것이 거친 것 중의 거친 것인 범부이다. 범부의 경지를 거친 것 중의 거친 것이라 한다. 다음에 거친 것 중의 미세한 것과 미세한 것 중의 거친 것은 보살의 경계이며, 미세한 것 중의 미세한 것은 부처의 경지가 된다. 미세한 것 중의 미세한 것을 알 수 있으려면 부처의 경지가 되지 않으면 안 된다. 조과화상은 미세한 것 중의 거친 것까지는 알았으나 미세한 것 중의 미세한 것을 만났는지, 어땠는지. 만년에는 미세한 것 중의 미세한 것을 알았던 것 같다. 마음의 깊고 깊은 곳에 잠재해 있는 미세한 무명의 조짐을 스스로 깨달으면 모습은 인간이라도 경지는 부처인 것이다. 그것은 자신의 마음 깊은 곳을 부단히 응시하는 것을 계속하면 마침내는 깨달을 수 있게 된다. 어떠한 미세한 움직임도 거대한 것으로서 감득할 수 있게 되는 것이다.

솜털과 같다-무명(無明)은 없다

이와 같은 거친 것과 미세한 것의 인간의 경계는 무엇을 의존하며 일어나는 것인가.

이 두 종류의 생멸은 무명의 훈습에 의해서 존재한다. 이른바 인(因)에 의하고, 연(緣)에 의한다. 인에 의한다는 것은 불각의 뜻이기

때문이고, 연에 의한다는 것은 망심으로 경계를 만든다는 뜻이기 때문이다.

    염심 가운데 거친 것과 미세한 것은 어째서 일어나는가? 그것은 근본 무명이 진여의 본체에 훈습했기 때문에 일어나는 것이다. 다시 말하면 의식적으로는 자각할 수 없는 근본무명이 진여라고 하는 깨끗한 마음의 본체에 그림자를 드리우는 것이다. 이 근본무명에 의해 삼세(三細)가 일어난다. 다시금 삼세에서 거친 염심이 생겨난다. 근본 무명이 훈습하는 것이 거친 염심과 미세한 염심을 일으키는 공통적 원인이라는 것을 알 수 있다. 이것을 "이 두 종류의 생멸은 무명의 훈습에 의해서 존재한다"고 하는 것이다.

    다시 인과 연을 찾는다면, 무명은 인(因)이 되고 경계는 연(緣)이 된다. 무명에 의해 미세한 염심이 일어나고, 대상을 연으로써 거친 염심이 일어난다. 자신의 내부에서 일어나는 것이 미세한 염심이며, 외부에서 일어나는 것이 거친 염심이다. 조과화상이 진망산의 나무 위에서 생활했던 것은 먼저 거친 염심이 일어나는 것을 끊기 위해서였다. 절강성의 항주(杭州)나 소흥(紹興)에는 미인이 많고 좋은 술도 있다. 그러한 곳에 있으면 온갖 유혹이 마음을 어지럽힌다. 먼저 거친 염심을 끊기 위해서는 사람이 사는 마을과 멀리 떨어진 진망산이 좋다. 조과화상은 망설이지 않고 산으로 들어갔던 것이다.

    또한 내부에 있는 무명의 미세한 작용을 봉쇄하기 위해서 나무

위로 올라갔다. 나뭇잎과 까치뿐이라면 외계(대상세계)가 마음을 미혹하게 하는 일이 전혀 없다. 60년을 그 곳에서 살고 있으면 외계는 더이상 외계일 수 없었다. 단지 나뭇잎과 산골짜기와 까치가 존재하고있을 뿐이었다. 그것은 외계가 아니게 되었다. 외계가 솜털처럼 날아가 버려 사라졌을 때 자신의 존재도 텅 비게 된다. 텅 빈 상태에서는전혀 무명의 작용이 일어나지 않는다.

조과화상에게 출가했던 회통은 어느 날 화상의 곁을 떠나고자했다. 조과화상은 "너는 어디로 가려 하느냐?"고 물었다. 회통은 "저는 법을 위해서 한 목숨을 바쳐 출가했습니다. 그런데 화상께서는 아무것도 가르쳐 주시지 않습니다. 그래서 이름난 스승을 찾아 불법을배우려고 생각합니다"라고 대답했다. 조과화상은 나에게도 불법이조금은 있지만, 이라고 말하면서 솜털을 손가락으로 집어 들어서 입으로 불어 날려 버렸다. 그것을 본 회통은 깨달음을 열었다.

조과화상의 존재는 솜털 같은 것이었다. 텅 빈 상태가 된 존재에게는 무명도 없다. 아니, 텅 빈 상태도 없다. 있는 것은 나무 위에서좌선하고 있는 조과화상뿐이었다. 그것은 객체 그 자체였다. 객체가되어 사는 사람에게는 무명의 작용도 미세한 염심도 없다.

물과 바람과 파도-마음의 본체(體)와 모습(相)

무명이 없어지면 미세한 염심도 거친 염심도 모두가 없어진다는 것을 『기신론』에서는,

만약 인(因)이 멸한다면 즉 연(緣)이 멸하니, 인(因)이 멸하기 때문에 불상응(不相應)의 마음이 멸한다. 연(緣)이 멸하기 때문에 상응(相應)의 마음이 멸한다.

라고 설한다. 근본무명인 인(因)이 없어지면 경계인 연(緣)도 소멸한다. 인이 되는 무명이 사라지면 대상과 상응하지 않는 마음의 깊고 깊은 곳에 있는 미세한 염심도 없어지게 된다. 또한 대상에 미혹되지 않게 되면 거친 염심도 역시 없어지게 된다. 미세한 것도 거친 것도 근본무명의 훈습이 없어지면 모두 다 없어진다.

나무 위에 있으며 객체가 되어 살았던 조과화상에게는 미세한 염심도 거친 염심도 모두 다 소멸되었다. 일체의 염심이 소멸되었다고 해서 인간의 생명까지도 소멸되었다는 의미는 아니다. 이전처럼 조과화상은 살아가고 있었다. 일체의 염심이 소멸되면 인간 존재 그 자체도 소멸되어 버리는 것이 아닌가 하는 의문이 생긴다. 『기신론』은 그것에 대해,

묻기를, 만약 마음이 멸한다면 어떻게 상속(相續)하겠는가? 만약 상속한다면 어떻게 마침내 멸한다고 말할 수 있겠는가?

라고 하는 의문을 제기한다. 망심이 없어져버리면 우리 중생은 어떻게 상속할 수 있겠는가? 망심의 소멸과 함께 우리 중생도 사라지게 되는 것이 아닌가? 하는 것이다. 또 만일 중생이 상속하여 삶을 지속한다면 망심은 궁극에 있어서 소멸했다고는 말할 수 없는 것이 아닌가? 하는 것이 문제이다.

여기서 문제는 '멸'이라고 하는 것이다. 멸이라고 하면 도대체 무엇이 멸하는 것인가를 확실히 해 둘 필요가 있다. 이것에 대한 해답은,

답하기를, 멸(滅)한다는 것은 오직 마음의 모습(相)이 멸하는 것이지 마음의 본체(體)가 멸하는 것은 아니다. 바람이 물에 의하여 그 움직이는 모습을 나타내듯이, 만약 물이 없어지면 곧 바람의 모습도 단절되어 의지할 곳이 없게 된다. 물이 없어지지 아니하므로 바람의 모습이 상속한다. 오직 바람이 없어지기 때문에 움직이는 모습이 따라 없어진다. 이것은 물이 없어지는 것은 아니다. 무명도 역시 마찬가지이다. 마음의 본체에 의하여 움직인다. 만약 마음의 본체가 멸하면 곧 중생도 단절되어 의지할 곳이 없게 된다. 본체가 멸하지 아니하므로 마음이 상속하는 것이며, 오직 무상(癡)이 멸하기 때문에 마음의 모습도

따라서 멸하지만 마음의 본체(智)가 멸하는 것은 아니다.

라고 설해져 있다. 마음의 본체와 마음의 모습을 구별하지 않고 동일하다고 생각할 때, 위에 서술한 것과 같은 의문이 일어난다. 염심이 멸한다고 하는 것은 단지 마음의 모습이 멸하는 것이지 마음의 본체가 멸하는 것은 아니다.

그것은 비유컨대 바람이 물을 움직여서 파도를 일으키는 것과 같은 것이다. 만약 물이 없어지면 파도는 그 의지할 곳을 잃어버려 파도 또한 없어진다. 물 그 자체가 없어지면 파도도 없어지지만, 물 그 자체, 즉 물의 본체가 소멸하지 않으면 파도도 역시 소멸하는 일이 없다. 즉 상속할 수가 있는 것이다. 다만 바람이 소멸하면 파도가 소멸할 뿐이고, 파도가 소멸한다고 해서 물 그 자체가 소멸한다는 것은 아니다.

이와 같이 생각하여 파도를 중생, 마음의 본체를 물, 무명을 바람이라고 한다면, 무명의 바람이 불어서 마음의 본체인 물을 움직여 여기에 중생 즉 파도가 일어나는 것이다. 만약 마음의 본체인 물이 소멸하면 중생인 파도는 그 의지할 바를 잃고 소멸해버리는 것이다. 그러나 마음의 본체인 물은 멸하는 일이 없으므로 마음의 모습은 상속할 수가 있다.

무명에 의하여 마음의 모습은 동요한다. 무명이 멸하면 마음의 모습도 멸한다. 그러나 마음의 모습이 멸한다고 해서 마음의 본체가 멸하는 것은 아니다. 마음의 본체란 본각(本覺)인 진심이며, 지체(智體)인 것이다. 마음이 멸한다고 할 때의 마음이란, 마음의 모습을 일컫는 것으로서, 그 마음의 모습이 멸해도 본각진심인 마음의 본체는 불멸인 것이다.

업(業)의 불이 타다

마음의 모습은 소멸하는 것이지만 본각진심인 마음의 본체는 불멸이다. 어리석고 더러운 것은 마음의 모습인 것이다. 마음의 모습이란 마음의 동요이며, 마음의 작용이다.

백거이가 군수였을 때 진망산에 온 일이 있었다. 백거이는 "선승께서 머무는 집은 매우 위험하지 않습니까?"라고 물었다. 조과화상은 "당신이야말로 매우 위험한 곳에 있습니다"라고 대답했다. 백거이는 의아한 표정을 지으며 "나는 국토를 다스리고 있습니다. 무슨 위험이 있다고 하십니까?"라고 말했다.

그러자 조과화상은,

장작불은 서로 마주쳐서 식성(識性)이 그치지 않는다. 어찌 위험하지 않겠느냐?

라고 대답했다. 여기에서 식성(識性)이라고 하는 것은 마음의 모습을 말하고, 장작불이란 염심, 번뇌를 의미한다. 땔나무의 불길처럼 번뇌가 타오르고, 그 더러워진 마음은 한 순간도 쉬지 않는다. 끊임없이 번뇌의 불길이 그 몸을 괴롭히고 있으니 이것보다 위험한 것은 없지 않겠느냐 라고 말했던 것이다.

마음의 모습은 끊임없이 동요한다. 한림학사(翰林學士)였던 백거이는 한 때 지방관리로 좌천되었다. 그때 조과화상을 방문하여 불법을 들으러 왔던 것이다. 지방관리로 좌천된 백거이의 가슴 속에는 분함을 달랠 길이 없는 업의 불이 타고 있었다고 해도 이상하지 않다. 그 백거이의 마음의 움직임이야말로 가장 위험한 것이라는 것을 조과화상은 갈파했던 것이다.

『기신론』에서 생멸의 모습을 설함에 있어서 거친 것과 미세한 것으로 나눈 것은 중요하다. 자기 스스로 자각하여 알 수 있는 번뇌나 염심 즉, 거친 염심은 그래도 괜찮다. 그것은 스스로 붙잡을 수 있기 때문이다. 문제는 미세한 염심인 것이다. 자기 자신은 전혀 자각하지 못하기 때문에 그것이야말로 미망의 근원인 것이다.

백거이는 소나무 위에서 생활하고 있는 조과화상을 보고 화상이 머무는 집은 얼마나 위험할까 하고 걱정했다. 자신은 좌천되었다고는 하지만 지방의 관리이며 권력도 있고 재력도 살아 갈 만큼 충분히 있기 때문에 어떠한 위험도 없다고 생각했다. 그러나 조과화상이 지적했던 것은 마음속의 위험이었다. 거친 염심은 그래도 괜찮다. 미세한 염심의 움직임을 백거이는 전혀 눈치 채지 못하고 있었던 것이었다.

거친 염심이라도 이것을 끊어버리기는 어렵다. 하물며 미세한 염심은 의식으로 자각할 수가 없기 때문에 한층 더 어려운 일이다. 이것을 끊어버리기 위해 조과화상으로서도 60년의 수행이 필요했다. 20살 무렵부터 84살에 죽기까지의 60년에 이르는 수행을 했던 것이다. 수행하는 것은 쉬운 일이 아니다. 젊었을 때 몇 년 동안 선방에서 수행해도 보통의 생활로 돌아가면 아무런 쓸모가 없다. 보통의 속인에 불과한 것이다. 부단한 수행이야말로 마음의 모습의 움직임이나 미혹을 봉쇄할 수가 있다.

부단한 수행이란 단지 60년 동안 좌선을 하고 있다는 것만은 아니다. 한순간 한순간마다 객체가 되어 생활하지 않으면 안 된다. 응연부동(凝然不動)하게 마음의 깊은 곳을 응시하지 않으면 안 된다. 『기신론』에서 설하는 생멸인연의 모습이란, 마명보살이 마음의 눈으로 파악한 절묘한 풍광(風光)을 문자로 표현한 것이다. 진망산의 수목을 스치는 바람은 스산하게 조과화상의 머리 위를 스쳐 지나갔다. 소리 없는 소리가 진여의 소리를 연주하고 있었다. 거기에는 무명(無明)의 악령이 들어올 여지가 전혀 없었다.

제16화

물 속에서 결가부좌한 지엄(智嚴)

물속에서의 좌선-지엄

주위의 산들이 모조리 넓죽 엎드리고 있는 듯이 보일 만큼 봉우리 하나가 창공으로 우뚝 솟아 있다. 이 봉우리를 천주봉(天柱峰)이라 한다. 천주봉이 주봉인 환공산(皖公山)은 안휘성(安徽省) 잠산현(潛山縣)의 서쪽에 있다. 천주봉이 우뚝 솟아 있는 계곡에는 계곡물이 바위를 돌아 세차게 흐르고 있다. 이 계곡의 큰 바위 위에 좌선을 하고 있는 수행자가 있었다. 깊은 선정에 들어가 있으면, 갑자기 물이 불어 이윽고 바위 위를 씻어 내렸다. 그러나 이 수행자는 의연히 미동조차 하지 않았다. 얼마 후 결가부좌하고 있는 양 다리가 물에 잠겼다. 여전히 이 수행자는 바위에서 일어나 도망가려고 하지 않았다. 물 흐름이 점점 더 강해졌다. 당장 수몰되는 것이 아닌가 생각되었지만 이윽고 물의 흐름이 약해지더니 물은 빠졌다. 계곡물이 이 수행자의 선정력(禪定力)의 완성을 확인했던 것이다.

이 수행자가 지엄선사(智嚴禪師, 575~654)이다. 지엄은 곡아(曲阿, 江蘇省 丹陽) 출신으로, 청년이 되자 지혜와 용기를 겸비한 용사가 되었다. 신장은 7척 5촌(약 230cm)이나 되었다. 수(隋)의 대업년간(大業年間, 605~616)에 장수가 되어 병사들을 이끌고 전장을 돌아다녔다. 지엄은 항상 이상한 것을 휴대하고 있었다. 그것은 물주머니였다. 그 속에는 노수(瀘水)의 물이 들어 있었다. 노수의 물에는 악한 기운이 있어 사람들도 이 노수를 건너가기만 해도 반드시 죽는다고 두려워하고 있었다. 그러나 지엄은 이 물을 아무렇지도 않게 마시고 있었다. 지엄은 전장을 질주하며 누차에 걸쳐 혁혁한 전공을 세웠으며, 많은 적병을 죽였다.

전장을 종횡으로 누빈 지엄도 어느덧 나이 40이 되어 있었다. 그는 사람이 사람을 죽임으로써 영광과 명예를 얻는 군인이란 도대체 무엇인가를 생각했다. 사람을 많이 죽일수록 훌륭한 군인이 된다는 것에 의문을 품게 되었다. 또한 언젠가는 이슬처럼 덧없는 인생을 마감하지 않으면 안 될 자신의 나쁜 소행이 몹시 싫어졌다. 이리하여 환공산으로 옮겨왔다. 그 산에는 보월선사(寶月禪師)라고 하는 훌륭한 선승이 있다는 것을 들었기 때문이다. 지엄은 망설이지 않고 보월의 제자가 되었다.

어느 날 지엄이 좌선을 하고 있을 때, 키가 1장(약 3m)이나 되는 이상한 승려가 나타났다. 그 승려의 모습은 너무나도 성스러웠다. 낭랑한 목소리로 지엄에게 "당신은 나이 40이 되어서야 출가했기 때문에 딴 사람보다 배나 더 정진하지 않으면 안됩니다"라는 말을 마치자마자 홀연히 사라져 버렸다. 그때부터 지엄은 몸과 목숨을 아끼지 않고 엄한 수행을 시작하였다. 계곡의 물에 잠기면서 좌선을 했던 것은 바로 그 직후였다.

수장(水葬)해야 한다.

어느 날 산 중에서 사냥꾼을 만났다. 지엄이 좌선하고 있는 모습을 본 사냥꾼은 지엄의 범상치 않은 모습에 놀라 저도 모르는 사이에 합장을 했다. 거기서 부처를 보고, 진여를 보았던 것이다. 사냥꾼은 짐승들을 살생하고 있는 자신의 나쁜 소행을 부끄럽게 여겨 그 잘못을 반성하고 착한 일을 할 것을 맹세했다.

옛날 전장에서 생사를 같이 했던 두 명의 장수가 산으로 찾아왔다. 은둔한 지엄을 찾아왔던 것이다. 만나자마자 장수들은 "장군, 당신은 미쳐버린 것이 아닙니까, 어찌하여 이런 산에 계십니까?"하고 물었다. 지엄은 "미친 사람이었던 나는 이제야 깨달았습니다. 당신들이야말로 미쳐있는 것이 아닙니까?"라고 대답했다. 두 장수는 용맹한 장군을 다시 데리고 돌아가려고 했던 것이다. 그래서 두 사람은 산 속에 있는 지엄을 미친 사람 취급을 하였다. 그런데 지엄은 예전에 전장에서 사람을 죽였던 자신이 미친 사람이었다는 것을 깨닫고 있었다. 미쳐있는 것은 지엄 자신이 아니라 너희들이라고 단언했던 것이다.

지엄은 두 장수의 미쳐있는 이유를,

대저 색을 좋아하고, 소리에 현혹되고, 명예를 탐하고, 애첩을 범하여, 생사를 유전(流轉)한다. 어째서 스스로 벗어나지 않는가? (『경덕전

276

등록』 권4)

라고 설명했다. 자신의 과거의 생활이나 너희들의 생활은 여색에 빠져, 여성의 소리에 마음이 이끌려 음욕을 일으키고, 사람을 살해하여 명예를 얻으려고 하며, 애첩을 범하여 생사에 괴로워 몸부림치고 있다는 것을 설했던 것이다. 이 애욕과 명성의 수렁에서 어떻게 해서라도 스스로 벗어나지 않고 도대체 어떻게 하려고 하는가를 깨닫게 했다. 이 지엄의 설교를 들은 두 사람은 한숨을 쉬며, 깊은 감명을 간직한 채 산을 내려갔다.

환공산에서 수행하고 있던 지엄은 이윽고 건업(建業: 南京)으로 돌아와, 그 근교의 우두산(牛頭山)으로 가서 우두법융(牛頭法融)에게 사사받고 깨달음을 얻었다. 법융은 지엄에게 법을 전수했다. 그때 법융은 지엄에게 자기의 감개무량함을 다음과 같이 말했다. "나는 사조(四祖) 도신대사(道信大師)의 진법(眞法)을 전해 받아 일체의 번뇌를 끊을 수 있었다. 깨달음도 역시 꿈속의 환영 같은 것임을 알았다. 너의 경계에는 하나의 티끌이 날아서 하늘을 덮는 일도, 하나의 먼지가 떨어져 땅을 감추는 일도 없어졌다. 이제 나는 너에게 아무 것도 말할 것이 없다. 이 우두산의 법문(法門)을 너에게 부탁하노라." 이리하여 지엄은 우두산의 2세(世)가 되었다.

지엄의 경계에는 하나의 먼지도 티끌도 없었다. 무명은 완전히 끊어져 버리고 진여의 달만이 빛나고 있었다. 그러나 우두산의 2세라는 명예도 지엄의 뜻을 만족시킬 수는 없었다. 법통을 이어받고, 한 종파의 주인이 되는 것은 영화로움을 탐하는 것이고, 미친 사람이나 하는 짓이었다. 정법으로 사는 자가 행하는 길이 아니었다. 일체의 명예와 애욕을 끊어버린 지엄은 우두산을 혜방(慧方)에게 물려주고, 이윽고 석두성(石頭城, 南京市 淸凉山)으로 옮겨갔다. 이 석두성은 장강(長江)이 산기슭을 끼고 흐르는 경치 좋은 곳이었는데, 지금은 화장터가 되어 있다. 이 청량사에서 죽음을 맞이한 지엄의 가슴에는 무슨 생각이 오갔을까. 장군이었던 시절, 전장을 종횡무진했던 시절에 마셨던 물의 기억이 뇌리를 스쳐 지나갔다. 또한 환공산의 계곡에서 물에 잠겨 가면서 좌선을 했던 모습이 머리에 떠올랐다. 나이 78살 때, 죽을 때가 되었음을 알고 "수장(水葬)해야 한다"고 제자들에게 유언을 남겼다. 지엄의 시체는 장강(揚子江)의 흐름 속에 수장되었다. 장강은 유구한 흐름 속에 지엄의 시체를 삼키고도 묵묵히 아무런 일도 없었던 것처럼 흐르고 있다.

깨달음과 어리석음의 네 가지 요소

지엄은 출가하기 전, 장군으로서 전장에서 맹활약을 하며 많은 사람을 죽였다. 확실히 그것은 무명의 어두운 길을 헤매고 있는 것이었다. 그 무명의 어두운 길에서 어떻게 깨달음의 세계로 들어갈 수 있었던 것일까? 무명 속에 진여의 정법(淨法)이 훈습하고 있었기 때문이다.

『기신론』은 생멸의 마음(心)과, 생멸의 인연(因緣)과, 생멸의 모습(相)을 설명해 왔다. 여기서 설명하는 것은 염법(染法)과 정법(淨法)이 상호 훈습하는 관계를 밝히고자 한다. 그것은 (1)훈습의 사법(四法), (2)염법훈습(染法熏習), (3)정법훈습(淨法熏習)의 세 가지로 나누어진다.

우선 첫 번째의 훈습의 사법(四法)에 대해 『논』은 다음과 같이 설명한다.

또한 다음에 네 가지 종류의 법(法)에 훈습의 뜻이 있기 때문에 염법(染法)과 정법(淨法)이 일어나 단절하지 않는다. 무엇이 네 가지인가? 첫째는 정법(淨法)이니 이름하여 진여(眞如)라 한다. 둘째는 일체의 염인(染因)이니 이름하여 무명(無明)이라 한다. 셋째는 망심(妄心)이니 이름하여 업식(業識)이라 한다. 넷째는 망경계(妄境界)이니 이른바 육진(六塵)이다.

훈습의 요소는 염법과 정법의 두 종류지만, 여기서는 염법을 다시 세 가지로 나누어서 네 가지의 종류가 있다고 설명한다. 미망의 세계와 깨달음의 세계가 서로 일어나 단절되지 않는 이유를 이 네 가지 종류에 의해 설명한다. 염법이란 미망의 세계, 정법이란 깨달음의 세계를 말한다. 지엄의 장군으로서의 반평생은 염법의 세계였으며,

출가해서부터의 수행은 정법의 세계가 된다. 또한 출가는 했어도 마음이 여러 갈래로 어지러운 때도 있고 여성에 현혹되는 일도 있었다. 그것은 염법과 정법이 번갈아 교차되는 세계인 것이다. 우리의 하루 생활 중에서도 불단 앞에서 합장하고 있을 때는 정법이 일어나지만, 그 외 다른 시간에는 망법이 일어나는 것이므로 "염법과 정법이 일어나 단절되지 않는다"라고 하는 것은 살아있다고 하는 증거인 것이다.

그렇다면 이 네 가지 요소란 어떠한 것인가. 진여와 무명과 망심과 망경계의 네 가지이다. 처음의 진여만이 정법이고 나중의 세 가지는 망법이다.

첫째의 정법(淨法)이란 진여를 말하는 것이다. 진여의 작용을 진여훈습(眞如熏習) 또는 정법훈습(淨法熏習)이라 한다. 이 진여가 훈습함에 의해서 무명의 망법을 타파하고 깨달음의 세계를 열어간다. 지엄이 산의 계곡에서 좌선한 것은 진여의 훈습인 것이다. 내면으로부터의 진여의 소리에 각성되어 계곡에서 필사의 좌선을 행했던 것이다. 또한 이상한 승려가 당신은 만년에 출가했기 때문에 다른 사람보다 배로 좌선에 힘쓰지 않으면 도저히 출가자로서 한 몫 할 수가 없다고 말했던 것은 외부의 진여의 소리인 것이다. 지엄은 진여의 소리를 내부에서도 외부에서도 들을 수 있었던 것이다. 지엄의 마음속에 티끌 하나 먼지 하나도 없게 되었을 때, 진여의 훈습은 완성되는 것이다.

둘째는 일체의 염법의 원인이 되는 무명(無明)이다. 무명의 작용에 의해 사람은 악마로도 된다. 지엄의 앞의 반평생은 무명의 어두운 길을 헤매고 있었던 것이었다. 어둠에서 어둠으로의 생애였다. 사람의 일생에는 이와 같은 시기가 누구에게나 있다. 다만 정도의 차이가 있을 뿐이다. 무명의 어두운 길을 걷고 있을 때는 무명을 알지 못한다. 깨닫고 나서 비로소 아는 것이다. 무명의 어두운 길만을 계속 살아가고 있으면 자신이 무명으로 훈습되어 있다는 사실을 모르고 아무 거리낌 없이 살인을 저지르게 된다. 40세가 된 지엄은 문득 자신의 소행을 돌이켜 볼 기회가 왔다. 마음속에 진여의 희미한 빛이 비집고 들어온 것이다. 그 진여의 빛이 비집고 들어온 계기가 된 것은 설법을 들었기 때문인지도 모르며, 혹은 마음속에 싹튼 회의 때문이었는지도 모른다.

셋째는 망심이다. 망심이란 업식(業識)을 말한다. 업식이라고 하는 것은 앞에서 나왔지만, 진여의 깨달음 그 자체가 무명의 연(緣)에 의해 움직인 초기의 마음을 말하는 것이다. 진여가 무명에 의해 더럽혀진 마음이다. 보통 쓰는 말로 망심, 또는 망상이라 해도 좋다. 좌선에 한창 열중하고 있을 때도 망상은 일어난다. 공부나 예술의 창작 활동 같은, 한 가지 일에 정신을 너무 과도하게 집중하게 되면 성욕이 일어나게 될 때도 있다. 지엄이 행했던 물속에서의 좌선은 성욕을 완전히 제압할 수 있었다. 염법의 원인인 무명이 홀연히 이유없이 마음속에 일어나기 시작할 때 이것이 업식(業識)이며, 망심인 것이다. 이것을 업식훈습이라고도 한다.

넷째는 육진(六塵)이다. 망심의 대상인 육진의 경계를 말한다. 육진이란 색(色)·성(聲)·향(香)·미(味)·촉(觸)·법(法)을 말한다. 사람의 마음속에 들어있는 본래 청정한 마음을 더럽히기 때문에 진(塵)이라 부르는 것이다. 색·성·향·미의 네 가지는 안(眼)·이(耳)·비(鼻)·설(舌)의 대상이 되는 것이며, 촉은 접촉되는 대상이 되고, 법은 사고(思考)의 대상이 되는 것이다. 이러한 외계에 있는 온갖 것들이 우리의 감각기관을 자극하며, 이것에 의해 망상이 일어나기 시작한다. 여인의 모습을 보거나 여인의 소리를 듣고서 색욕이 일어나기 시작하는 것은 이러한 이유인 것이다.

이 네 가지 요소 중, 처음의 진여는 각(覺)이고, 다른 세 가지는 불각(不覺)이다. 불각을 다시 세분하여 무명과 망심과 망경계의 세 가지로 나눈 것은 무슨 이유일까? 진여의 정법(淨法)은 본래 평등하고, 하나의 의미뿐이기 때문에 구분할 수가 없으므로 오직 하나지만, 염법인 불각은 제각기 무명과 망심과 망경계의 성질이 다르므로 세 가지로 나누었던 것이다.

진여의 훈습이란

염법과 정법의 네 가지 요소를 설한 가운데 "염법과 정법이 일어나 단절되지 않는다"고 했다. 이것을 좀 더 깊이 생각해 보면, 정법은 끝이 없으며 끊어지지 않는다는 것에 반해, 염법은 끝이 있고 끊어진 다는 것에 주의해야 한다. 정법인 진여는 절대적이고 시간을 초월해 있다. 지엄이 전장에서 살인을 자신의 임무로 삼고 있을 때도 진여는 존재하고 있었으며, 또한 출가해서도 당연히 존재하고 있었던 것이 다. 그러므로 진여에는 단멸이 없다. 이것에 반해 염법은 수행에 의 해 끊을 수가 있다. 우두산(牛頭山)을 떠나 청량산(淸凉山)으로 간 만년 의 지엄에게는 이미 염법인 하나의 티끌도 먼지도 없었다. 완전히 망 심을 단멸해 버렸던 것이다.

여기서 염법과 정법이 서로 훈습한다고 말했는데, 그렇다면 훈 습이란 어떠한 것인가?『논』은 다음과 같이 설한다.

훈습의 뜻이란, 세간(世間)의 의류는 실제로는 향기가 없다. 마치 사람이 향으로써 훈습하기 때문에 곧 향기가 있는 것과 같다. 이것 역 시 그러하다. 진여의 정법에는 실제로는 더러움(染)이 없다. 다만 무명 으로써 훈습하기 때문에 곧 더러운 모습(染相)이 있다. 무명인 염법에 는 실제로 깨끗한 업(淨業)이 없다. 단지 진여로써 훈습하기 때문에 깨 끗한 작용(淨用)이 있다.

향을 피운 방안에 오랫동안 앉아 있으면 방에서 나가도 의복에 향 냄새가 베어 있는 것이 훈습인 것이다. 이『기신론』의 비유에서는 의복에는 본래 향기도 악취도 없지만 향기나 악취를 훈습하면 의복 자체에도 향기가 나고 악취가 난다는 것이다. 예를 들면, 승려가 입은 옷에는 녹차의 향기가 나고, 의사가 입고 있는 흰 옷에는 약냄새가 나고, 어부의 옷에는 비린내가 나는 것과 같은 것이다.

이와 같이 진여는 본래 청정한 것으로서, 그 자체에는 향기도 악취도 없다. 그러나 무명에 의해 훈습되면 차차로 더러운 모습을 띠기 시작한다. 또한 무명은 본래부터 더러운 것이므로 어두운 길을 걷는 어두운 작용 밖에 없는 것이지만, 그것이 진여로 훈습되면 점차로 깨끗한 작용이 일어나기 시작하는 것이다.

훈습이란 알기 쉽게 말하면, 어떤 것이 일종의 작용을 일으켜서 다른 것을 자극하여 어떤 결과를 생겨나게 하는 것이다. 간단히 말하면 자극시켜 만드는 것이다. 타인을 동화시킨다거나 감화시키는 것도 훈습과 같은 것이다. 하나의 어떤 것이 다른 것에 훈습되는 경우, 세력이 강한 것과 약한 것이 있으면 세력이 강한 것에서 약한 것으로 훈습은 이루어진다. 이 경우 세력이 강한 것을 능훈(能熏)이라 하고, 세력이 약한 것을 소훈(所熏)이라 한다. 착한 사람과 함께 있으면 점차로 착한 사람이 되지만, 악한 사람과 함께 있으면 악한 사람이 되는 것과 같은 것이다.

지엄이 장군으로서 전장을 돌아다니게 되면 어떻게 해서라도 공을 세우기 위해 남들보다 적을 많이 죽이게 된다. 그러나 출가하여 도반과 함께 수행하고 있으면 망상은 사라지고 명예도 여성도, 일체의 모든 번뇌를 끊고 오로지 진여의 달에 물들어간다.

　여기서 주의하지 않으면 안 되는 것은, 지엄이 40살에 출가하려고 결심했던 것은 무슨 까닭인가 하는 것이다. 이것은 내면에서 진여가 일어나 마음에 훈습하여 깨끗한 보리심(菩提心)을 일으켰기 때문이다. 또한 보월선사(寶月禪師)나 우두법융(牛頭法融)에게 가르침을 받고 맑은 정심(淨心)을 얻을 수 있었던 것은 밖으로부터 진여가 훈습했기 때문이다. 이 두 사람의 선사는 외부로부터의 진여였다. 이와 같이 생각하면 훈습에는 안으로부터의 훈습과 밖으로부터의 훈습, 두 가지가 있다는 것을 알 수 있다.

　한 마디로 훈습이라고 하면 간단한 것처럼 생각되지만 사실은 대단한 것이다. 지엄으로서도 진여의 청정한 법의 본체가 되기까지는 출가해서부터 약 40년의 세월이 소요되지 않았던가. 훈습이라고 하는 것은 반복적으로 연습함으로써 비로소 가능한 것이다. 1, 2년 좌선을 하거나 염불이나 독경을 한다고 해도 곧 다시 원래 상태로 되돌아가서 염법의 세계를 유전해 갈 뿐이다. 미야모토 무사시(宮本武藏)가 설하듯, 끊임없는 수행 없이는 훈습은 있을 수 없다는 것을 명심하지 않으면 안 된다.

미친 것은 거울이다.

　지엄이 과연 우두법융에게 사사받았는지 어땠는지는 역사적으로 문제가 있지만, 여기서는 그것과는 상관없는 일이다. 지엄은 법융 밑에서 중대한 것을 발견하여 크게 깨달았다고 하는데, 우두법융도 당시의 위대한 선승이었다.

　법융은 무명에 관해서 다음과 같이 생각하고 있었다.

　마음속의 티끌의 만분의 일이라도 깨닫지 않으면 무명이라 한다. 미세하게 훈습의 인(因)이 일어나, 서서히 명상(名相)을 일으킨다. 바람이 불어 파도가 치면 고요해지기를 바라더라도 물은 다시 고요해지지 않는다.

　마음 속 티끌의 만 분의 일이라도 깨닫지 않으면 무명이라고 한다. 지엄이 법융을 만났을 때, 그 마음의 경계를 티끌 하나 먼지 하나도 없다고 말했는데, 티끌 하나라도 있으면 그것은 무명이라고 하는 것이다. 지독한 무명의 파악방법이다. 티끌 하나라도 무명이 일어나면 미세한 훈습의 인(因)이 일어나, 망념이 서서히 생겨나기 시작한다. 그리하여 서서히 명상(名相: 妄想)이 일어나기 시작한다. 그것은 마치 바람이 불어서 파도가 일어나면 고요해지려고 해도 쉽사리 고요해지지 않고, 파도가 그치지 않는 것과 같은 것이다.

286

조금씩 일어나는 무명은 미세한 것이다. 우리가 이 무명의 움직임을 파악하기란 매우 어렵다. 그러나 무명의 훈습은 서서히 망념과 망상을 일으켜서 커다란 무명의 움직임으로 되어간다. 무명의 훈습은 미세한 것에서 거친 것으로 움직여 간다는 것을, 스승 법융도 확실히 깨닫고 있었던 것이다.

진여와 무명이 훈습한다는 것은 『기신론』만의 독특한 가르침이다. 염법훈습은 무명이 진여를 훈습해 가는 것이기 때문에 미혹의 세계가 나타난다. 이것에 반해서 정법훈습은 진여가 무명을 훈습해 가기 때문에 깨달음의 세계가 나타난다. 『기신론』은 진여가 훈습한다는 것을 설하지만, 법상종(法相宗)에서는 "진여는 의연하여 일체의 법을 만들지 않는다"라고 하여 진여의 훈습을 인정하지 않는다. 법상종에서는 진여에는 능훈(能熏)의 뜻도 소훈(所熏)의 뜻도 없다고 한다. 즉 법상종에서는 훈습에 관하여 능훈의 네 가지 뜻과 소훈의 네 가지 뜻을 엄밀히 규정하고 있기 때문에 『기신론』과 같은 방법으로는 설하지 않는다. 법상종에서의 진여는 어디까지나 불생불멸이며, 무위법(無爲法: 변화하지 않는 절대의 진리)인 것에 반해, 『기신론』에서는 진여는 무명을 훈습해 가는 작용을 가진다.

물속에서 좌선을 하고 있는 지엄은 정법훈습을 행하고 있었던 것이었다. 무명의 망심에 진여의 정법을 훈습시키고 있었던 것이었다. 물은 맑고 깨끗하다. 더구나 환공산의 계곡의 물은 맑고 깨끗했으며 굉장히 차가웠다. 그 찬물에 하반신을 담그고 있으면 성욕은 일체 일어나지 않았다. 타오르는 성욕도 진정되지 않을 수 없다. 분명히 망상인 무명을 진여가 훈습하여 온 몸과 마음이 점차 진여로 되어가고 있었다. 이윽고 몸과 마음 전체가 진여가 되었다. 그러자 불가사의하게도 하반신까지 잠겼던 물이 어느 새 빠져나가고 있었던 것이다.

진여로 훈습된 지엄은 걷고 있을 뿐인데도 진여가 걷고 있는 듯이 보였다. 훈습은 다시 지엄 주변의 사람들에게 파급되어 갔다. 사냥꾼이 살아있는 것을 죽이는 것을 부끄럽게 여겨 자신의 소행을 참회하고 선(善)을 행하게 되었던 것은 진여인 지엄을 보았기 때문이다. 계곡에서 망상을 씻고 깨끗해진 지엄의 모습을 우러러 보았기 때문이다.

지엄과 함께 전장을 돌아다녔던 두 사람의 장수가 환공산에 올라와 지엄의 모습을 보고 미친 사람이라고 생각했던 것은, 무명에 훈습되어 있는 두 사람의 눈에 비춰진 지엄의 모습이 진여였기 때문이다. 교교히 빛나는 진여를 눈앞에서 본 두 장수의 눈에는 '미쳤다'는 것 밖에 투영되지 않았던 것이다. '미쳤다'는 것은 '거울'인 것이다. 두 사람의 눈에 미쳤다고 보인 것은 무명의 눈으로 보았기 때문이었다. 진여의 눈으로 지엄의 모습을 보게 되면 그것은 영롱하고도 투명한 거울인 것이다.

그런데 진여의 거울은 두 사람의 장수에게 훈습을 주었다. 훈습의 '훈'이라고 하는 것에는 '극발(劇發)'의 의미와 '여력(與力)'의 의미가 있다. 갑자기 상대에게 강한 작용을 미치는 것이 극발이며, 강력한 힘을 주는 것이 여력인 것이다. 지엄의 힘은 두 사람을 자극했다. 두 사람의 마음은 그 힘에 빨려 들어갔다. 광기에 매혹당한 것이다. 그렇기 때문에 두 사람은 깊은 감동을 얻어 산을 내려갔던 것이다. 지엄이 마셨던 노수(瀘水)의 물도, 좌선 중 하반신을 씻어 내리던 물도, 수장되어진 물도 모두 진여의 맑은 물이었다.

진여가 힘을 발하여 상대의 마음을 바꾸게 하는 것이 훈습인 것이다. 진여에는 힘이 있고 그 힘은 상대에게 파급되어 간다는 것을 설한 『기신론』은 너무나 위대한 책이 아닌가. 그것은 불교 책만이 한정되지 않고 인간의 책이며 영적인 기운이 용솟음치는 책인 것이다. 『기신론』의 일언일구(一言一句)는 무서울 정도의 정신과 육체의 단련과 수행의 극한 속에서 용솟음쳐 나오는 것이다.

제17화

한자리에서 40년을 보낸 유칙(惟則)

불굴암(佛窟巖)의 지인(至人) - 불굴유칙(佛窟惟則)

비예산(比叡山) 연력사(延曆寺)를 개창했던 전교대사 최징(傳敎大師 最澄)이 중국에서 공부했던 천태산 국청사(國淸寺)는 천태종의 성지로서 유명하다. 천태산에는 많은 봉우리가 우뚝우뚝 솟아 있고, 그 사이로 폭포나 계곡의 물이 세차게 흐르며, 도처에 거대한 바위가 있다. 그 산 속 폭포천(瀑布泉)의 서쪽으로 불굴암(佛窟巖)이 있었다. 이 불굴암에서 40년 동안 움직이지 않고 조용하게 살았던 이가 불굴유칙선사(佛窟惟則禪師)였다.

불굴유칙(754~830)은 수도 장안 출신 사람으로서, 어려서부터 세속에 어울리는 것을 좋아하지 않았다. 서법(書法)의 초서(草書)를 배우고, 경사(經史)를 읽으며, 불서(佛書)를 가까이 하는 일이 많았다. 부친이 금릉(金陵: 南京)에 은거함에 따라 금릉에서 지내게 된 유칙은 어느 날 갑자기 집을 나와 남경 교외의 우두산(牛頭山)에 있었기 때문이었다. 우두종(牛頭宗)은 신수(神秀)의 북종(北宗)이나 혜능(慧能)의 남종(南宗)과는 다른 독자적인 종풍(宗風)을 지니고 있었다. 유칙은 이 산에서 우두선(牛頭禪)을 배웠다.

구름과 안개에 싸인 우두산 속에서 오로지 좌선만을 하고 있던 유칙의 눈에서 천지에 있는 일체의 객체가 사라졌다. 객체가 존재하고 있는 것은 확실하지만 자신에게 있어서 객체는 일체 없었다. 성인이라고 해도 그것은 그림자에 불과하고, 백성이라고 해도 그것은 꿈과 같은 것에 지나지 않았다. 유칙에게 있어서 그림자와 같은 성인은 추구할 가치가 없었다. 성인도 일반 범부도 필요 없었다. 목표로 하는 것은 지인(至人)이 되고 초인이 되는 것이었다. 도를 얻은 사람이 되는 것이었다. 지인(至人)이란 도를 닦아서 궁극적 경지에 이른 사람을 의미하는 것이다. 지인은 일체의 것에 시달리는 일이 없고, 망념이 없기 때문에 꿈을 꾸지도 않는다. 일체의 아집이 소멸된 무심의 경지에 있는 것이 지인인 것이다.

유칙이 목표로 했던 것은 지인(至人)이 되는 것이었다. 지인이 되면 혼자서 가는 길이 열린다. 스승도 제자도 귀의자(歸依者)도 일체가 불필요하게 된다. 그것들은 단지 성가시게 할 뿐인 것이다. 지인이 되면 독행도(獨行道)가 활연히 열리게 된다. 그리하여 만물의 주인이 될 수가 있는 것이다.

이와 같은 생각에 이른 유칙은 더 이상 우두산에 머무는 것에 만족할 수 없었다. 우두의 선법(禪法)에 구애되는 것이 싫어졌다. 마침내 결연히 우두산을 내려왔다. 장강을 따라 내려가 절강성(浙江省)의 조그마한 내를 건너고 산을 넘어서 마침내 천태산의 신령한 기운에 이끌려 산을 올랐다. 돌다리에서 쏟아져 내리는 폭포를 보기도 하고, 일찍이 천태대사(天台大師)가 깨달음을 열었던 화정봉(華頂峰)에도 올랐다. 이윽고 불굴암을 발견했다. 바로 여기다 라는 생각이 들었다. 넝쿨들을 모으고 낙엽을 주워서 초암(草庵)을 만들었다. 계곡의 물과 나무 열매만을 먹고 사는 생활이 시작되었다. 곡류나 고기를 먹게 되면 몸에도 좋지 않을 뿐 아니라 망념이나 성욕이 일어나기 때문이었다.

초암을 방문하는 사람은 아무도 없었다. 천지는 고요하고 한가하며, 나무 끝을 스치는 바람소리만이 들려올 뿐이었다. 때로는 호랑이나 표범이 유칙의 초암으로 찾아왔다. 호랑이의 눈에는 초인(超人)을 목표로 한 수행자는 사람으로 비춰지지 않았다. 좌선을 하고 있는 유칙의 모습이 산신(山神)으로 생각되었던 것이다. 표범도 덤벼들지 않고 조용히 이 지인을 응시할 뿐이었다. 이윽고 호랑이도 표범도 사슴도 유칙의 곁에 와서 소리 없는 설법에 귀를 기울이고 가만히 듣고 있었다.

계곡물을 마시고 나무열매만을 먹으며 산짐승과 친구처럼 지내며 살았던 유칙은 "갑자기 말라버린 듯하다"(『송고승전(宋高僧傳)』권10)고 말할 정도가 되었다. 육체는 해골처럼 완전히 여위었고 성욕은 완전히 소멸되었다. 다만 타오르는 듯한 정신력이 여윈 몸에 넘쳐흐르고 있었으며, 눈은 반짝반짝 빛을 내며 한 곳을 응시하고 있었다.

지인(至人)에게 제자는 없다

일체의 욕망이 고갈되어버린 유칙이 머무는 곳으로 어느 날 나무꾼 한 사람이 찾아왔다. 조심조심 유칙이 좌선을 하고 있는 곳으로 다가와서 "화상이시여, 당신을 사모하고 있는 자가 많이 있으니 저에게 부디 도(道)를 설해 주십시오"라고 말했다. 유칙은 "나는 일체 제자를 받지 않는다"라고 대답했다. 제자 따위의 거추장스러운 것들은 유칙에게는 필요없는 존재였다. 제자는 사악한 마귀에 불과하고 지인(至人)에게는 도를 방해하는 악마일 뿐이었다.

그러나 나무꾼에 의해 불굴암에 지인이 있다는 소문이 퍼지자, 도를 구하고 가르침을 얻고자 하는 사람들이 순식간에 불굴암으로 몰려들어, 지금보다 더 큰 암자를 짓고 부처의 형상을 그린 그림을 모셨다.

유칙은 이 불굴암에 머문 지 40년이 되었다. 한 번 앉았던 것이 40년이 된 것이다. 40년 정도 수행하지 않으면 아무 것도 알 수가 없는 것이다. 20세부터 시작한다면 60세가 되어야 조금은 안다고 할 수 있는 것이다.

유칙의 불굴학(佛窟學)의 명성은 사방으로 전해졌다. 벼슬이 높은 사람들이 서신을 보내오고 가르침을 받을 기회를 얻고자 했다. 또한 이 초암을 방문하여 유칙에게 합장하고 엎드려 절하는 사람도 있었다. 때로는 식료품이나 의복을 공양하는 신자도 있었다. 그러나 유칙은 그것에 대해서 고맙다는 인사는 물론, 한 마디도 하지 않았다. 신자는 단지 공양할 물품을 그곳에 놓아두고 갈 뿐이었다. 그것은 인간을 초월한 지인에게 바치는 것이었다.

그 중에는 이 지인을 부처라고 생각하고 예배하는 사람도 있었다. 그러나 유칙은 일어나서 그 예를 받는 일이 한 번도 없었다. 응연부동하게 단좌하고 있을 뿐이었다.

유칙은 죽기 직전에야 비로소 입을 열었다. 죽음이 가까웠음을 감지한 유칙은 자칭 제자라고 하는 사람들을 불렀다. 그리고는 "너희는 이것저것에 힘쓰라"는 말뿐이었다. 이틀 후 유칙은 앉은 채 입적했다. 이날 밤 천태산 기슭에 사는 사람들은 산이 무너지는 소리를 들었다. 아침이 되자 천태산의 채운암(彩雲巖) 위에 선승 한 사람이 떠돌고 있었다. 산기슭의 사람들은 모두 울었다. 진정한 선승, 지인이 죽었다는 사실을 슬퍼했던 것이다.

유칙은 20세에 승려가 되어 58년 동안 지인의 도(道)를 깊이 탐구했다. 유칙의 이상은 보지(寶誌)나 부대사(傅大士)와 같은 완전한 자유인이 되는 것이었다. 스승도 제자도 없는 유칙의 경지야말로 영롱하고 투명한 진여의 달 그 자체였다.

망상을 끊다-염법훈습(染法熏習)

앞 장에서는 훈습이라고 하는 것에 대해 서술했다. 진여는 본래 청정하며 원래 지인의 경지인 것이지만 무명에 의해 훈습되면 더러운 모습을 띠기 시작한다. 반대로 무명도 진여에 의해 훈습되면 청정한 모습으로 되어 간다. 그러므로 훈습에는 염법훈습과 정법훈습의 두 가지가 있다. 염법훈습이라고 하는 것은 무명을 기점으로 하여, 무명의 힘이 강해지면 진여를 가려버리고 진여를 더럽혀서 미혹한 세계가 나타나게 되는 것을 말한다. 이것에 비해 정법훈습은 진여를 기점으로 하여, 진여의 힘이 강해지면 무명이 정화되어 깨달음의 세계가 나타나게 되는 것을 말한다. 간단히 말하면, 염법훈습은 무명이 진여에 훈습하는 경우이고, 반대로 정법훈습은 진여가 무명에 훈습하는 경우이다. 여기서는 먼저 염법훈습에 대해서 서술해 보기로 하자.

어떻게 훈습하여 염법(染法)을 일으켜 단절되지 않는가? 이른바 진여의 법에 의하기 때문에 무명이 있다. 무명염법의 인(因)이 있기 때문에 진여를 훈습하고, 훈습하기 때문에 망심이 있다. 망심이 있어서 즉, 무명을 훈습하여 진여의 법을 깨닫지 못하기 때문에 불각의 망념이 일어나 망경(妄境)을 나타낸다. 망경계(妄境界)의 염법(染法)의 연(緣)이 있기 때문에 즉, 망심을 훈습하여 그로 하여금 망념이 집착케 하여 여러 가지 업을 지어, 일체의 몸과 마음의 고통을 받게 한다.

염법훈습은 염법(染法)이 능훈(能熏)이 되고, 정법(淨法)이 소훈(所熏)이 된다. 염법이 어떻게 상속하여 전개되어 가는 지를 밝힌다. 아무리 본래 지인의 경지에 있다 하더라도 게으른 생활을 하고 수행을 행하지 않으면 지인의 경지는 더러워져 버린다. 우두산은 남경의 교외에 있으므로 아무래도 도회지의 번거로움에 물들기 쉽다. 남경 사람들이 찾아오는 경우도 있다. 불굴유칙이 천태산의 산속 깊이 들어갔던 것은 그와 같은 이유 때문이었다. 염법훈습을 받지 않기 위해서였다.

한 번 자리를 잡고 앉아, 40년 동안의 불굴암에서의 수행 중에도 무명의 훈습은 일어난다. 인간이 살아있는 한 무명의 훈습이 작용하는 것은 진여가 있기 때문인 것이다. 진여가 있기 때문에 무명이 있다. 진여가 없다면 무명도 없다. 진여가 있다는 사실이 무명이 존재하는 근본원인이 되는 것이다. 진여나 부처가 없다면 무명도 없다.

인간이 살아간다고 하는 것은 무명의 어두운 길을 끊임없이 헤매는 것이다. 이 무명이 있다는 사실이야말로 살아있다는 증거인 것이다. 이 무명은 강한 힘을 일으킨다. 진여에 훈습하고 진여에 작용하는 것이다. 청정한 진여는 이 무명의 작용에 의해서 생명을 유지해 간다. 움직이지 않던 것이 움직이기 시작한다. 아무리 깊은 산 속에서 좌선에 몰두해도 사람이 그리워질 때가 있다. 산의 짙은 초록색의 냄새 때문에 갑자기 성욕이 강렬하게 일어날 때도 있다. 아무리 계곡의 물과 나무 열매만을 먹어도 사람이 살고 있는 한 망상은 일어난다. 그것은 진여에 무명이 훈습되기 때문이다.

진여는 무명의 작용에 의해 흐려져 간다. 이리하여 망심이 일어나고 망상이 생긴다. 깊은 산 초암 속에서 사람이 그리워지고 말을 나누고 싶어지며 여성을 품에 안고 싶어진다. 호랑이라도 껴안고 싶어진다. 그 망상은 더욱더 강렬해져 무명이 기세를 떨치게 한다. 그것을 『기신론』에서는 "망심이 있기 때문에 즉, 무명에 훈습되어"라고 설한다.

이 망심이나 망상의 작용에 의해 무명의 세력은 점점 더 타오른다. 그것에 의해 진여의 달은 보이지 않게 된다. 강력해진 망상은 망경계(妄境界)를 만들어 간다. 존재하지도 않는 세계를 자신의 마음속에 만들어 가는 것이다. 그 만들어진 세계는 염법의 연(緣)이 되어 망상을 더욱더 강하게 만든다. 완전히 미쳐가는 것이다. 그 망상은 망념이 된다. 망념이란 골똘히 생각하는 것이다. 골똘히 생각하면 어떻게 될까? 그것을 자신의 것으로 만들고 싶다고 하는 집착으로 변한다.

무엇인가에 집착하면 그것은 커다란 에너지를 생성한다. 돈이나 여성에 집착하여 범죄를 일으키는 경우를 보면 잘 알 수 있다. 이 집착심은 신체에도 커다란 영향을 미치기 시작한다. 이리하여 "일체의 몸과 마음 등의 고통을 받게 된다"로 되어 간다. 몸과 마음이 동시에 황폐해져 간다. 일반 범부는 이 망상의 흐름을 저지할 수가 없다.

유칙이 지인의 경지에 도달하자 고급관리와 귀족들이 공양의 물품들을 보내왔다. 유칙은 결코 사례의 인사를 하지 않았다. 그것은 망경계의 훈습을 끊기 위해서였다. 사례의 인사를 하면 다시 가지고 오게 되고, 그것을 받게 되면 기쁨을 느끼게 된다. 일체의 망경계를 끊기 위해 유칙은 한 마디도 하지 않았던 것이다.

사물과 사람을 끊다-망경계훈습(妄境界熏習)

염법의 작용은 세 가지 단계에 걸쳐서 이루어진다. 표면적인 작용에서 눈에 보이지 않는 깊은 작용의 순서로 나누어 보면, 첫째는 망경계(妄境界)의 훈습, 둘째는 망심(妄心)의 훈습, 셋째는 무명(無明)의 훈습이다.

이 세 가지 훈습에 대해 『기신론』은 각각 두 가지 종류로 나누어 설명한다. 먼저 첫째의 망경계의 훈습을 증장념훈습(增長念熏習)과 증장취훈습(增長取熏習)으로 나눈다. 증장념훈습이란 환경의 힘에 의해 자기 자신에게 집착하는 생각을 증대시켜가는 것이다. 간단히 말하면 주변의 환경에 의해 사물과 욕심에 집착하는 생각이 한층 더 강해지는 것을 말하는 것이다. 선사받은 물건이라고 하는 것은 그 물건을 받고 기뻐하는 마음을 강하게 만드는 것에 불과하다. 물건이나 돈이라고 하는 것은 무서운 것이다. 그것은 단순한 물건이나 돈이 아니라, 마치 살아있는 생물처럼 망상을 강하게 하는 작용을 지닌다. 망경계의 훈습이라고 하는 것은 수행에 뜻을 둔 자는 특히 주의해야 할 필요가 있다. 망경계의 훈습은 돈이나 물건뿐만이 아니다. 인간도 또한 여기에 해당된다. 유칙은 인간을 자신의 주변에 가까이 하지 않았다. 훌륭한 사원이 건립되었을 쯤에는 제자도 있고 사람들도 가르침을 얻기 위해 모여들었다. 그러나 오직 지인이 되기 위해서 한 번 자리를 잡고서 40년 동안을 수행을 계속했을 때는 일체의 사람들을 가까이 하지 않았다. 다만 호랑이와 표범과 사슴들만이 곁에 왔을 뿐이었다. 그것은 망경계의 훈습을 끊어가기 위해서였다. 제자가 오면 그로인해 자신의 마음이 어지러워지게 된다. 때로는 제자에게 애착을 품게 될는지도 모른다. 귀여운 제자가 있으면 동성애의 대상으로 삼고 싶다. 그것은 망상과 집착을 더욱더 강하게 할 뿐인 것이다.

유칙이 일체의 사람도 제자도 가까이하지 않았던 것은 현명한 행동이었다. 지인이 되기 위해서는 망경계를 만들어서는 안 된다. 일체의 방해되는 것을 제거해야 한다. 일단 지인이 되면 여하한 망경계가 나타나도 그것에 동요되는 일이 없지만, 지인이 되기까지는 끊어버리지 않으면 안 된다. 단지 하나의 진실을 획득하기 위해 생명을 건 사람은 망경계를 끊어버리는 경험을 한 번 만이라도 해봐야 하는 것이다. 미야모토 무사시(宮本武藏)는 그것을 '독행도(獨行道)'라고 했다. 철저하게 홀로 가는 길을 걸으면 일체의 망경계는 소멸되어 간다. 존재하는 것은 다만 탄탄대로가 활짝 펼쳐질 뿐이다. 『기신론』이 망경계의 훈습을 설명하기 위해 사물과 마음, 환경과 주체의 두 가지로 나누어 설명했던 것은 인간이 살아가는 모습을 너무나 잘 알고 있었기 때문이다.

성자(聖者)와 범부의 괴로움

계속해서 두 번째의 망심도 훈습도 두 가지로 나누어 설명한다.

망심훈습(妄心熏習)의 뜻에 두 가지가 있다. 무엇이 두 가지인가? 첫째는 업식근본훈습(業識根本熏習)이니, 능히 아라한(阿羅漢)과 벽지불(辟支佛)과 일체 보살에게 생멸의 고통을 받게 하기 때문이다. 둘째는 증장분별사식훈습(增長分別事識熏習)이니, 능히 범부에게 업(業)에 속박되는 고통을 받게 하기 때문이다.

망심이 진여에 훈습을 부여해 가는 것에 업식근본훈습과 증장분별사식훈습의 두 가지가 있다고 설한다. 첫째의 업식근본훈습이라고 하는 것은, 업식(業識)의 망심이 무명에 훈습되어 삼승(三乘)의 성자에게 생멸의 괴로움을 주는 것이다. 여기서 아라한이란 성문(聲聞)을 가리키고, 벽지불이란 연각(緣覺)을 가리키는 것으로써, 둘 다 자신만의 깨달음을 얻으려는 목적으로 수행하고 있는 사람이다. 여기서 업식이라는 것은 앞의 생멸인연의 뜻을 설했던 부분에서 나왔는데, 오의(五意)가 일어나는 순서 중 맨 처음에 해당되는 것으로써, 진여의 깨달음 그 자체(覺體)가 무명의 힘에 의해 일어난 최초의 마음을 업식(業識)이라고 하는 것이다. 이 업식의 망심이 무명에 훈습하게 되면 어떻게 되는가? 성문, 연각, 보살이라고 하는 삼승의 성자에게 생멸의 괴

로움을 준다고 한다. 이들 성자들은 이미 깨달음은 열었지만 생사의
괴로움만은 받지 않을 수 없다.

유칙도 한 번 자리를 잡고서는 40년간의 수행을 해 왔으므로 성
문이나 연각의 경지까지는 도달해 있었다. 자기 혼자만의 깨달음을
구하면서 지인이 되기 위해 그 생애를 바쳤던 유칙의 경계에는 미혹
은 없었다. 그러나 아무리 수행을 해도 인간이 인간을 초월할 수는
없다.

인간은 초인(超人)일지라도 세월과 함께 늙고 야위어가기 마련이
다. 육체의 죽음에서 도망칠 수는 없다. 유칙도 만년에는 제자가 있
었다. 곁에서 시중들 사람을 허락할 정도의 심경이 되었다. 제자도
두지 않고 누구하고도 말하지 않던 유칙도 이윽고 죽음이 가까워졌
음을 알고 제자들에게 "너는 이것저것에 힘쓰라"고 유언했다. 그것은
인간의 마음 깊은 곳에 있는 망심의 소리였으며 업식의 중얼거림이
었다. 한 마디 말도 없이, 유물도 없이 죽으면 좋을 텐데 업식의 미혹
이 인간에게 말을 걸게 하였던 것이다. 이것을 업식근본훈습이라고
하는 것이다.

둘째의 증장분별사식훈습이라고 하는 것은 범부에게 업의 속박
에서 오는 괴로움을 주는 것이다. 망심이 무명에 훈습함으로써 업의
속박의 괴로움이 생겨난다. 분별사식(分別事識)을 증장시키는 훈습을
말하는 것이다. 분별사식이란, 범부가 자기 자신과 자신의 소유물에
한없이 집착하고, 온갖 대상세계로부터 들어오는 자극에 응해서 여

러 가지의 망상을 품는 것을 말한다. 이 분별사식은 자신을 갈기갈기 찢어버릴 듯이 괴롭힌다. 살아있다는 사실이 괴롭다고 할 정도로 괴로움을 체험시킨다. 인간의 살아있는 모습은 바로 업의 속박에 의한 괴로움인 것이다. 업의 속박에서 오는 괴로움의 한 가운데서 몸부림치며 뒹굴 수밖에 없는 것이다. 유칙과 같이 한 번 자리를 잡고 앉아 40년간의 수행을 쌓게 되면 이와 같은 범부의 괴로움은 받지 않고도 살 수 있을지 모르지만, 우리 같은 보통사람은 이 업의 속박에서 오는 괴로움으로부터 도망칠 수가 없다.

진여에 생명력을 부여하는 것 - 무명의 훈습

염법의 훈습 가운데서 가장 깊고 가장 미세하며 의식으로는 파악되지 않는 움직임은 무명의 훈습이다. 이 무명의 훈습에도 두 가지가 있다. 『논』은 다음과 같이 설한다.

무명훈습의 뜻에 두 가지가 있다. 무엇이 두 가지인가? 첫째는 근본훈습(根本熏習)이니, 능히 업식을 성취하는 뜻을 가지기 때문이다. 둘째는 소기견애훈습(所起見愛熏習)이니, 능히 분별사식(分別事識)을 성취하는 뜻을 가지기 때문이다.

무명의 훈습에 근본훈습과 소기견애훈습의 두 가지가 있다고 한다. 근본훈습이란 근본무명이 진여에 훈습하여 업식(業識), 전식(轉識), 현식(現識)의 삼세(三細)를 움직여 간다. 그것은 업식은 무명에 의해 진여의 깨달음 그 자체가 처음으로 움직이기 시작했다는 증거를 의미하기 때문이다. 마음이 움직이면 보는 것과 보이는 것으로 나누어지기 시작한다. 그것이 전식(轉識)과 현식(現識)이라는 것은 이미 생멸인연의 뜻을 설명한 곳에서 설했던 바이다.

무명에 의해 진여는 생명을 가진다. 인간이 미혹하다는 것은 살아 있다는 증거이다. 단지 존재하고 있을 뿐인 진여에게는 생명이 없다. 진여에 생명을 부여하는 것은 무명인 것이다. 무명이야말로 원동력이며, 진여를 나타내 보이게 하는 에너지인 것이다. 근본훈습이란 살아가고 있다는 사실인 것이다. 한 번 자리를 잡고 앉아 40년 간 수행을 했어도 싸늘하게 식어버린 재처럼 된 것은 아니다. 신체는 야위었어도 아직도 여전히 깊은 산 속에 생명의 불은 활활 타오르고 있다. 이것이 근본훈습인 것이다. 이 근본훈습이 있기 때문에 지인(至人)이 되려면 필사의 수행을 하지 않으면 안 되는 것이다.

둘째의 소기견애훈습이라고 하는 것은 일어나기 시작하는 무명의 견애(見愛)가 마음의 본체에 훈습하여 분별사식을 형성하는 것을 말한다. 견애(見愛)의 '견(見)'이란 견혹(見惑), '애(愛)'란 수혹(修惑)을 말한다. 견혹은 어리석음의 이론적 혹(惑), 수혹은 어리석음의 현상적 혹인데, 간단히 말하면 견혹은 지성적인 어리석음과 의심이며, 수혹은 감정적인 어리석음이나 번민이다. 지성으로는 알고 있어도 어찌할 수 없는 미혹이나 광기는 있는 것이다. 머리로는 알고 있어도 몸이나 감정이 말을 듣지 않는 것이다.

이 무명의 훈습의 두 가지란 살아있다고 하는 것, 살아가고 있는 한 미혹하다고 하는 것, 미혹하기 때문에 인간이라는 것을 설한 것이다. 그것을 미세하고도 깊은 인간의 근전에 숨어있는 미혹과 의식으로 파악되는 미혹으로 나누어 설명한 것에 불과하다.

한 번 자리를 잡고 앉아 40년간의 수행 속에서도 이 무명의 훈습은 끊임없이 유칙을 붙잡았다. 물건을 공양 받거나 명사가 방문하기라도 하면 마음이 움직였다. 인간인 이상 한 순간에 마음이 움직이고 기(氣)가 움직이는 것이다. 그러나 유칙은 한 순간에 훈습을 소멸시켰다. 그리고 다음 순간에는 묵묵히 지인의 경지로 되돌아갔다. 그렇기 때문에 아무리 물건을 공양 받거나 아무리 귀족이나 지체 높은 관리가 방문하여 예를 올려도 감사하다고 인사하는 일도 없고 답례하는 일도 없었던 것이다.

보통 사람의 입장에서 보면 이 행위는 너무나도 편협하고 완고한 것처럼 생각된다. 그러나 그것은 상식적으로 그 사람을 보기 때문이다. 자신의 낮은 경지에서 헤아리고자 하기 때문이다. 진실로 도(道)를 구하여 도를 체득했던 지인에게는 이 행위는 당연한 것이었다. 도(道)는 이와 같이 철저하게 살아가지 않으면 얻을 수없는 것이다. 유칙 앞에 있는 것은 오로지 도(道)뿐이었다. 천태산의 경치도 도의

투영이었다. 거기에는 무명이나 번뇌로 꿈틀거리는 사람을 받아들일
만한 여지가 전혀 없었다.

　이 지인에게 있어서 살아있는 한 계속되는 것이 염법의 훈습이
었다. 무명의 훈습이 있기 때문에 진여는 보다 강력한 생명력을 가진
다. 생동하는 진여가 되고 활동하는 진여가 된다. 무명의 훈습이란
진여에 생명력을 부여하는 촉매에 지나지 않는다.

　불굴학(佛窟學)이라고 하는 한 파(派)를 낳은 유칙은 강렬한 무명
과 망상을 지닌 자였다. 그 무명이 강하면 강할수록 진여의 달은 한
층 더 영롱하고 투명한 빛을 발했다. 생생하게 빛나는 진여의 달이
천태산을 교교히 비추고 있었다. 그것은 무명의 에너지를 한 방울도
남기지 않고 빨아들인 빛이었다.

제18화

사나운 호랑이를 제자로 두었던 우두혜충(牛頭慧忠)

사나운 호랑이와 등꽃-우두혜충

선종의 여러 종파 가운데 우두종(牛頭宗)이 있다. 우두종은 우두산을 중심으로 번성했다. 중국 남경시(南京市)를 위시하여 많은 사찰이 깊숙한 산골짜기에 위치하여 고요한 정경을 보여주고 있다. 그 가운데 우두종 제 6세(世)인 우두혜충(牛頭慧忠, 682~769. 南陽慧忠과는 다른 인물)이 살았던 연조사(延祚寺)가 있었다.

어느 날 현령(縣令)인 장손(張遜)이라고 하는 관리가 이 산을 찾아왔다. 연조사 혜충의 명성을 들었기 때문이었다. 혜충에게 예를 올린 장손은 "화상에게는 몇 명의 제자가 있습니까?"하고 물었다. 혜충은 "세 명 내지 다섯 명 쯤은 있을 것입니다"라고 대답했다. 장손은 "그 제자를 만나볼 수 있겠습니까?"라고 물었다. 그러자 혜충은 자신이 앉아 있던 선상(禪床: 주지가 좌선하는 의자)를 탁탁 두드렸다. 경책(警策: 좌선할 때 잡념이나 졸음을 쫓기 위해 때리는 막대기)으로 선상을 두드리자 나무와 나무가 부딪치면서 나는 둔탁한 소리가 산골짜기에 메아리쳤다. 바로 그때 세 마리의 호랑이가 포효하면서 나타났다. 장손은 놀랍고 두려워서 부들부들 떨면서 도망쳤다. 혜충의 세 제자란 호랑이였던 것이다.

우두혜충은 장엄사(莊嚴寺)에서 출가했다. 우두종의 제 5세인 지위(智威)가 연조사에 있었다. 장강의 하류 지방에는 지위의 명성이 널리 퍼져 있었으며 많은 제자들이 모여 있었다. 혜충도 역시 그 중의 한 사람이었다. 혜충이 처음으로 지위를 배알했을 때 지위는 그 모습을 흘끗보고는 "산의 주인이 왔구나"라고 말했다. 이 산의 연조사를 인솔할 산의 주인이 마침내 찾아왔다고 하는 의미이다. 지위는 혜충이 보통 인물이 아니라는 것을 한 눈에 알았다. 인간은 마음의 눈을 맑게 하면 사람의 모습을 보는 것만으로도 그 사람의 본질을 간파할 수 있는 힘을 갖추게 된다. 눈으로 보는 것이 아니라 마음의 눈으로 보아야만 그렇게 할 수 있다. 단전에서 발하는 기(氣)로써 상대방의 에너지를 한순간에 감지하는 것이다.

스승인 지위의 직관력은 그대로 곧바로 혜충에게 감응되었다. 스승의 마음의 심오함을 깨달은 혜충은 스승의 곁에서 떠나지 않고 스승을 섬겼다.

어느 날 지위는 혜충에게 게송으로써 가르침을 보였다. 그 게송의 의미는, 망념이라고 하는 것은 자신이 집착하지 않더라도 자연히 생사(生死)의 큰 강이 되어 6취(趣)의 큰 바다를 윤회한다. 그 윤회의 긴 파도에서 인간은 빠져나올 수가 없다고 하는 것이었다. 이 지위의 말을 듣자마자 혜충은,

염상(念相)은 본래 환상이다. 성(性)은 저절로 시작도 끝도 없다. 만약 이 뜻을 깨닫게 되면 긴 파도는 당연히 저절로 멈추게 된다. (『경덕전등록』 권4)

라고 답했다. 망념은 본래 환상에 불과하다. 전혀 실체가 없는 것이다. 자성(佛性)은 시작도 끝도 없다. 사물에 구애됨이 없이 항상 한 것이다. 이것을 알게 되면 윤회하는 생사의 긴 파도는 저절로 사라지게 된다는 것이다.

지위는 혜충에게 여러 곳을 돌아보고 더욱더 수행을 쌓으라고 말했다. 혜충은 구도의 길을 떠났다. 그러자 연조사의 구계원(具戒院) 앞 마당에 심어져 있던 등나무 꽃이 원기를 잃어버렸다. 사람들이 말라 죽었다고 생각하여 등나무를 베어버리려고 하자 지위가 베지 못하게 했다. 혜충이 다시 이 절로 되돌아오면 반드시 소생할 것이므로 베어서는 안 된다고 말했던 것이다. 혜충이 여행을 마치고 돌아오자 지위가 말 한 대로 였다. 등나무 꽃조차도 혜충의 떠남을 슬퍼하여 그 적적함에 말라버리게 되었던 것이다. 등나무에게 있어서 혜충의 존재는 너무나 큰 것이었다. 혜충이 단지 거기에 있다는 것만으로도 주위의 사람들은 물론 풀이나 나무까지도 큰 위안을 얻었던 것이다.

사물에 선악은 없다

혜충은 평생 단 한 벌의 옷만으로 살았다. 그 옷을 갈아입었던 적이 없었다. 사용하는 도구(道具)도 냄비 한 개 뿐이었다. 그러나 수행승들을 위한 곡식은 항상 두 개의 창고에 가득 준비해 두었다. 수행승을 굶겨서는 안 된다고 하는 마음이 있었기 때문이었다.

대중들은 혜충이 예전에 출가했던 장엄사로 옮겨오기를 원했다. 장엄사는 남조(南朝)의 양대(梁代)에는 대단히 유명했던 사찰이었다. 혜충은 대웅보전의 동쪽에 법당을 지으려고 생각했다. 이 장소에는 하늘을 찌를 듯한 고목이 있었으며, 고목 위에는 많은 까치들이 둥지를 틀고 있었다. 그 고목을 베려고 할 때, 혜충이 까치들을 향해 "이 장소에 법당을 세우려고 하니 너희들은 빨리 다른 나무로 옮겨 가거라"하고 말하자마자 까치들은 딴 나무로 둥지를 옮겼다고 한다. 깊고 넓은 연민의 마음은 조수들에까지도 미쳤던 것이다.

혜충은 안심(安心: 마음을 편안히 하는)의 게송을 제자들에게 읊었다. 그 게송이란,

인간과 법은 다 같이 깨끗하고, 선과 악은 둘이면서 화합한다. 참다운 마음(眞心)이 진실이면 보리의 도량이다.

라고 하는 것이다. 이 세상에 존재하고 있는 사람이나 사물, 일체의 모든 것은 깨끗하며 거기에는 선도 악도 없다. 오직 진심이 있고, 진실이 있으며, 진여가 있다는 것을 알게 되면 어느 곳이나 모두 깨달음의 세계가 된다고 하는 것이다. 인간이나 동물, 산천초목에 대해 아름답다, 아름답지 못하다, 선하다, 악하다 따위로 구별하여 보는 것은 마치 만물의 진상을 알지 못하기 때문인 것이다. 일체가 진

심이고 진실이며 진여인 것을 깨달으면 거기에는 아름답고 추한 것, 천하고 악한 것, 옳고 그른 것의 구별이 없게 된다. 다만 존재하는 것이 거기에 있을 뿐이다. 각각의 생명이 열심히 살아가고 있을 뿐인 것이다.

당(唐)의 대력(大曆) 3년(768) 여름이 한창일 때, 혜충이 좌선을 하고 있는 석실(石室) 앞에 냄비와 옷을 걸어두었던 등나무가 말라 죽었다. 그것은 혜충이 죽게 되리라는 예고였다. 혜충은 시자를 시켜 몸을 깨끗이 닦았다. 밤이 되자 상서로운 구름이 정사(精舍)에 드리워지고, 하늘에서는 천녀의 음악소리가 들려왔다. 다음 날 아침 혜충은 앉은 채로 입적하였다. 그때 갑자기 비바람이 미친 듯이 불어 닥쳐 나무들을 휘몰아치고, 백색의 무지개가 암자에 걸렸다. 혜충의 수행력이 앉은 채 죽음을 맞이할 수 있도록 했던 것이다. 앉아서 입적할 수조차 없는 선승은 진정한 선승이 아니다.

깨달음을 구하는 마음이란 - 정법훈습(淨法熏習)

혜충의 경지에서는 아름답고 추한 것, 선하고 악한 것이 없었다. 그러나 범부에게는 어디까지나 선과 악, 정법(淨法)과 염법(染法)이 대립하고, 그 모순과 갈등 속에서 생사의 괴로움에 몸부림치며 살아가지 않으면 안 된다.

앞 장에서는 염법이 어떻게 훈습하여 가는지를 밝혔다. 여기에서는 정법의 훈습을 서술하고자 한다. 먼저『기신론』은 정법의 훈습을 대략적으로 설명한다.

어떻게 훈습하여 정법(淨法)을 일으켜 단절시키지 않는가? 이른바 진여의 법이 있기 때문에 능히 무명을 훈습한다. 훈습의 인연의 힘을 가지기 때문에 곧 망심(妄心)으로 하여금 생사의 고통을 싫어하고 열반을 기꺼이 구하게 한다. 이 망심에 싫어하거나 갈구하는 인연이 있기 때문에 즉 진여를 훈습한다.

혜충은 진심과 진실을 깨달으면 일체가 깨달음의 세계가 된다고 했는데, 이 진심은 진여라고 생각해도 좋다. 진여는 본각(本覺)으로서 우리의 번뇌, 망념 속에 확고하게 존재하고 있다. 아무리 생사의 큰 바다를 윤회하고 긴 물결이 파도쳐 미쳐 날뛴다 해도 반드시 본래성(本來性)으로서 존재하고 있는 것이 진여인 것이다.

망념 속에 본각으로서 진여가 존재하고 있기 때문에 그것은 필연적으로 무명을 훈습해 간다. 그것을『기신론』에서는 "소위 진여의 법이 있기 때문에 능히 무명을 훈습한다"라고 하는 것이다.

진여가 무명을 훈습하면 어떻게 되는가? 미쳐 날뛰고 있던 번뇌와 망념 가운데 한 줄기 광명이 비치기 시작한다. 그 광명이란 망념의 한 가운데서 이래서는 안 된다, 어떻게 해서든지 생사의 큰 바다에서 빠져 나오지 않으면 안 된다고 하는 의지가 생겨나기 시작한다. 자기 자신의 생활방식이 이래도 좋은가 하는 반성이 생겨나기 시작하는 것이다. 바로 지금 현재, 이렇게 살고 있는 모습은 참다운 모습이 아니라고 하는 것을 깨닫는다. 그러면 안심할 수 있는 세계, 괴로움이 없는 경지를 구하고 싶어진다. 어떻게 해서든 고해(苦海)를 건너서 안락정토에 들어가고 싶다고 원하게 된다. 이것을 "훈습의 인연력이 있기 때문에 곧 망심으로 하여금 생사의 고통을 싫어하고, 열반을 기꺼이 구하게 한다"라고 하는 것이다. 진여가 무명에 훈습하여 번뇌, 망념의 한 가운데서 생사의 고통을 싫어하고, 깨달음의 세계를 구하고자 하는 의지를 일으키게 한다는 것을 법장(法藏)의 『기신론의기(起信論義記)』에서는 '본훈(本熏)'이라고 부르고 있다. 어둠 속에서 들려오는 부처의 소리가 본훈인 것이다.

망심 가운데 한 줄기 광명이 비쳤다. 그러자 마음속에서 지금 현실의 생활방식은 참된 생활방식이 아니다. 어떻게 해서든지 깨달음의 세계를 구하지 않으면 안 된다고 하는 향상심(向上心)이 일어나면 곧바로 반대로 진여에 크나큰 영향력을 부여한다. 앞으로 나아가고자 하는 의욕이 진여에 생명을 부여한다. 존재로서의 진여가 활동하는 진여, 움직이는 진여, 살아있는 진여로 되어 간다. 생사를 싫어하고 열반을 갈구하는 마음이 거꾸로 진여에 훈습되어 간다. 이것을 '신훈(新熏)'이라고 한다. 본훈(本熏)이란 본래적인 부처의 음성이며, 신훈이란 종교적인 새로운 자각인 것이다. 이것을 『논』에서는 "이 망심에 싫어하거나 갈구하는 인연이 있기 때문에 곧 진여를 훈습한다"라고 설하고 있다. 이 새로운 자각인 보리심을 일으키기 위해서는 번뇌의 큰 바다에 자신이 농락당하고 있다는 사실을 먼저 깨닫지 않으면 안 된다.

혜충의 스승이었던 지위가 어린 소년이었을 때, 어느 날 갑자기 집에서 사라졌다. 아무리 찾아도 보이지 않았다. 부모는 사방팔방으로 찾아다니다가 천보사(天寶寺)라는 사찰에서 자기 마음대로 출가해 버린 지위의 모습을 발견했다. 부모는 지위가 승려가 되는 것을 허락하지 않을 수가 없었다. 지위가 부모에게 한 마디 말도 없이 단지 혼자서 가출하여 천보사에 들어가지 않으면 안 되었던 것은, 망심 속에서 깨달음을 구하고자 하는 마음이 갑자기 용솟음쳤기 때문이다. 본래적인 부처의 음성(本熏)이 무명의 어두움 속에서 들려오자마자 망심 속에서 보리심이 일어나고, 그것이 또한 새로운 자각이 되어 진여에 역으로 충격을 주자, 진여는 생동하는 진여가 되어 생생하게 작용하기 시작하였던 것이다.

망념은 환영이다

자각한 진여는 생생하게 약동하는 생명을 지닌다. 그러면 진여는 어떻게 무명을 훈습해 가는가. 『논』은 설한다.

스스로 자기의 본성을 믿어서, 마음이 망령되이 움직여 앞의 경계(境界)가 없음을 알고, 멀리 여의는 법(法)을 수행하기 때문에, 여러 가지 방편으로써 수순행(隨順行)을 일으켜 집착하지 않고, 잘못 생각하지 않고, 내지 오랫동안 훈습한 힘 때문이다.

진여의 훈습은 우선 "스스로 자기의 본성을 믿는다"는 것에서 시작한다. 자기의 본성을 신뢰하지 않고서는 불교의 신심은 안정되지 않는다. 더구나 그 본성은 혜충이 "성(性)은 저절로 시작도 끝도 없다"라고 말했던 것처럼, 자기의 본성은 영원히 상주하는 것이다. 그것은 육체가 죽어도 멸하지 않는다. 인간이 태어날 때부터 지니고 있는 것도 아니다. 본래부터 존재하고 있는 불성, 그것이 곧 자기의 본성인 것이다.

다음에는 "마음이 망령되이 움직여 앞의 경계가 없음을 알고, 멀리 여의는 법을 수행"하지 않으면 안 된다. 여기에서 '마음(心)'이라는 것은 혜충이 말하는 '진심(眞心)'인 것이다. 그 진심이 무명 때문에 분별없이 함부로 움직여 업식(業識), 전식(轉識), 현식(現識)의 삼세(三細)를 일으켜 간다는 것은 이미 앞에서 서술했다. 3세는 매우 미세한 마음의 움직임이다. 자기 자신도 이 움직임을 자각하기란 매우 어려운 일이다. 이 3세는 진여가 분별없이 함부로 움직인 그림자에 불과하다. 깨닫고 보면 마음 앞에 달리 경계(對想)가 있다는 의미도 아니다. 주관과 객관으로 나누어져 실제로 존재하고 있는 듯이 생각되지만 그것은 환영에 불과한 것이다. 혜충은 분명히 "염상(念想)은 본래 환상이다"라고 말하지 않았던가.

망념은 그림자나 환상에 불과하다. 범부는 그것을 실재한다고 생각할 뿐이며, 착각하고 있을 뿐인 것이다. 착각하고 있다는 것 자체도 알지 못하고 있다. 주관 앞에 가로 막고 있는 경계도 환상에 불과하다는 사실을 알게 되면 수행은 한 단계 진전한 것이 된다.

또한 "멀리 여의는 법을 수행한다"라고 하는 것은 망념에서 멀어지는 방법을 실천하는 것이다. 법상종에서 말하면 유식관(唯識觀)을 수행하는 것이 되고, 화엄종에서 말하면 십중유식(十重唯識)을, 천태종에서는 천태지관(天台止觀)을 수행하여 망념을 단계적으로 점차로 멸해가는 방법을 행하는 것이 된다. 망념에서 멀어져가는 방법을 행한다고는 하지만 그렇게 간단한 문제는 아니다. 어떠한 수행이라도 피나는 긴 세월의 수행이 필요하다. 메이지(明治)시대 초기의 유명한 검객 야마오카텟슈우(山岡鐵舟)가 무도(無刀)의 지묘한 경지에 들기까지는 50년의 수행을 필요로 했다. 어느 정도 망상에서 떠나는 수행을 했어도 그것은 단지 했다고 말하는 것에 지나지 않는다. 한순간만 방심해도 다시 종전의 상태로 되돌아가게 되기 때문이다.

그러나 점차로 수행을 쌓아 나가게 되면 "여실(如實)히 앞의 경계는 없다"고 깨달을 수 있게 된다. 주관 앞에 가로막고 있는 일체의 경계가 실재로는 환상이라고 자각할 수 있게 되는 것이다. 혜충은 "염상(念想)은 본래 환상이다"라고 단언하지 않았던가. 이것은 관념적으로 단지 대상은 환영에 불과하다고 이해한 것은 아니다. 머리로는 누구나 이해할 수 있다. 그러나 그러한 의미가 아니라, 온갖 경계에서 멀어지는 것을 온 몸과 마음으로 이해하게 되는 것을 말하는 것이다.

우리 앞에 있는 경계에는 온갖 잡다한 것들이 많다. 그러나 그 중에서도 이성(異性)이나 돈, 명예 등이 가장 멀리하기 어려운 것들이다. 예를 들면 남자에게는 여성은 영원히 알 수 없는 존재이다. 수행의 장애가 된다고 해서 여성과의 접촉을 완전히 끊어버리게 되면 오히려 끊는다는 생각 때문에 더욱 강하게 의식하게 된다. 그렇다고 해서 선승(禪僧)이 여성과 함께 생활하게 되면 진정한 도를 닦을 수가 없다. 진정한 도는 이성이라는 것을 완전히 멀리한 곳에 있다. 남녀라는 상대적 구별이 사라진 곳에 있고 애욕의 세계를 크나큰 자비로써 포용한 곳에 있다. 그것은 결코 머리만으로 이해한다고 해서 되는 일이 아니다. 전 존재를 바쳐 몸속에 그것이 스며들지 않으면 안 된다. 우리의 경계에는 여성도 없고, 명예도 없고, 금전도 없다고 말할 수 있는가, 없는가.

남녀의 모습이 없다

남과 여를 구별하여 서로를 갈구하는 망상과 집착을 단번에 차단했던 것은 달마(達磨)의 『이입사행론(二入四行論)』이었다.

묻기를, "어째서 남자에 즉(即)하여 남자가 아니고, 여자에 즉하여 여자가 아닌가?"

답하기를, "법에 의거하여 추구하면 남녀의 모습(相)은 얻을 수가 없다. 무엇으로 알 수 있는가 하면, 색(色)에 즉(即)한 남녀의 모습이 아니기 때문이다. 만약 색이 남자의 모습이라면 일체의 초목도 응당 남자가 되어야 하고, 여인 또한 그러하다. 어리석은 사람은 깨닫지 못하여 망상(妄想)으로 남녀를 보지만, 바로 이것은 환화(幻化)의 남자, 환화의 여자로서 궁극적으로 실상이 아니다. 『제행무행경(諸行無行經)』에 말하기를, 모든 법이 환영과 같다는 사실을 알면 곧바로 사람 가운데 가장 높은 경지를 이룬다."

이 질문은 남자의 상태 그대로가 남자가 아니고, 여자의 상태 그대로가 여자가 아니라고 하는 것이 도대체 가능한가라고 하는 내용이다. 남자다, 여자다 하는 것은 변화시킬 수가 없다. 남과 여의 구별을 없앨 수도 없다. 남과 여는 어디까지나 서로 다른 모습으로 존재하고, 서로 상대방을 갈구하여 헛된 집착으로 미친다. 남녀라는 상대적 분별을 초월하기 위해서는 어떻게 하면 좋은가를 물었던 것이다.

이 질문에 대해서 달마는 어떻게 대답했는가. 이법(理法)의 입장, 즉 깨달음의 입장에서 보면 남녀라는 모습은 분명히 없다고 하는 것이다. 그 이유는 남과 여의 성별은 그대로 있지만 남녀라는 모습이 없다는 것이다. 여성이 앞에 앉아 있어도 여성이라는 성을 전혀 의식하지 않는 것을 "색에 즉(卽)한 남녀의 모습이 아니기 때문에"라고 하는 것이다. 성 그 자체를 남자라고 한다면 일체의 초목도 반드시 남자가 되고, 성 그 자체를 여자라고 한다면 일체의 초목도 반드시 여자가 되는 것이라고 한다. 성욕이나 색정에 미혹된 범부는 이것을 알수가 없기 때문에 멋대로 남녀의 모습을 망상하여 남과 여에 구애되는 것이다. 그것은 환영 속의 남녀에 불과하여 실재로는 아무 것도 없는 것이라고 하는 것이 달마의 답변이었다.

남자다, 여자다 하는 것은 변할 수가 없다. 남녀라고 하는 성별이 있어도 그 성별을 나누는 망상을 초월하게 되면 아무리 성욕이 있다 하더라도 남녀의 망집에 구애됨이 없게 된다. 자기 앞에 남자가 나타나거나 여자가 나타나더라도 전혀 관계가 없다. 단지 인간으로서의 깊은 애정을 가지고 대할 따름이다.

달마는 숭산(嵩山) 소림사(少林寺)에서 오로지 도행(道行)을 연마했다. 그것은 오랜 세월이었다. 달마의 눈에는 남녀의 모습이 있는 그대로 비춰졌다. 그러나 여성에 강한 집착을 품은 적은 전혀 없었다. 남과 여를 나눈다고 하는 망분별이 전혀 없었기 때문이었다. 남녀의 모습이라고 하는 것은 환영에 불과하다는 것을 깨닫고 있었기 때문이었다. "모든 법이 환영과 같다는 사실을 알면 곧바로 사람 가운데 가장 높은 경지를 이룬다"고 달마의 어록은 결론짓고 있지 않은가.

도(道)를 닦고 도만을 응시하고 있으면 남녀를 보아도 남녀의 모습이 없다. 무엇을 보더라도 사물의 모습은 없는 것이다. 마음을 보아도 마음의 모습이 없다. 있는 것은 오직 도(道) 뿐이다. 더구나 그 도(道) 역시 아무 것도 아닌 것이다. 진실한 본체에는 아무 것도 없다. 도라고 이름 할 것도 없다. 더구나 그 아무 것도 없는 세계를 항상 명료하게 알 수 있는 것이다.

진여의 힘이란-진여훈습

진여의 훈습은 더한층 깊어진다. 『논』은 말한다.

여러 가지 방편으로써 수순행(隨順行)을 일으켜 집착하지 않고, 잘못 생각하지 않으며, 내지 오랫동안 훈습한 힘 때문이다.

여기에서 수순행(隨順行)을 일으킨다고 하는 것이 설해진다. 이것은 진여에 수순하는 행위를 의미한다. 어떠한 행동을 하더라도 모두 진여에 따르는 행위가 되고 진여가 움직이고 있는 것이 된다. 진여 그 자체가 행하는 행위는 모든 망상을 떠난 행위가 된다. "혜충이 당신의 제자를 보여주시오"라는 요청을 받았을 때 세 마리의 호랑이가 나왔다. 혜충의 눈에는 호랑이도 인간도, 남자도 여자도, 일체의 상대적 분별이 없었다. 호랑이도 인간도 완전히 같은 것이었다. 그것은 진여에 따라 살고 있기 때문이며 진여의 수순행에 철저했기 때문이다.

　진여에 따라 살아가게 되면 이윽고 "집착하지 않고, 잘못 생각하지 않게"된다. 일체의 모든 것에도, 인간에게도 집착하지 않게 된다. "잘못 생각하지 않는다"고 하는 것은 망념이 없게 되고, 망상이 없게 된다는 의미이다. 그것은 무념이라고 해도 좋다. 이리하여 진여가 작용하고 진여가 움직여 갈 뿐이다. 이와 같이 되자면 10년이나 20년의 수행으로는 도저히 안 된다. 최소한 50년의 세월은 필요할 것이다. 『논』은 "내지 오랫동안 훈습한 힘 때문에"라고 설하고 있지 않은가. 길고 긴 진여의 훈습력이 없으면 도저히 불가능한 것이다.

　이와 같은 강한 진여의 훈습력이 발현하면 어떻게 되는가.

　무명(無明)이 곧 멸한다. 무명이 멸하기 때문에 마음에 일어나는 것이 없다. 일어나는 것이 없기 때문에 경계가 따라서 멸한다. 인(因)과 연(緣)이 모두 멸하기 때문에 심상(心相)이 모두 없어지는 것을, 열반을 얻어 자연의 업을 이룬다고 이름 한다.

　이리하여 무명은 완전히 사라지게 된다. 근본무명을 멸하면 업식, 전식, 현식 등의 망심은 일체 사라지게 된다. 망심이 일어나지 않으면 망경(妄境)도 역시 그에 따라 사라지게 된다. 이렇게 되면 미혹의 인(因)이었던 무명도, 연(緣)이었던 경계상도 모두 없어지고 열반이 나타나게 된다. 깨달음을 얻게 되면 어떻게 되는가? 『논』은 "심상(心相)이 모두 없어지는 것을, 열반을 얻어 자연의 업을 이룬다고 이름

한다"라고 설하고 있다.

　깨달음을 얻게 되면 자연의 업용(業用)이 작용한다. 자연의 업용이란 중생을 섭화(攝化)하기 위한 작용이다. 진여가 밖으로 향해서 작용하는 것이다. 그 사람 앞에 앉았을 뿐인데도 따뜻한 자애에 휩싸이는 것이다. 혜충이 나무 위의 까치에게 옮기라고 말하면 까치는 잘 알아듣고 옮겨간다. 여기로 오라고 하면 호랑이는 즐거움의 포효를 지르면서 달려오는 것이다. 혜충이 여행을 떠나면 등꽃까지 원기를 잃어버리고, 혜충이 다시 여행에서 돌아오면 등나무는 생생한 잎을 무성히 하고 꽃을 활짝 피우게 되는 것이다. 이것을 자연의 업용이라 한다. 진여의 작용은 참으로 훌륭한 힘을 세차게 내뿜으며, 존재하는 모든 것에 그 영향을 미치고 있는 것이 아닌가. 정법훈습이란 이 진여의 힘을 체현(體現)하고, 한 없이 이 힘을 발현하는 것을 말하는 것이다.

제19화

산신(山神)에게
무계(無戒)를 준
숭악원규(嵩嶽元珪)

송백(松栢)을 하룻밤 사이에 옮기다-숭악원규

북위(北魏)시대에 번영을 누렸던 낙양(洛陽)의 남쪽근교에는 이하 (伊河)가 고요히 흐르고 있다. 이하의 상류에 다다르면 용문석굴(龍門石 窟) 가운데서 가장 거대한 봉선사(奉先寺)의 대불(大佛)이 보인다. 이 용 문석굴이 있는 이하의 부근을 예전에는 이궐(伊闕)이라 불렀다. 경치 가 아름답고 고운 이하 근처에서 태어난 이가 숭악원규(嵩嶽元珪)이다.

어린 시절에 출가한 원규는 당(唐)의 영순(永淳) 2년(683), 구족계 를 받고 한거사(閑居寺)로 들어왔다. 이 사찰은 율원(律院)이었으므로 거기서 계율을 연구하였지만 잘 이해할 수가 없었다. 그 후 안국선 사(安國禪師)에게 사사받고 심오한 불교의 가르침을 홀연히 깨달았다. 율학(律學)으로는 깨달을 수 없었지만 선(禪)을 닦아서 깨달음을 열 수 있었던 것이다.

이윽고 원규는 숭산의 한 바위 위에 초암을 세웠다. 하남성의 숭 산에는 불타선사(佛陀禪師)가 세운 소림사가 있으며, 달마도 또한 은거 했던 산이다. 숭산의 산기슭에 있는 소림사와는 달리, 원규가 살았던 바위산은 언제나 구름과 안개에 휩싸여 있는 첩첩산중이었다. 일찍 이 새로운 천사도(天師道)를 개창했던 북위의 구겸지(寇謙之)도 숭악에 서 도교의 수행을 닦았으며, 지금도 산기슭에는 거대한 도교의 중악 묘(中岳廟)가 훌륭히 복원되어 있다.

도교의 영지인 숭산에는 산신(山神)도 있었다. 어느 날의 일이었다. 머리에 높은 관을 쓰고 말을 탈 때 입는 옷을 걸친 기이한 모습을 한 인물이 나타났다. 하인을 거느린 그 인물은 천천히 경쾌한 발걸음으로 원규를 알현했다. 원규는 이 기이한 모습을 보고 "너는 무슨 일로 왔느냐"하고 물었다. 그러자 산신은 "어떻게 해서 스님께서는 저의 신분을 잘 아십니까?"라고 물었다. 원규는 "나는 부처와 중생을 구별하지 않고 동일하게 보고 있다"라고 대답했다. 그러자 산신은 자신은 숭악의 산신이라고 말하고, 계를 내려주기를 요청하며 원규의 제자가 되기를 원했다. 이에 원규는 향로를 책상 위에 놓고 장엄한 수계의 장소를 만들어 거기서 오계(五戒)를 수여했다.

　오계를 받은 숭악신은 감사의 마음을 표시하기 위해 원규의 소원을 물었다. 원규는 초암이 있는 동쪽 봉우리에는 잡초만이 무성할 뿐 수목이 없고, 북쪽 봉우리에는 수목은 있지만 둘러싸듯 정연하게 무성하지가 않다. 북쪽 봉우리의 수목을 동쪽 봉우리로 옮겨달라고 부탁했다. 숭악신은 승낙하면서 오늘 밤 사이에 옮겨놓겠다고 약속했다. 숭악신이 돌아가는 것을 배웅하자 산은 구름과 안개에 휩싸이고 그 사이로 늘어선 깃발이 보였다 안보였다 하면서 공중으로 지나가고 있었다. 그날 밤 폭풍이 불고, 천둥번개가 치고, 구름이 빠른 속도로 움직이고, 암자가 흔들리고, 새와 짐승들이 울었다. 원규는 대중들에게 "두려워할 것 없다. 이것은 나와 산신이 약속한 일이다"라고 말했다. 다음날 아침 안개가 걷히자 북쪽 봉우리의 소나무와 잣나무가 모조리 동쪽 봉우리로 옮겨져 나란히 심어져 있었다. 원규는 제자들에게 "이 일은 내가 죽은 뒤에도 사람들에게 알려서는 안 된다. 만일 사람들에게 알리면 사람들은 나를 요괴가 변신한 것이라 생각할 것이다"라고 말했다.

진정한 불음계(不婬戒)란

숭악원규의 도력에 감복한 숭악신은 그 보답으로 송백을 옮겨다 주었다. 숭악신을 이 정도 감명시킨 것은 원규의 오계(五戒)에 대한 이해 때문이었다. 원규는 숭악신에게 오계를 줄 때 계를 지킬 수 있는지 없는지를 물었다. 만약 계를 지키지 않을 것이라면 아니오, 라고 대답하라고 말했다. 우선 가장 먼저 문제가 되었던 것은 불음계(不婬戒)였다. 원규가 "너는 간음하지 않겠느냐?"하고 묻자, 숭악신은 자기는 이미 결혼했기 때문에 간음하고 있다고 말했다. 원규는 결혼한 것을 문제로 삼는 것이 아니라 불음계란 애욕에 사로잡히지 않고, 성욕에 구속되지 않으며, 속박되지 않는 것을 말하는 것이라고 답했다.

원규가 말하는 계(戒)란 형식을 말하고 있는 것이 아니었다. 젊었을 때 원규는 계율을 공부했다. 그때 의문을 가졌던 것은, 계(戒)란 속박하는 것이며 형식을 지켜야 한다는 것이었다. 원규가 크게 깨달았던 것은 계의 형식이 아니라 본질이었다. 계의 본질은 모습이 없어야만 했고 무심(無心)이 아니면 안 되었다. 이것을 깨달으면 결혼하지 않으며 음욕을 행사하지도 않는다. 만약 모든 것에 대해서 무심이 되면 아무리 생리적인 성욕이 일어나도 간음을 행하게 되지는 않는다고 하는 것이 원규의 깨달음이었다.

무심의 세계에 머무르면 계는 불필요한 것이 되어 무계(無戒)가 된다. 무심에 이르면 부처도 없고 중생도 없다. 너도 없고 나도 없다. 원규는 무심에 머물면서 일체에 통달했다. 숭악의 동쪽 봉우리에 앉아서 다만 객체가 되어 사는 것에 자신의 전 존재를 바친 결과, 무계(無戒)의 경지에 노닐 수 있었던 것이었다.

그러나 숭악신에게는 이 무심의 경지가 이해되지 않았다. 평등의 도리를 이해하지 못하고 세속의 차별적인 모습 쪽으로만 마음이 움직여 갔다. 계를 받았기 때문에 어떻게든 그 보답을 하고 싶다고 하는 마음이 생겼다. 원규의 경계에는 계를 주는 원규도, 계를 받는 숭악신도 없었다. 계를 주었어도 무계(無戒)였기 때문이다. 그러나 숭악신은 이것을 이해할 수는 없었지만 애를 써서 받은 계이기 때문에 이 존엄한 가르침을 사람들에게 알리고 싶었다. 그 대상은 이미 발심한 사람, 처음으로 발심한 사람이나 아직 발심하지 않은 사람, 불교를 믿지 않는 사람, 불교를 믿고 있는 사람, 이 다섯 종류의 사람들로서, 그들에게 부처나 신이 존재한다는 것, 깨달음을 구하는 것은 가능한가, 자연스럽게 도를 체득할 수 있는가 등을 알리고 싶다고 말했다.

이 숭악신의 주장을 딱 잘라 거절한 원규는 "그러한 짓을 할 필요는 전혀 없다"고 말했다. 그 결과 수계의 은혜를 갚고자 북쪽 봉우리의 송백을 동쪽 봉우리로 옮겨 심었던 것이었다.

숭악신이 인간을 차별적인 입장에서 파악하고자 했던 것에 반해, 원규는 평등한 입장에서 이것을 보았다. 숭악신의 입장에서 보면 계는 어디까지나 형식이며 불음계는 결혼하지 않고 이성과 접촉하지 않으면 된다고 본 것이다. 이것에 반해서 원규는 어디까지나 무심의 경지에 서서 무계(無戒)야말로 진정한 계이며, 계를 초월한 부처의 계라고 간주하였다. 목숨을 걸고 계율을 공부했던 원규이었기에 무계의 계에 도달할 수가 있었던 것이다.

숭악에는 불교와 도교가 있다. 도교는 신선이 되어 영생을 구한다. 불교는 일체의 사물을 무상(無常), 공(空)이라 본다. 원규의 선(禪)적인 경지와 숭악신의 도교적인 입장이 서로 다르다는 것이 이 문답 속에 훌륭히 표현되어 있지 않은가.

망상(妄想)을 깨다−두 종류의 망심훈습(妄心熏習)

인간의 마음에는 염법(染法)과 정법(淨法)이 있다. 염법이란 무명(無明), 업식(業識), 육진(六塵)이고, 정법이란 진여이며 깨달음 그 자체이다. 숭악신은 염법을 없애는 일을 수행이라고 생각했던 것에 반해, 원규는 정법 그 자체의 무심의 경지에 머물고 있었다. 염법이 어떻게 훈습하여 가는가를, 염법을 능훈(能熏)으로 하고 정법을 소훈(所熏)으로 하여 설명하는 것이 염법훈습인 것이다. 이에 대해 정법(淨法) 진여의 입장에서 보아, 정법을 능훈으로 하고 염법을 소훈으로 하여 설하는 것이 정법훈습인 것이다.

앞 장에서는 정법훈습의 대략적인 작용을 설명했으므로 여기서는 더욱 세분하여 설명해 보고자 한다. 먼저 정법훈습을 망심훈습(妄心熏習)과 진여훈습(眞如熏習)의 두 가지로 나누고, 다시 이들 각각을 두 가지로 나누어 훈습의 모습을 밝히고자 한다. 정법훈습의 경우도 염법훈습에서 설명한 것과 같이 역으로 망심훈습에서부터 설명해 나간다. 무엇 때문에 정법훈습 속에 망심훈습을 생각할 필요가 있는 것인가 하는 의문이 생겨날 것임에 틀림없다. 정법훈습은 진여의 훈습이기 때문에 망심훈습을 설할 필요가 없다고 생각되겠지만, 실은 깨달음을 구하고자 수행하고 있어도 불과(佛果)에 도달할 때까지는 실제로는 불각(不覺), 망심 가운데 있는 것이다. 원규가 젊어서 계율을 공부하며 수행하고 있을 때는 수행 중이었다고 하더라도 결국 망심의 한 가운데에 있었던 것이다. 불음계라고 하면 교합하지 않는 것은 두말할 것도 없이 여성과 접촉하지 않는 것, 눈으로 보지 않는 것, 대화를 하지 않는 것, 가까이 가지 않는 것 등을 목숨을 걸고 수행하고 있었다. 그러나 그 계율로 자신을 속박하면 할수록 꿈속에서 여성의 모습을 보기도 하고, 때로는 몽정(夢精)하기도 하는 것이다. 이런 악몽에 빠져 있던 원규는 이 절을 뛰쳐나와 안국선사 밑으로 갔던 것이다. 이 처절한 원규의 수행이 망심훈습이 아니라면 도대체 무엇이란 말인가. 『기신론』은 망심훈습의 두 가지 뜻을 다음과 같이 설명한다.

망심훈습의 뜻에는 두 가지가 있다. 무엇이 두 가지인가? 첫째는 분별사식훈습(分別事識熏習)이니, 모든 범부와 이승(二乘)의 사람들이 생사의 괴로움을 싫어함으로써 능력에 따라 무상도(無上道)로 나아가기 때문이다. 둘째는 의훈습(意熏習)이니, 이른바 모든 보살이 발심, 용맹하여 속히 열반으로 나아가기 때문이다. 진여훈습의 뜻에는 두 가지가 있다. 무엇이 두 가지인가? 첫째는 자체상훈습(自體相熏習)이며, 둘째는 용훈습(用熏習)이다.

망심훈습에는 (1)분별사식훈습(分別事識熏習)과 (2)의훈습(意熏習)의 두 가지가 있다고 한다. 첫 번째 분별사식훈습이란, 성문(聲聞)이나 연각(緣覺)처럼 자신의 깨달음만을 구하는 사람이나, 처음으로 믿는 사람은 생사와는 상관없이 열반이 있고, 번뇌를 끊으면 깨달음이 있다고 믿어 이 생사를 버리고 열반을 구하여 자신의 능력에 따라 차츰차츰 무상도(無上道)에 나아가고자 하는 것을 말한다. 숭악신이 형식을 지켜 결호만 하지 않으면 불음계이고, 그것을 지켜 가면 깨달음을 얻을 수 있다고 생각했던 것과 같은 것이다. 번뇌는 억제할수록 좋고 성욕은 금지할수록 좋다고 하는 것이 분별사식훈습이다. 이것은 인간의 분별과 지성에 의한 훈습에 불과하다. 지성으로는 아무리 그것을 알고 있다고 하더라도 미쳐 날뛰는 망상을 단멸하기가 불가능한 것이 인간의 실상인 것이다.

두 번째의 의훈습이란, 오랫동안 수행을 계속해서 십지(十地)의 경지에 들어간 보살이 할 수 있는 것이다. 만법유심(萬法唯心)의 도리를 깨달아 발심하고 수행하며 용맹 정진하여 신속히 열반을 향해가기 때문이다. 원규가 안국선사를 배알하고 "확신하건데 진정한 종지를 가지셔서 현묘한 뜻을 홀연히 깨치셨습니다"라고 했던 것은 바로 이 의훈습에 불과하다.

분별사식훈습은 지성(知性)에 따라 다르게 파악되는 것으로써, 이것을 끊는 것은 초심자로서도 가능하지만, 의훈습은 업식(業識)의 훈습이며 감정적인 영역에 속하는 훈습이기 때문에 수행을 상당수준 쌓은 사람이 아니면 단멸시킬 수가 없다. 표면적인 의식의 번뇌보다 깊은 무의식의 번뇌 쪽이 어두움에 꿈틀대는 망념을 깨기가 더 어렵기 때문이다. 원규와 같이 계는 무계(無戒)이고, 무심(無心)이라는 것을 깨달으면 번뇌를 단번에 깨버릴 수가 있는 것이다.

안에 있는 진여의 소리를 듣다–자체상훈습(自體相熏習)

진여의 훈습에도 두 가지가 있다. 첫째는 자체상훈습(自體相熏習)이며, 둘째는 용훈습(用熏習)이다. 자체상훈습이란 진여가 안에서부터 훈습해 나오는 것으로써, 다시 말하면 자기의 본성인 진여의 체대(體大), 상대(相大)가 안에서부터 훈습되어 발현하는 것이다. 이것에 대해 용훈습이란 진여의 용대(用大)의 작용으로써, 진여의 작용에 의해 보신(報身), 화신(化身)이 나타나 그것이 외연(外緣)이 되어 중생을 교화하는 것이다. 전자는 안에 있는 진여의 소리를 듣는 것이며, 후자는 진여의 작용이 밖으로 나타나 밖으로부터의 진여의 소리를 듣는 것이다. 다시 말하면 전자는 안에 있는 진여의 소리, 후자는 밖에 있는 진여의 소리를 듣는다는 것이다. 먼저 첫 번째의 자체상훈습을 『논』은 다음과 같이 설명한다.

자체상훈습이란, 무시이래(無始以來)로부터 무루(無漏)의 법을 갖추고, 모두 부사의(不思議)한 업(業)이 있고, 경계의 성품을 만든다. 이 두 가지 뜻에 의해서 항상 훈습한다. 훈습의 힘이 있기 때문에, 능히 중생으로 하여금 생사의 괴로움을 싫어하고 열반을 즐거이 구하게 하며, 스스로 자기의 몸에 진여의 법이 있다고 믿어 발심하여 수행하게 한다.

이 자체상훈습을 진여의 내훈(內熏)이라 부른다. 우리 범부에게도 무시이래로부터 선척적으로 무루(번뇌가 없는 것)청정한 진여가 갖추어져 있다. 이 진여의 법은 부사의명훈(不思議冥熏)의 업의 작용과 경계의 성품을 지니고 있다. 부사의명훈의 업의 작용이란, 이 무루의 본각진여(本覺眞如)가 우리 중생의 망심에 훈습되면 이 세상을 싫어하고 깨달음을 구하고자 하는 마음이 일어나기 시작한다. 그것은 자신의 지성으로도 알아차리지 못하기 때문에 부사의라고 하는 것이다. 그 본각진여의 훈습은 지성으로는 자각할 수 없으며, 깊고 깊은 내부에서 행해진다. 숭악신이 원규 밑에서 가르침을 듣고 계를 받기를 원했던 것은, 이 길고 깊은 내부에 있는 진여의 훈습에 의한 것이다. 자신의 행위를 반성하여 이러한 짓을 해도 좋은가 하는 생각을 일으키는 것이 자체상훈습인 것이다.

진여본각이 지성을 넘어선 자각의 작용을 일으키면 그 자각의 눈은 진여본성을 대상으로서 확실하게 주시하게 된다. 진여가 경계(대상)로서 존재하고 있는 것이 뚜렷이 보이기 시작하는 것이다. 분명히 영묘(靈妙)한 작용을 하는 것이 본각진여인 것이다. 원규가 계(戒)를 초월한 무계의 경계를 관했던 것도 자체상훈습의 작용에 의한 것이었다. 애욕의 저 편에 있는 응연부동(凝然不動)하고 맑으면서도 매서운 광명을 본 것이었다. 진여가 반짝반짝 빛나는 것이었다. 성욕의 얽매임 저 편에 있는 부처의 광명을 보자, 성욕과 애욕이 무욕(無慾)속에서 작용을 잃고 불욕(佛欲)으로 변했던 것이다.

먼저 진여본각 자체가 부르는 소리에 의해 진여를 보는 작용이 생겨난다. 그 관지(觀智)는 걸림없이 고요하게 빛나는 진여의 존재를 보다 명확하게 파악한다. 이것을 "모두 부사의한 업이 있고, 경계의 성품을 만든다. 이 두 가지 뜻에 의해서 항상 훈습한다"라고 『논』은 설했던 것이다. 참으로 인간의 영성(靈性)은 불가사의한 작용을 하는 것이 아닌가. 더구나 그 작용은 항상한 것이다. 항상이라고 하는 것은 끊임이 없다는 의미이다. 진여의 소리는 연속하여 끊어지는 일 없이 들려오는 것이다. 진여의 종은 오묘한 소리를 계속해서 울려 퍼지게 하고 있는 것이다.

이 진여 내부의 훈습의 힘이 존재하기 때문에 비로소 중생에게 이래도 좋은가 하는 반성을 일으키게 할 수가 있으며, 생사의 괴로움에서 벗어나 열반의 평안을 갈구하게 하는 것이다. "자기의 몸에 진여의 법이 있다"고 믿기 때문에 비로소 발심 수행이 가능하게 된다. 천태산의 불굴유칙(佛窟惟則)의 제자였던 운거지선사(雲居智禪師)는 '견성성불(見性成佛)'이란 무엇인가라는 질문에 대해 다음과 같이 답했다.

청정한 성(性)은 본래 담연(湛然)하여 동요가 없고, 유무(有無), 정예(淨穢), 장단(長短), 취사(取捨)에 구속되지 않고, 체(體)는 저절로 유연(悠然)하다. 이와 같이 분명하게 보는 것을 곧 견성(見性)이라 이름 한다. 성(性)은 곧 부처이고, 부처는 곧 성(性)이다. 그런 까닭에 견성성불(見性成佛)이라 한다. (『경덕전등록』 권4)

청정한 성(性)이란 본각진여를 말한다. 그것은 본래 맑고 고요하여 동요가 없다. 있고 없고, 깨끗하고 더럽고, 길고 짧고, 취하고 버림을 끊고 있다. 이 청정한 성품, 즉 본각진여를 보는 것이 견성인 것이다. 또한 이 청정한 성품은 부처를 말하는 것이기 때문에, 견성이란 견불(見佛)이며 성불(成佛)이다.

　이 자신의 신체 속에 진여가 있다는 것을 확신하는 것이 수행의 출발점이지만, 그것을 알려주는 것이 진여내훈의 작용이며 자체상훈습인 것이다. 안에 있는 부처의 음성, 안에 있는 진여의 음성을 자체상훈습이라 한다. 이것이 발심, 수행의 원동력이라는 것을 잊어서는 안 된다.

진여의 힘을 높이기 위해서는-내인(內因)과 외연(外緣)

　진여내훈의 작용에서 알 수 있듯이 일체 중생은 모두 진여를 지니고 있는 것이 된다. 이렇게 되면 누구나 똑같이 훈습하게 될 것이다. 그러나 현실적으로는 신심(信心)이 있는 사람도 있고, 없는 사람도 있으며, 장차 발심할 사람도 있다. 마치 숭악신이 부처도 신(神)도, 깨달음을 열 수 있는 사람도 열 수 없는 사람도, 신심이 있는 사람도 신심이 없는 사람도 있기 때문에 그 사람에 맞추어서 가르침을 설할 필요가 있다고 말했던 것과 같은 것이다. 중생에게 평등하게 진여의 내훈이 있다면 똑같이 성불할 수 있을 텐데, 그렇게 되지 않는 것은 도대체 무슨 까닭인지를 『기신론』 자신이 문제로 삼고 있다. 즉,

묻기를, 만약 이와 같은 뜻이라면 일체중생에게는 모두 진여가 있어서 똑같이 모두 훈습해야 할 터인데, 무슨 까닭에 믿음이 있기도 하고 믿음이 없기도 하여 한 없는 전후(前後)의 차별이 있는 것인가? 모두 동시에 자신의 진여의 법이 있음을 알아서 방편(方便)을 부지런히 닦아 똑같이 열반에 들어가야만 할 것이다.

라고 하는 것이다. 『논』은 그 답을 설하고 있지만 원문의 인용이 너무 길기 때문에 그 요지만을 서술해 본다.

본래부터 모든 사람이 본각진여를 지니고 있다면 수행에 의해 모두 깨달음에 들어갈 수 있어야 할 것인데 현실적으로는 발심, 수행하여 깨닫는 사람도 있고 전혀 불가능한 사람도 있다. 이 현상을 설명하기 위해서 『기신론』에서는 두 가지를 설명하고 있다.

먼저 첫 번째의 설명을 보면, 진여는 본래 평등하여 사람에 따라 차별이 있는 것은 아니다. 그러나 무량무변(無量無邊)한 무명이 있어, 사람에 따라 두터운 무명에 덮인 사람도 있고 얕은 무명에 덮인 사람도 있다. 따라서 근본무명으로부터 일어나는 무수한 번뇌에도 여러 가지 잡다한 차별이 있다. 여러 가지 번뇌가 있으면 신심을 일으키는 것도 여러 가지가 된다. "진여는 본래 하나지만 무량무변한 무명이 있어"라고 『논』이 설명하듯이, 진여는 오직 하나지만 갖가지의 무명이 꿈틀거리기 때문에 일찍 신심을 일으키는 사람도 있고 늦게 발심하는 사람도 있는 것이다. 이와 같이 중생의 신심에 두텁고 얕음이 있고, 발심에 전후가 있는 것을 범부는 알 수가 없다. 단지 부처만이 알고 있는 것이다. 진여는 하나지만 무명이 일으키는 번뇌가 천차만별이기 때문에 성불하고 깨달음을 여는 것에도 차이가 나타난다고 하는 것이 첫 번째의 설명인 것이다.

두 번째의 설명에서는, 불교에서는 인연화합(因緣和合)이라는 것을 설하여, 어떠한 것도 내인(內因)과 외연(外緣)이 갖추어져 있어 여러 가지 일이 성취된다고 한다. 예를 들면 나무가 불에 타는 것은 나무 자체에 타는 성질이 있기 때문이지만 그것만이라면 나무는 타지 않는다. 사람이 나무에 불을 붙여주는 외연을 만나야 비로소 불이 붙을 수가 있는 것과 마찬가지인 것이다.

중생도 이와 마찬가지로 안으로 무명을 깨어 부수는 진여의 내훈의 에너지가 있다고 하더라도, 밖으로 부처나 보살이나 선지식의 가르침을 듣는 외연이 없으면 발심하여 수행하고자 하는 마음이 생겨나지 않는 것이다. 이와 반대로, 외연의 힘만으로는 불도가 구해지지 않는다. 안으로 진여의 에너지가 활동하지 않으면 안 되는 것이다. 내인과 외연이 갖추어져야만 수행이 시작되는 것이다. 수행을 쌓아가는 동안에 부처나 보살이나 스승의 가르침을 만나게 되면 마음 속에서 우러나오는 깊은 환희심으로서 깨달음에로의 길을 걸어가게 된다. 내인과 외연은 천차만별이다. 특히 외연의 혜택을 일찍 받은 사람은 빨리 깨달음을 얻을 수가 있고, 외연과 늦게 만나게 되면 깨달음을 여는 것도 늦어지기 때문에 다양한 신심, 발심, 수행, 성불이 있다고 하는 것이다.

숭악원규의 경우, 한거사(閑居寺)에서 계율을 공부했지만 만족하지 못했다. 내훈의 진여의 에너지도 충분히 타오르고 있지 않았을 뿐 아니라, 외연의 율승(律僧)도 또한 진정한 외연이 되지 못하였다. 안에 있는 진여의 에너지를 충분히 발휘할 수가 없었던 것이다. 외연의 혜택을 받지 못했던 원규는 안국선사와의 만남에 의해 크나큰 진여의 힘을 발휘할 수가 있었다. 안국선사야말로 원규를 깨달음으로 인도한 외연이며, 부처의 화신이었다.

외연에만 의지하여, 자신은 훌륭한 스승을 만날 수 없었기 때문에 구원되지 못했다고 생각해서는 안 된다. 일체가 부처의 화신이라고 생각할 수도 있는 것이다. 숭악원규에게 있어서 숭산의 동쪽 봉우리도 또한 하나의 외연이었다. 송백은 없어도 좋았다. 잡초가 무성할 뿐이라도 좋았다. 운무에 휩싸인 동쪽 봉우리는 인적이 끊어져 있었다. 그 동쪽 봉우리야말로 부처의 화신이었다.

이상하리만치 격렬히 타오르는 안에 있는 진여의 힘의 훈습은 그대로 강렬한 외연을 만들어내기 시작한다. 일체의 모든 자연들도 외연이 되어 간다. 모든 것들을 부처의 모습으로 변하게 할 수가 있다. 그렇게 되면 진여의 내훈의 에너지는 더욱더 불타올라 무명, 번뇌를 끊어버리게 된다. 무명이나 번뇌가 강하면 강할수록, 악마이면 악마일수록 정법훈습(淨法熏習)의 진여의 에너지는 엄청나게 강해진다. 그것은 일체를 파괴하고야 말 수행력이 된다. 숭악신이 원규를 배알하고 계를 받으러왔던 것은 원규의 이러한 진여의 힘에 감응했기 때문이었다.

제20화

염경승(念經僧)이 되어 귀향한 법달(法達)

독경(讀經)만으로 구원되지는 않는다-법달

중국의 강서성(江西省)의 중앙을 감강(贛江)이 가로질러 흐르고 있다. 도도하게 흐르는 감강을 거슬러 올라가면 이윽고 강서성과 광동성(廣東省)의 경계 지역에 이른다. 대유령(大庾嶺)을 넘어서 광동성 쪽으로 가면 정수(湞水)가 흐르고 있으며, 이윽고 소주(韶州: 廣東省 韶關市)에 이르게 되는데 배를 이용하면 쉽게 갈 수 있는 곳이다.

홍주풍성(洪州豊城: 江西省 宜春市 農城縣) 출신인 법달선사(法達禪師)는 7세에 출가했다. 출가한 후로는 오로지『법화경(法華經)』만을 읽었다. 8세기에는 예부터『법화경』을 신봉해 왔던 신앙자들의 전기를 모아 엮은『법화경전기(法華經傳記)』가 만들어질 정도였으므로 당나라 중엽에도『법화경』신앙이 성행하고 있었던 것을 알 수 있다.

『법화경』을 신봉하는 사람들 가운데 때로는 광신적이라고 할 정도로 열성적인 사람들도 출현하였다. 『법화경』은 그만큼 마력을 지닌 경전인 것이다. 법달도『법화경』을 미친 듯이 독송하고 있는 동안에 크나큰 자신을 가지게 되었다. 법달은 소주의 대범사(大梵寺)에서 설법하고 있던 육조 혜능(慧能)에 대한 소문을 들었다. 대단히 위대한 선승이 나타나 지금까지 불교에서 설하던 것과는 전혀 다른 가르침을 설하고 있다고 하는 것이었다. 법달은 구족계(具足戒)를 받은 지 얼마 안 되는 애송이 승려였다. 그에게는 "나는『법화경』에 의해 신심을 얻었다. 선승 따위에게 질 것 같으냐?"라는 신념이 있었다. 그러나 소문으로 들리는 혜능의 명망은 너무나도 높았다. 소주자리(韶州刺吏)인 위거(韋據)라고 하는 훌륭한 사람까지도 혜능으로부터 계를 받았다고 하는 소문이 들리자 법달은 대유령을 넘어 혜능이 있는 곳으로 찾아갔다.

혜능을 만난 법달은 이마를 땅에 닿도록 절하는 오체투지(五體投地)의 예를 올리지 않았다. 혜능은 "어째서 오체투지의 예를 올리지 않느냐? 마음속에 무슨 꿍꿍이속이 있는 것은 아니냐?"라고 나무랐다. 그러자 법달은 "나는 『법화경』을 3천 번이나 읽었습니다"라고 자신있게 말했다. 『법화경』으로 깨달음을 열었는데 바보취급 하겠습니까 하는 태도가 역력히 보이고 있었다. 그러자 혜능은 "너는 『법화경』을 일만 번이나 읽어서 그 가르침을 알았다 하더라도 결코 자기 자신이 훌륭하다고 생각하지 않게 되어야 나와 마찬가지로 수행해 갈 수 있을 것이다"라고 말했다. 또한 "너는 『법화경』을 읽기는 했지만 그 잘못을 참으로 알지 못하고 있다"라고 말하면서 자기가 말하는 것을 잘 듣는 것이 좋을 것이라고 말했다.

예배하는 것은 경전을 읽고 자만심을 없애기 위해서이며, 자만심이 있으면 죄를 짓게 되므로 애써 경전을 독송하는 효과가 없어져 버린다고 법달에게 가르쳤다.

다시 혜능이 법달에게 이름을 묻자 "법달이라고 합니다"라고 대답했다. 그러자 혜능은 '법달'이라는 이름이라면 '달법(達法)'한 적이 있느냐고 물었다. '달법'이란 법에 통달하여 깨달음을 얻은 적이 있는

지를 물었던 것이다.

혜능은 여기서 법달을 엄하게 깨닫게 했다. 너는 『법화경』을 쉴 새 없이 수천 번이나 읽었다고 하지만, 그것은 단지 공허하게 소리 내어 읽었을 뿐, 아무런 이익도 깨달음도 얻지 못했을 것이라고 말했다. 계속해서 진정한 부처란 말로 설명할 수 있는 것이 아니라 말을 초월한 것이라는 사실을 안다면 연꽃이 입에서 활짝 필 것이라고 말했다.

법달은 『법화경』을 수천 번 읽고, 경전의 가르침을 이해하여 실행하기만 하면 보살이 될 것이라고 생각하고 있었다. 『법화경』에도 이 경전을 독송하고 그 가르침을 실행하면 구원된다고 씌어있지 않은가. 법달은 갈피를 못 잡고 있었다.

무심(無心)히 읽다

혜능이 진정한 보살이란 단지 경전을 읽고 있는 것만이 아니라 마음을 깨달은 사람이라고 말하자 법달은 아차! 했다. 이 사람의 가르침을 받아보자는 생각이 들었다. 이에 오만한 태도를 사죄하고 겸손한 태도로 『법화경』의 가르침을 알려 달라고 청했다.

혜능은 "너는 『법화경』을 어떻게 할 작정으로 읽었느냐?"라고 물었다. 법달은 "저는 단지 경전의 경문을 읽었을 뿐, 참다운 취지를 이해하지는 못했습니다"라고 대답했다. 혜능은 법달에게 큰 소리로『법화경』을 읽을 것을 명했다. 법달이 「방편품(方便品)」의 '일대사인연(一大事因緣)' 부분까지 읽어 내려가자 혜능은 거기서 멈추게 했다. '일대사'란 부처의 지견(佛知見)을 말하는 것이고, 부처의 지견(知見)이란 너 자신의 마음을 말하는 것이라고 설했다. 혜능은

마음이 미혹하면 법화(法華)에 구르게 되고, 마음을 깨달으면 법화를 굴리게 된다. 경전 읽기를 오랫동안 하여도 자기를 깨닫지 못하면 그 뜻과 적(敵)이 된다. 무념(無念)의 념(念)은 곧 정(正)이 되고, 유념(有念)의 념은 곧 사(邪)를 이룬다. 유무(有無)를 함께 염두에 두지 않으면 오랫동안 백우거(白牛車)를 거느린다.(『경덕전등록』 권5)

라고 설했다.『법화경』을 살리고 죽이는 것은 마음에 달렸다. 다만『법화경』을 아무리 오랜 시간 독송했다 하더라도 자기 자신의 마음을 밝히지 못한다면『법화경』의 가르침과는 적대적(敵對的) 관계가 된다. 올바른 것은 무념의 염이며, 잘못된 것은 유념의 염에 집착하는 것이다. 유와 무의 양쪽에 집착하지 않게 되면『법화경』에서 설하는 대백우거(大白牛車: 법화일승의 가르침)을 익숙하게 탈 수 있게 된다고 하는 것이 혜능의 대답이었다.

자신의 마음을 밝히는 것이『법화경』의 생명을 얻는 일이라는 것을 법달은 알 수 없었다. 내부의 자신의 마음 속 깊은 곳에는 무한

한 광명과 삼매(三昧)가 있음에도 불구하고 그 광명을 가려버리고, 외부의 대상에 집착하여 마음은 수천 갈래로 어지러워진다. 본래 삼매에 안주하고 있으면 좋을 것을, 삼매에서 벗어나 제멋대로 떠들어대면서 괴로워하는 것이 우리들 현실의 생활인 것이다. 그렇기 때문에 "밖으로 향해서 구하려고 하지 마라. 부처와 둘이 아니다"라는 것을 깨닫지 않으면 안 된다고 하는 것이다. 자신의 마음을 밝히면 그것이 부처이며, 밖에서 부처를 구하더라도 부처를 얻을 리가 없는 것이다.

경전을 독송하는 것에만 집착해도 그것은 미혹에 불과하다. 집념을 가지고 경전을 읽고서 그것으로 효과가 있을 것이라고 생각하는 것은 완전히 잘못이라고 단언했던 것이다.

법달은 깨달았다. 자신이 『법화경』을 삼천 번이나 읽었지만 육조의 한마디에 의해 그것은 쓸모없이 되어버렸다. 자신은 단지 미쳐 있었을 뿐이었다는 생각이 들었다. 삼계화택(三界火宅)의 한 가운데야말로 깨달음이 있다는 것을 깨달았다. 이 법달의 깨달음을 본 혜능은 너야말로 진정한 '염경승(念經僧)'이라고 인정했던 것이다. '염경승'이라고 하는 것은, 경전을 읽어 그 본지(本旨)를 철저하게 깨달은 승려를 말하는 것이다. 법달은 고향으로 돌아와서 다시 『법화경』을 독송했다. 그러나 그 독송방법은 이전과는 하늘과 땅처럼 현격한 차이가 있었다. 전에는 다만 공덕을 기원하는 마음에서 읽었던 미친 사람의 독송이었지만, 지금은 다만 무심(無心)히 읽을 뿐이었다.

외연(外緣)의 힘이란 - 용훈습(用熏習)

망법(妄法)으로 뒤덮여 있는 우리들이 망법을 없애고 진여의 찬란함을 나타내는 것이 훈습이다. 『기신론』에서는 정법훈습(淨法熏習)을 망심훈습과 진여훈습으로 구분하고, 다시 진여훈습을 자체상훈습(自體相熏習)과 용훈습(用熏習)의 두 가지로 나누어서 설한다. 앞 장에서는 자체상훈습에 대하여 설명했으므로 여기서는 용훈습을 밝히고자 한다. 『논』은,

용훈습이란 곧 중생의 외연(外緣)의 힘이다. 이와 같은 외연에는 무량한 뜻이 있으나 간략하게 설명하면 두 가지 종류가 있다. 무엇이 두 가지인가? 첫째는 차별연(差別緣)이고, 둘째는 평등연(平等緣)이다.

라고 설하고 있다. 용훈습이란 진여의 용대(用大)에서 보신(報身), 화신(化身)이 나타나서 그것이 의연이 되어 중생을 교화하는 것을 말한다. 보신, 화신이라고 해서 교학적으로 이해할 필요는 없으며, 진여의 작용이 어떠한 형상을 가지고 나타나서 그것이 외연이 되어 중생을 인도한다고 생각하면 된다. 법달에게는 육조 혜능이 바로 진여의 화신이었다. 법달은 육조의 말 한마디가 외연이 되어 진정으로 『법화경』을 읽을 수 있게 되었던 것이다.

이 진여의 용훈습에는 무한한 의의가 있으며 그 외연도 무수히

많다. 예를 들면 법달이 혜능 밑에서 행한 것은 어떤 연(緣)이었을까. 누군가에게 예능의 풍문을 들었던 것은 외연의 하나이고, 내부의 진여의 소리는 내연(內緣)이었다. 사람이 가르침을 만나는 여러 가지 인연을 생각해보면 자신이 선택한 것이 아니라 부처의 힘이며 진여의 작용이라는 생각이 든다.

이 진여의 작용으로서의 외연은 무수히 많지만 『논』에서는 이것을 (1)차별연(差別緣), (2)평등연(平等緣)의 두 가지로 나누어 설명한다.

차별연은 중생의 능력에 따라서 여러 가지 모습을 나타내는 것이다. 모든 존재나 작용은 모두 차별연이라 생각할 수 있다. 이것에 반해 두 번째의 평등연은, 진여의 작용(用大)이 불신(佛身)이 되어 나타나서 중생을 교화하는 것이다. 일체중생을 평등하게 구제하고자 하는 것이 평등연인 것이다. 그것은 부처의 무한한 대비(大悲)에서 발하는 것이다.

악마도 진여의 화신

우선 『논』은 차별연을 다음과 같이 설한다.

차별연(差別緣)이란, 이 사람이 모든 부처와 보살 등에 의하여 처음 발의(發意)하여 도를 구할 때부터 부처가 되기에 이르기까지, 그 과

정 속에서 때로는 보고, 때로는 염원(念)한다. 혹은 한 집안 식구나 부모, 모든 친척이 되며, 혹은 하인이 되며, 혹은 친한 친구가 되며, 혹은 원수가 되며, 혹은 사섭(四攝)을 일으킨다. 내지 일체의 짓는 무량한 행위의 연(緣)이 되는 것이니, 대비(大悲)를 일으켜 훈습의 힘으로써 능히 중생으로 하여금 선근(善根)을 증장케 하여, 때로는 보고 때로는 들어서 이익을 얻게 하기 때문이다.

차별연(差別緣)이라고 하는 것은 보살이나 부처가 모든 중생의 지위나 형편에 따라서 모습을 나타내는 것이다. 도를 구하고자 하는 사람이 발심해서부터 깨달음을 열 때까지 끊임없이 모습을 나타내기도 하고 중생의 염원을 들어주기도 하는 것이다.

그렇다면 보살이나 부처는 어떠한 모습을 나타내어 우리들을 구제해주는 것인가? 먼저 부모나 친척이 되어 자애를 베풀어 주고, 때로는 가족의 일원이 되어 구원을 들어준다. 인간이 위험에 직면했을 때 모친이나 자식의 모습이 순간적으로 나타나 그 모습에 인도되어 목숨을 구하는 경우도 있는 것이다. 살아있는 부모가 되어 가르쳐주는 경우도 있고, 죽었던 부모가 꿈에 나타나 구해주는 경우도 있다. 때로는 곁에 두고 부리는 하인의 모습이 되어 자신을 도와주는 경우도 있고, 걸인의 모습이 되어 자신의 자비로운 마음을 증장시켜 주는 경우도 있다. 때로는 친구의 모습이 되어 인도해 주는 경우도 있고, 자신의 주변에 있는 일체의 모든 것이 되어 자신을 가르쳐 이끌어 주는 경우도 있다. 이것이 차별연인 것이다.

『법화경』의 일품(一品)인 「관음경(觀音經)」에서는 관음보살이 33신(身), 즉 온갖 몸으로 변하여 모든 사람들을 구제해 준다고 하는 단락이 있다. 이『기신론』에서 설하는 차별연이란 바로「관음경」에서의 33신의 응현(應現)을 말하는 것이다. 관음이 33신으로 응현하는 것도 진여(眞如)의 작용이라고 간주하는 것이『기신론』에 말하는 바이다. 관음도 진여의 화신에 불과하다. 법달도『법화경』을 삼천 번이나 읽었기 때문에 관음의 33신의 응현에 대해 잘 알고 있었다. 관음의 33신의 응현은 당나라 시대의 도교경전에까지도 기록되어 있으므로 불교도 뿐만 아니라 도교도들도 알고 있었던 것이다. 그러나 법달은 이 33신의 응현이 진여의 작용이라는 것을 알지 못했다. 그렇게까지 깊이「관음경」을 이해할 수는 없었던 것이다. 단지 믿고 있기만 하면 관음이 나타나 준다고 생각하고 있었을 뿐이었다.

진여의 작용은 자신에게 호의를 가지고 있는 사람이나 자신과 친한 가족 혹은 친구가 되어 작용하는 것만은 아니었다. 악마가 되고 때로는 적이 되어 나타나는 일도 있었다. 그것이 "원수가 되며"라고 하는『논』의 한 문장인 것이다. 악마는 자신의 적으로서 대결하는 자이지만 악마도 역시 자신을 구제하는 자인 것이다. 악마에 의해 자신의 불심(佛心)이 정말로 살아있는 생명을 가지게 되기도 한다. 악마에 의해 악마의 세계로 떨어지는 것이야말로 진정한 부처의 세계를 알게 되는 것이다. 악마의 세계도 알지 못하면서 어떻게 부처의 세계를 알 수 있겠는가.

그러나 최후까지 진여가 악마로 작용하면 인간은 구원되지 않는다. 악마의 세계 한 가운데서 악마를 베어 쓰러뜨리고 파괴하는 것에만 모든 에너지가 집중될 때, 그 사람의 마음은 싸우고자 하는 의지의 화신이 된다. 악마를 한 칼에 절단 내어 버리는 것에만 자기의 전 존재를 걸게 되며, 악마를 분쇄했을 때 진여를 파악할 수 있다고 굳게 믿게 된다.

악마와의 싸움을 계속하면 그것은 혼자만의 고독한 길이 된다. 모든 사람들과의 관계를 끊고 오로지 구도를 위해서만 사는 사람이 된다. 그 길은 혹독할 뿐만 아니라 황량한 길이다. 거기에는 자비라든가 가엾게 여기는 마음이 들어올 여지가 전혀 없다.

미쳐 날뛰는 악마와의 싸움의 길만 걷게 되면 승리는 있어도 구원은 없다. 구원받거나 깨달을 필요가 전혀 없는 사람은 그것으로 좋다. 신불(神佛)을 초월하고자 목숨을 건 남자는 그래도 좋다. 그러나 그 길은 너무나도 황량하고 고독한 길이다. 그래서 『기신론』에서는 "혹은 사섭(四攝)을 일으킨다"고 하는 것이다.

사섭이란 보시(布施), 애어(愛語), 이행(移行), 동사(同事)를 말하는 것으로써 대승불교의 보살이 행해야 할 길이다. 애어(愛語) 하나만을 보더라도, 친절한 말을 서로 주고받는 것만으로도 약자는 얼마나 마음이 따뜻해져 구제받는 것인가. "애어에는 하늘도 움직이는 힘이 있다"고 말하듯이 그 사랑의 한마디가 그 사람에게 살아가는 큰 힘을 부여하게 된다.

진여는 친한 사람이 되고, 악마가 되고, 사섭이 되고, 온갖 것이 되어 중생을 교화하고자 하며, 온갖 작용이 되어 중생을 구제하고자 한다. 이것을 차별연이라고 하는 것이다.

진여를 보는 길-근연(近緣)과 원연(遠緣)

『논』은 차별연을 더한층 자세하게 분석한다.

이 연(緣)에 두 가지 종류가 있다. 무엇이 두 가지인가? 첫째는 근연(近緣)이니, 신속하게 구제할 수 있기 때문이다. 둘째는 원연(遠緣)이니, 오랜 시간이 지나서야 구제할 수 있기 때문이다. 이 근(近)과 원(遠)의 두 연을 분별함에 다시 두 가지 종류가 있다. 무엇이 두 가지인가? 첫째는 증장행연(增長行緣)이고, 둘째는 수도연(受道緣)이다.

먼저 차별연(差別緣)을 (1)근연(近緣)과 (2)원연(遠緣)으로 나눈다. 근연이라고 하는 것은 능력이 있고 수행이 원숙한 사람을 신속하게 구제하는 것이며, 원연이란 아직 수행이 충분히 진척되지 않고 근기가 원숙하지 못한 사람을 오랜 시간에 걸쳐서 구제하는 것을 말하는 것이다. 수행이 상당히 진행되어 있으면 신속하게 구제할 수 있지만,

발심한지 얼마 안 되는 사람은 빨리는 구제할 수 없다. 오랜 시간에 걸쳐 가르치고 인도해 가지 않으면 안 되는 것이다.

법달이 삼천 번이나 『법화경』을 읽었던 경험이 근연을 일으키게 했던 것이다. 『법화경』을 삼천 번이나 읽으면 당연히 "독송은 삼매다"라고 하는 정력(定力)이 생겨나게 될 것이다. 이와 같이 독송행을 닦고 있던 법달이 깨달음을 열기 위해서는 근연만 있으면 된다. 이 근연이 된 것이 육조 혜능의 "부처의 지견(知見)은 오직 너 자신의 마음이다"라고 하는 한마디였다. 법달은 『법화경』의 진수를 크게 깨달았다. 혜능의 한마디야말로 진여의 근연의 작용인 것이다. 법달은 당연히 구제되어야 할 만큼 근기가 성숙되어 있었던 것이다.

진여의 작용은 수행이 진척된 사람에게만 작용하는 것이 아니었다. 가까스로 발심만 한 사람, 처음으로 도를 구하고자 하는 사람에 대해서도 오랜 기간에 걸쳐 작용하는 것이다. 그것이 진여의 내훈습의 원연(遠緣)인 것이다. 더구나 그것은 영원히 작용하는 것이다. 사람은 이 영원한 훈습의 힘으로부터 도망갈 수가 없다.

이 근연(近緣: 頓悟)이든 원연(遠緣: 漸悟)이든, 두 단계를 통해서 깨달음에 이른다. 두 단계란 (1)증장행연(增長行緣)과 (2)수도연(受道緣)이다. 증장행연은 수행을 증장하는 연(緣)을 말하는 것으로써, 진여를 깨닫기까지의 방편행이며, 깨달음에 이르는 앞 단계를 말하는 것이다. 이것에 반해 수도연이란 불도를 수용하는 연(緣)으로서, 진여를 깨달은 것을 말하는 것이다.

법달이 『법화경』을 삼천 번 읽은 것은 증장행연에 해당되며, 육조의 한 마디에 의해 크게 깨달은 것은 수도연에 해당된다. 증장행연이란 다른 말로 하면 정진노력(精進努力)이며, 수도연이란 구제이고 깨달음이다. 길고 긴 정진의 수행을 계속하지 않으면 결코 깨달음은 얻어지지 않는 것이다. 그것은 어떠한 것에도 통한다. 사업에 있어서도, 학문에 있어서도, 병법(兵法)에 있어서도, 어떠한 경우에 있어서도 증장행연의 성숙 없이 그 완성(수도연)은 있을 수 없는 것이다. 『기신론』은 실로 간단한 말로 이것을 표현하고 있지만, 이 간결한 서술 속에 인생의 무한한 진리를 포함하고 있는 것이다.

동체(同體)의 지력(智力)이란-평등연(平等緣)

『기신론』은 차별연을 설하고 나서 평등연을 설한다.

평등연이란, 일체의 모든 부처와 보살이 일체의 모든 중생을 구제하여 해탈시키고자 원하여, 자연히 훈습하여 항상 버리지 않는다. 이는 동체(同體)의 지력(智力)을 가지기 때문에 보고 들음에 따라서 작업(作業)을 나타낸다. 소위 중생은 삼매(三昧)에 의해 평등하게 모든 부처를 볼 수가 있기 때문이다.

평등연이란 부처나 보살이 위대한 힘으로써 일체중생을 평등하게 구제하는 것을 말하는 것이다. 부처나 보살의 무한한 자비는 자연히 모든 사람들에게 훈습을 주게 된다. 그것은 사람에 따라 차별하는 자비가 아니라 일체에 평등하게 미치는 것이다. 이 부처의 지력(智力)은 인간이 분별하는 천박한 지력과는 전혀 다르다. 그것은 동체(同體)의 지력에 의한다. 동체의 지력이란 범부와 성인, 더러움과 깨끗함, 진실과 거짓을 구별하는 것이 아니라, 그것을 동일체로 볼 수 있는 지혜(智慧)의 힘의 작용인 것이다.

　　이 동체의 지력은 어떠한 작용을 하는가?

　　그것은 중생이 보고 듣는 것에 따라서 그 마음속에 불가사의한 작용을 일으켜가는 것이다. 중생이 보고 듣는 것은 중생의 마음의 움직임 전체이다. 그 마음의 움직임 속에서 영묘한 작용을 일으켜가는 것이 평등연(平等緣)인 것이다. 아직 깨달음을 열지 못하고 다만『법화경』을 독송했을 뿐인 법달의 마음속에도 동체의 지력이 작용하고 있는 것이다. 오직 경전을 독송하고 있는 것만으로 자만하여, 신심(信心)이 견고하다고 생각하고 있어도 좋은 것일까 하는 내부의 진여의 소리를 들었던 것이다. 부처의 동체(同體)의 지력에 인도되어 육조 혜능이 있는 곳으로 찾아가는 행동이 나타났던 것이다.

　　이리하여 법달은 혜능에게 한 마디를 들을 수 있었다. 그 한 마디는 그를 크게 깨닫게 했다. 법달은 진여평등의 삼매에 들 수가 있었으며, 부처를 볼 수가 있었다. 그것은 바로 평등연에 의한 것이다.

본래 진여평등의 삼매 속에 살고 있음에도 불구하고 그것을 알지 못하고 『법화경』을 독송하는 것에 집착하고 있던 법달은, 본래의 진여 삼매 속으로 되돌아가 『법화경』을 진실로 소생시킬 수가 있었던 것이다.

『논』에서 차별연과 평등연을 설하는 것은, 차별연은 범부나 이제 막 수행을 시작한 정도의 사람에 대해서 작용하는 것이고, 평등연은 수행을 쌓은 사람에 대해서 작용하는 것이다. 차별연은 진여가 갖가지 모습으로써 그 사람 앞에 나타나 그 사람을 인도해 가는 것에 반해 평등연은 오랜 기간 동안 수행하여 그 경지가 높아진 사람에 대해서 불신(佛身)을 나타내 보이는 작용을 가진다.

우리가 실제로 수행해 갈 경우, 먼저 진여의 훈습의 차별연의 작용에 의해 자신의 모든 주변 사람이나 역연(逆緣)인 악마까지도 자신을 구제해 주기 위해 나타난다는 사실을 믿고 그 사람들에게 인도되어 한 발 한 발 수행을 쌓아나가야 한다. 신속하고 느린 것의 차이는 있어도 여하튼 깨달음으로 향하여 움직여가는 것임에는 틀림없다.

이것에 비해 20년, 30년간이나 수행을 쌓아서 그 경지가 부처의 동체의 지력을 감득할 수 있게 되거나, 진여평등의 삼매에 머물러 부처를 볼 수 있게 되는 것은 평등연에 의한 것이다. 차별연에 의해 구제되는 근기는 범부나 이승(二乘)이나 초발심의 보살이며, 평등연에 의해 구제되는 것은 그것 이상의 수행을 쌓은 보살인 것이다.

『기신론』에서 설하는 진여의 훈습의 작용은 우리의 능력의 있고 없음, 수행의 우수함과 저열함, 기간의 길고 짧음 따위를 충분히 이해한 위에서 설해진 것임을 알 수 있다. 어디까지나 실제의 인생체험 위에서 진여의 훈습을 설하고 있는 것이다.

제21화

진여의 달을 본
남악회양(南岳懷讓)

좌선이나 부처는 단지 수레일 뿐-회양(懷讓)과 마조(馬祖)

축용봉(祝融峰)을 최고봉으로 하는 남악(南岳)은 중국의 오악(五岳: 嵩山, 泰山, 華山, 衡山, 恒山) 중의 하나로서 호남성(湖南省)의 중부에 위치하고 있으며, 남쪽으로는 형양시(衡陽市)의 회안봉(廻雁峰)에서 북쪽으로는 장사시(長沙市)의 악록산(岳麓山)에 이르기까지 일흔 두 개의 봉우리가 펼쳐져 있다. 축용봉은 높이가 1290m로서 언제나 구름과 안개로 싸여 있으며 일순간에도 기후와 풍경이 천변만화한다.

이 축용봉의 중턱에 있는 반산정초대소(半山亭招待所)에서 왼쪽 길로 들어서면 마경대초대소(磨鏡台招待所)가 있다. 여기는 선종의 칠조(七祖) 남악회양(南岳懷讓, 677~744)이 마조도일(馬祖道一, 709~788)과 문답을 했던 곳으로 유명하다. 현재 일부분이 도로 밑에 묻혀 있는 돌위에는 '조원(祖源)'이라고 하는 큰 글자가 새겨져 있으며, 부근에는 칠조탑(七祖塔), 즉 회양의 묘탑(墓塔)이 있다. 근처에는 울창한 삼림이 무성하여 성역(聖域)의 느낌을 더해주고 있다.

마조도일은 남악의 초암에서 하루 종일 좌선을 하고 있었다. 이른 아침부터 밤까지 오로지 깨달음을 얻고자 좌선을 하고 있었던 것이다. 회양은 이 마조의 모습을 보고 이 사람은 큰 인물이 될 것이라고 생각했다. 어느 날의 일이었다. 좌선을 하고 있는 마조에게 "너는 좌선을 하여 무엇하려고 하느냐?"라고 물었다. 이에 대해 마조는 "부처가 되려고 합니다"라고 답했다. 그러자 회양은 기와 한 장을 가지고 와서 암자 앞에서 열심히 갈기 시작했다. 이상하게 생각한 마조는 "선사(禪師)께서는 도대체 무엇을 하고 계십니까?"라고 물었다. 회양은 "기와를 갈아서 거울로 만들려고 한다"라고 대답했다. 그러자 마조는 "기와를 아무리 갈더라도 거울이 되지는 않습니다"라고 말했다. 회양은 곧바로 "좌선을 해도 부처는 안 된다"라고 말했다. 마조는 놀라며 "좌선을 해도 부처가 될 수 없다면 도대체 어떻게 해야 합니까?"라고 물었다. 이에 대해 회양이 "사람이 소가 끄는 수레를 움직이는 것과 같은 것이다. 수레가 움직이지 않게 되었을 때, 사람은 수레를 때리는 것이 좋으냐, 수레를 끄는 소를 때리는 것이 좋으냐?"라고 묻자 마조는 한마디도 대답할 수가 없었다.

마조는 좌선을 하여 부처가 되는 것에 목숨을 걸었다. 그러나 좌선하여 깨닫는 것에 속박되어 버렸다. 회양은 마조가 좌선을 하여 부처가 되는 것에 구애되어 집착하는 것을 타파하기 위해서 이와 같은 문답을 주고받았던 것이다.

좌선이다, 부처다라고 하는 것이 진리로서 고정적으로 존재한다고 생각하는 것은 잘못된 생각이다. 진여라고 해도 진여라고 하는 실체가 존재하는 것은 아니다. 좌선도 부처도 진여도 일체의 모든 것은 모습이 없다. 모습이 없는 가운데서 좌선과 부처를 고집할 필요는 전혀 없는 것이다. 좌선이나 부처는 단순한 수레에 불과하다. 고정된 좌선이나 부처를 아무리 때린다고 한들 거기에 약동하는 움직임은 없다. 존재하는 것은 죽은 좌선, 죽은 부처뿐인 것이다. 살아있는 좌선, 살아있는 부처로 만들기 위해서는 좌선을 하는 주체, 부처의 주체를 때리지 않으면 안 된다. 수레를 끄는 소를 때리지 않으면 안 되는 것이다.

　관념적으로 파악된 좌선이나 부처나 진여는 진정한 좌선도 부처도 진여도 아니다. 활발히 작용하는 진정한 자신을 찾아내지 않고서는 모두 죽은 것에 불과하다. 이 회양의 가르침을 받은 마조는 홀연히 무엇인가를 깨달을 수가 있었다.

거울의 비유

　어느 날 한 승려가 회양에게 "거울에 물체가 비치면 거울에 영상이 나타납니다. 그러면 거울의 맑고 깨끗함은 어디로 사라져 버린 것일까요?"라고 질문했다. 이에 대해 회양은 "너의 어렸을 때의 얼굴 모습은 어디에 있느냐?"라고 물었다. 그러자 승려는 "거울에 영상이 비쳐진 후 거울은 어째서 간직했다가 다시 비추지 않습니까?"라고 질문했다. 회양은 "거울에 영상이 비춰지면 다시 비추지는 않지만 그러나 거울의 맑고 깨끗함은 다른 사람을 속이는 일은 전혀 없다"라고 대답했다.

　거울은 맑고 깨끗한 진여이며, 물체의 영상은 망심이다. 영상이 거울 전체를 가리게 되면 거울의 본성인 맑고 깨끗한 성품은 사라지게 된다. 더러운 물체를 비추면 거울 전체가 더러워진다. 그러나 아무리 더러워져도 거울의 본성인 맑고 깨끗한 성품은 조금도 손상되지 않는 것이다. 더러운 물체를 치워버리면 거울은 다시 교교히 빛나기 때문이다. 그것과 마찬가지로 진여를 망심이 가려 버리면 면적으로는 망심만이 보일 뿐 진여는 보이지 않는다. 그러나 망심이 사라지면 진여는 다시 영롱하고 투명한 빛을 발하는 것이다. 회양에게 질문한 한 승려는 그 도리를 알지 못했던 것이다.

회양은 투명하게 교교히 투영되는 진여를 자신의 생명으로 파악하고 있었다. 그의 말을 인용하면 "심지(心地)에 도달하면 소작무애(所作無碍)하다"라고 하는 것이 된다. '심지(心地)'란 『기신론』에서 말하는 진여다. 진여의 달을 보면 온갖 동작에 대한 생각이 모두 집착을 떠날 수가 있다. 무애란 장애가 없다는 것이다. 그것은 자재(自在)의 경지라고 해도 좋다. 회양은 그것을 거울에 비유했다. 거울이야말로 바로 진여인 것이다.

미숙한 사람의 수행이란

앞 장에서는 용훈습(用熏習)에 대해 설명했다. 이 장에서는 정법훈습(淨法熏習)을 정리하여 지금까지 설명했던 자체상훈습(自體相熏習)과 용훈습(用熏習)을 수행자의 수행의 단계와 능력에 따라 두 가지로 나누어 설명해 간다. 그것은 미상응(未相應)과 이상응(已相應)의 두 가지이다.

　첫째는 미상응이란 보살의 수행단계에서 말하면 십지(十地) 이전의 단계이고, 이상응은 십지 이상의 단계를 가리킨다. 먼저『논』은 미상응의 사람에 대해 다음과 같이 설한다.

　이 체용(體用)의 훈습을 분별함에 또한 두 종류가 있다. 무엇이 두 종류인가? 첫째는 미상응(未相應)이니, 소위 범부와 이승(二乘)과 초발의(初發意)의 보살 등은 의(意)와 의식(意識)의 훈습으로써 신력(信力)에 의하기 때문에 능히 한층 더 수행한다. 아직 무분별심(無分別心)이 본체(體)와 상응하지 못하기 때문이고, 아직 자재업(自在業)의 수행이 작용(用)과 상응하지 못하기 때문이다.

　여기서 '미상응(未相應)'이라고 하는 것은 아직 수행이 불충분한 미숙한 사람을 말한다. 구체적으로는 범부와 이승(二乘)과 초발의(初發意)의 보살이다. 범부는 번뇌를 끊지 못한 우리들을 말한다. 이승이라고 하는 것은 성문(聲聞)과 연각(緣覺)이다. 이승은 번뇌를 끊기는 했지만 지적(知的)인 미혹을 완전히 끊지는 못했다. 보살 중에서 처음으로 발심한 초발의의 보살도 이승과 마찬가지다. 정의적(情意的)인 번뇌와 지적(知的)인 미혹을 끊지 못한 이들은, 한 마디로 말하면 무명을 끊지 못했으며, 회양처럼 진여를 보지 못한 사람이다.

이들 미숙한 사람들은 "의와 의식의 훈습으로써 신력에 의하기 때문에 능히 한층 더 수행한다"고 하는 것처럼 오의(五意)와 의식(意識)의 훈습을 받아, 또한 진여를 믿는 힘에 의해 수행할 수가 있게 된다. 오의(五意)라고 하는 것은 앞의 '생멸 인연의 뜻' 부분에서 서술한 것처럼 업식(業識), 전식(轉識), 현식(現識), 지식(智識), 상속식(相續識)의 다섯 가지이며, 그것에 의식이 첨가되어 여섯 가지가 된다. 업식(業識)은 근본무명의 힘을 연(緣)으로서 진여의 각체(覺體)가 일어난 것이고, 전식(轉識)은 주관적 작용, 현식(現識)은 객관적 세계, 지식(智識)은 객관적 세계를 인식하여 그것을 여러 가지로 분별하는 작용, 상속식(相續識)은 한 생각 한 생각마다 집착하여 끊을 수가 없는 것을 말한다. 이 오식과 의식이 일어나고 있는 것, 이것이 우리 중생이며 미망 속에서 생존을 계속하는 존재인 것이다. 이 미혹한 마음으로부터 갖가지 훈습을 받으면서 더구나 이 미혹에서 빠져 나오기 위해 수행하고자 하는 마음을 일으킨다. '미망 속에서 헤매기 때문에 인간'이라고 하듯이 미망 속에서 헤맴이 없다면 살아가고 있다고 말할 수 없다. 일생을 통해 갖가지 마음이 요동한다. 미혹은 무명의 긴 밤이며, 범부는 그것을 끊을 수 없다. 어둠에서 어둠으로의 길이다. 그것은 상속식의 한없는 훈습을 받는다.

또한 마음속에 환영(幻影)을 만들어 그것이 환영이 아니라 실재하는 것이라고 생각함으로써 괴로움을 당하기도 한다. 더구나 그 환영을 자신에게 있어서 좋은 것 나쁜 것으로 구분하여, 좋은 것이라면 한층 더 집착하고 나쁜 것이라면 거부하고자 한다. 그것은 지식 때문에 점점 더 고통을 받게 된다. 더구나 마음의 깊고 깊은 움직임에도 훈습되어 간다.

이와 같은 오식(五識)과 의식(意識)의 훈습에 의해 미혹 속에서 부처의 광명을 구하고자 하는 작용이 일어난다. 그 미혹이 깊어지면 깊어질수록 거기서부터 빠져나오고자 하는 욕망도 강해진다. 이리하여 구제를 갈구하기 위해 청정한 절대의 존재를 동경하기에 이른다. 진여를 구하려는 의지, 진여를 믿는 힘이 불도를 수행할 수 있도록 이끌어가는 것이다.

이와 같은 단계를 '미상응'이라고 이름하는 것은 이 경지의 존재는 무분별심의 본체와 상응하고 있지 않기 때문이다. 바꾸어 말하면 유분별지(有分別智)에 머무르고 있기 때문이다. 회양의 말을 빌리자면 심지(心地)에 이르지 않았기 때문이다. 심지에 이르게 되면 무분별심과 상응하게 된다. 무분별심은 무상삼매(無相三昧)이다. 회양은,

심지(心地)의 법안(法眼)은 능히 도(道)를 본다. 무상삼매(無相三昧)도 또한 그러하다. (『경덕전등록』 권5)

라고 말했다. '심지의 법안'은 무분별심이지만 이것을 얻을 수 없는 것이 범부이며 미숙한 사람이다.

또한 미숙한 사람은 "아직 자재업(自在業)의 수행이 작용(用)과 상

응하지 못하기 때문이다"라고 설한다. 무분별지와 상응하지 못하는 미숙한 사람은 당연히 후득지(後得智)의 자재로운 작용과 상응할 수 없다. 예를 들면, 회양이 한 승려로부터 거울과 영상의 비유를 질문 받았을 때 "너의 어렸을 때의 얼굴 모습은 어디에 있느냐?"라고 하는 이야기를 즉석에서 했는데, 후득지의 작용의 힘이 아니라면 이처럼 즉시로 답할 수는 없다. 선기(禪機)라고 하는 것은 바로 후득지의 작용인 것이다.

진여의 법력(法力)이란

마조도 열심히 좌선을 하면서 부처가 되고자 공부하고 있을 때 는 아직 좌선이나 부처의 한 쪽에만 사로잡혀 있었다. 그러나 회양 의 가르침을 받고 난 후에는 무애자재한 경지에서 유유자적할 수 있 게 되었다. 미숙한 사람과 수행을 완성한 사람과의 마음의 경지에는 하늘과 땅만큼의 현저한 차이가 있다. 『기신론』에서는 수행의 단계가 진전한 경지를 다음과 같이 설한다.

둘째는 이상응(已相應)이다. 이른바 법신의 보살은 무분별심을 얻 어 모든 사물의 자체(自體)와 상응하고, 자재의 업을 얻어 모든 부처 의 지용(智用)과 상응한다. 오직 법력에 의해 자연히 수행하게 되어,

진여에 훈습되어 무명을 멸하기 때문이다.

'이상응(已相應)'이란 모든 부처 그 자체의 지혜의 작용과 상응하는 것으로서, 수행이 성숙한 것을 의미하는 것이다. '이상응'한 사람이란 교학(敎學)에서는 초지(初地) 이상의 법신의 보살을 의미하는 것이다.

이와 같은 사람은 이미 무명을 끊고 무분별지(無分別智)를 얻어 진여의 본체와 상응한다. 따라서 후득지(後得智)의 자유자재한 작용을할 수가 있고, 부처의 작용과도 상응한다. 깨달음을 얻은 사람은 무분별지를 얻어 자재로운 작용을 할 수가 있다. 그러나 무분별지를 얻지 않으면 자재로운 작용을 할 수가 없다. 무분별지를 얻는 것은 용이한 일이 아니다.

남악회양은 10살 때 이미 불교서적을 읽고, 15살에 출가하였으며, 20살에 구족계를 받았다. 숭산혜안(嵩山慧安) 밑에서 수행한 후 다시 육조 혜능에게 사사받았다. 그때는 스물 세, 네 살의 젊은 청년이었다. 처음으로 상견했을 때, 육조는 회양에게 어디서 왔느냐고 물었다. 회양은 숭산혜안이 있던 곳에서 왔다고 말했다. 다시 육조가 "어떤 물건이 무엇하러 왔느냐?"고 묻자 회양은 대답할 수가 없었다.

그로부터 8년의 세월이 흘렀다. 어느 날, 육조에게 자신의 견해를 말씀드리고 싶다고 하는 희망을 말했다. 육조가 어떻게 알았느냐고 묻자 "설사일물, 즉불중(說似一物, 卽不中)"이라고 대답했다. 이 말은 너무나도 유명하며 『육조단경(六祖壇經)』속에도 들어 있다. 즉 '일물(一物)을 설명해 보여주어도 딱 들어맞지 않다'고 하는 것으로서, 일물(一物)이란 부처이며 진여의 본체이다. 이것을 어떠한 말로 설명해 보더라도 그것을 정확히 표현할 수는 없다. 『기신론』의 간결한 명문이라면 어떨지 모르지만 우리들 범부가 아무리 설명해도 그 본체를 정확히 표현할 수는 없는 것이다. 회양은 이 "설사일물, 즉불중"이라고 답하기 위해서 8년의 세월을 보내었던 것이다.

　이 '이상응'의 보살이 되면 진여의 작용의 힘에 의해 수행할 수 있게 된다. 특히 8지(八地) 이상의 단계에 이르면 그 진여의 작용의 힘은 임운무작(任運無作)의 작용을 나타낸다. "오직 법력에 의해 자연히 수행하게 되어, 진여에 훈습되어 무명을 멸하기 때문이다"라고 하듯이, 진여의 법력의 훈습을 받게 된다. '자연히'라고 하는 것은, 마치 하천의 흐름을 따라 내려가는 배가 노를 젓지 않고도 흐름의 힘에 의해 흘러가는 것과 같은 것이다. 제 8지까지 나아간 보살은 이미 부처와 아주 가까이에 있게 된다. 이와 같이 수행을 완성한 사람은 진여의 법력이 저절로 작용하여 그것은 머무는 일이 없이 크나큰 힘이 되어 움직여간다. 진여의 법력이 무명을 멸해가는 것이다. 진여를 뒤덮고 있던 무명의 망심이 자취도 없이 사라져 가는 것이다.

　여기서 진여의 법력이라고 하는 것에 주의할 필요가 있다. 이것은 진여의 작용에 힘이 있는 것을 말한다. 작용의 힘이 없는 것은 진짜가 아니다. 마조는 오로지 부처가 되기 위해 좌선을 했기 때문에 무상(無相)의 삼매를 얻을 수가 있었던 것이다. 남악의 산중턱 삼림 속의 암자에서 단지 홀로 좌선에 집중하고 있었기 때문에 진여의 법력이 저절로 갖추어지게 되었던 것이다. 그 진여의 법력이 서서히 마조의 온 몸과 마음을 감싸고 있었다. 그 에너지를 나타내고 폭발시킨 것은 회양의 말에 의해서였다. 마조가 아침부터 밤까지 오로지 좌선을 한 것은 진여의 힘의 작용의 충전이었다. 그것 없이 좌선에 집착했던 자신을 어떻게 해방시킬 수 있었겠는가. 회양의 말이 마조의 전 존재를 쫙 쪼개어 놓을 수 있었던 것인가.

불멸의 빛줄기 – 무시무종(無始無終)

이상에서 염법훈습과 정법훈습에 대해 밝혔다. 마지막으로 염·정(染淨) 두 가지의 훈습이 끝날 수가 있는지 어떤지를 논하여 염·정 두 가지 훈습의 결론으로 삼고자 한다. 『기신론』은 다음과 같이 설한다.

또한 다음에, 염법은 무시(無始) 이래로 훈습하여 끊어지지 않다가, 내지 부처가 된 후에는 곧 끊어지는 것이다. 정법훈습은 곧 끊어지지 않고 미래에까지 다한다. 이 뜻이 무엇인가? 진여의 법은 항상 훈습하기 때문에 망심이 곧 멸하면 법신이 현현(顯現)하여 용(用: 작용)

의 훈습을 일으키기 때문에 끊어짐이 없는 것이다.

"염법은 무시이래로 훈습하여 끊어지지 않다가, 내지 부처가 된 후에는 곧 끊어지는 것이다"라고 하듯이, 염법훈습은 무시이래로부터 우리에게 훈습하여 단멸하는 일이 없다. 염법훈습이 단멸하는 것은 성불했을 때에 한한다. 더구나 무시이래라고 하기 때문에 우리는 태어나면서부터 염법에 물들어 살아가고 있다. 무명의 어두운 길은 어디까지나 계속해 간다. 그러나 무명의 어두운 길도 수행을 계속함으로써 한 줄기 광명이 비춰질 수가 있다. 2년이나 3년의 수행으로는 아무리 해도 안 되는 것이지만 20년, 30년을 수행하여 끊임없이 줄기차게 수행을 쌓아 나간다면 반드시 염법은 멸진하여 단멸할 수가 있는 것이다.

염법훈습은 간단히 말하면 무시유종(無始有終)이다. 부처가 되면 반드시 염법의 훈습을 끊을 수가 있는 것이다. 회양도 또한 "만약 심지(心地)에 이르면 소작무애(所作無礙)하다"라고 말하고 있듯이, 깨달음에 이르면 염법은 이미 없다. 거기에는 어떠한 것에도 방해받지 않는 자재로운 풍광(風光)이 열린다. 염법을 끊어버린 무상삼매에 머물기 위해서는 몇 십 년의 수행이 필요한 것이다.

망법훈습이 무시유종인 것에 반해 정법훈습은 무시무종이다. 정법훈습은 미래세(未來世)가 다해도 끊어지지 않는다. 그것은 무슨 까닭인가? 진여는 본래부터 존재하고 항상 훈습하여 끊어지는 일이 없기 때문이다. 예를 들면, 거울의 본체는 본래 청정하고 투명한 것이므로 어떠한 영상도 투영할 수가 있는 것과 같은 것이다. 진여는 항상하는 존재이므로 거기에서 정법은 무한히 훈습하여 영원히 끊어지지 않는다.

망심이 성할 때는 진여가 존재하고 있기는 하지만 그것은 망심 때문에 감추어진 존재가 되고, 감추어진 진여가 된다. 그러나 아무리 감추어져 있다고 하더라도 그것은 범부에게 보이지 않을 뿐이지 불멸의 빛을 발하고 있는 것에는 전혀 변화가 없다. 단지 그 빛을 볼 수가 없을 뿐이다. 회양이 기와를 아무리 갈아도 거울이 되지는 않는다고 한 것은, 기와는 기와일 뿐이며 그 속에 진여가 존재하고 있지 않기 때문이다. 거울을 만들어 낼 수 있는 보석이라면 그것은 갊에 의해 그 본성으로서의 청정한 거울이 반드시 드러날 것이다.

중생의 망심이 멸할 때 진여는 그 본연의 모습을 나타낸다.『논』에서는 "망심이 곧 멸하며 법신이 현현하여 용(用)의 훈습을 일으키기 때문에 끊어짐이 없다"라고 설한다. 망심이 사라지게 되면 진여법신(眞如法身)이 그 모습을 나타낸다. '용훈습'이라고 하는 것은 앞에서 설명했던 대로 진여훈습의 두 가지 종류, 즉 자체상훈습과 용훈습 중의 하나이다. 용훈습이란 진여의 작용에 불과하다. 그 진여의 작용이 외연(外緣)이 되어 중생을 교화하는 것, 이것이 용훈습인 것이다.

내부의 빛나는 진여가 그 본연의 광명을 빛낼 때 진여의 용훈습을 일으키고 작용의 힘을 발한다. 작용의 힘이 없으면 아무 것도 안 된다. 작용의 힘이란 에너지이고 기(氣)이며 생명력이다. 진여에 생명력이 없으면 살아있는 진여가 안 된다. 생명력을 지닌 진여는 소리를 내고 말을 한다. 그것은 부처의 모습이나 관음보살의 모습을 하고서 우리 중생에게 음성을 들려주는 것이다. 우리도 또한 부처의 모습을 보기도 하고 부처의 음성을 듣기도 함으로써, 불도의 수행에 뜻을 두고 불도에 정진하며 살아가게 되는 것이다.

더구나 진여법신이 나타나 용훈습을 일으키는 것은 단멸하는 일이 없다. 그것은 끝이 없다. 그러므로 정법훈습은 무시무종이 된다.

염법훈습이 무시유종인 것에 반해 정법훈습은 무시무종이다. 염법은 깨달음을 열면 단멸되지만 정법은 한없이 계속된다. 그것은 부처의 생명이 불멸인 것과 같은 것이다. 무한한 정법(淨法)의 작용을 확신하기 때문에 구원이 있다. 이 확신이 흔들리게 되면 불교의 가르침은 붕괴된다. 정법(淨法)이 불변함을 믿지 않는 사람은 불법(佛法)의 문에 들어갈 수가 없다. 정법의 불변을 단지 관념적으로 이해하는 것만으로는 불법은 몸에 배지 않는다. 단지 지식으로서, 철학으로서 그것을 이해하는 것만으로는 종교로서의 에너지가 되지 않는 것이다.

종교에는 작용의 힘이 없으면 안 된다. 진여의 작용은 산천초목의 대자연에서부터 부처나 보살을 위시하여 모든 인간에게 영향을 미치고 있다. 이들 자연계와 인간계의 일체 모든 것이 진여의 작용의 힘이 되어 한없이 우리에게 작용하여 온다. 그 진여의 작용의 힘을 감득하기 위해서는 좌선을 하는 것도 좋고, 염불을 하는 것도 좋으며, 경전의 제목을 외우는 것도 좋다. 아니, 무엇하나 그와 같은 것을 행할 필요도 없다. 염불이나 좌선, 독경 등 일체를 던져버려도 좋다. 오직 진여의 작용의 힘을 감득할 수 있는 수행을 하면 된다.

진여의 작용의 힘을 감득하기 위해서는 한 가지 수행에 투철할 필요가 있다. 불교의 수행방법이라도 좋고 무도(武道)라도 좋다. '도(道)'라고 이름붙인 것이라면 무엇이든 좋다. 학문도 학도(學道)가 된다면 학문이라도 좋다. 학문도 역시 진여의 작용의 힘을 감득함으로써 무한한 힘을 발휘할 수가 있기 때문이다.

『기신론』은 「입의분」에서 대승의 '법(法)'과 '의(義)'를 밝힌다고 했는데, 「해석분」 속의 '법'의 해석이 이 장으로 끝난다. '법'의 해석에서는 진여, 아려야식, 본각, 시각, 불각이 설명되고, 이어서 생멸인연의 체상(體相), 모습, 염법훈습, 정법훈습 등이 설명되어 있다. 다음 장에서는 '의(義)' 즉, 체(體) · 상(相) · 용(用)의 3대(三大)를 설하고 있지만 여기서 끝맺기로 한다. 무엇을 설명하더라도 중요한 것은 오직 한 가지, 하나가 곧 모두(一卽一切)인 것이다.

대승기신론 이야기

1쇄 발행   1991년 12월 23일
개정1판 8쇄 2000년 11월 30일
개정2판 1쇄 2022년 4월 15일

지은이   카마타 시게오
옮긴이   장휘옥
펴낸이   이규만

디자인   B&D
펴낸곳   불교시대사
출판등록 1991년 3월 20일 제300-1991-27호
주소   (우)03149 서울시 종로구 인사동 7길 12 백상빌딩 1305호
전화   02-730-2500
팩스   02-723-5961
이메일   kyoon1003@hanmail.net

ISBN 978-89-8002-176-5 03220